Kommunikation und Wandel •
Monographien zu Entwicklungen in der Urgeschichte

Band 1

Communication and Change •
Monographs on Developments in Prehistory

Volume 1

Welt und Erde Verlag • Kerpen-Loogh 2018

Westexpansion und Regionalisierung der Ältesten Bandkeramik

Hans-Christoph Strien

ISBN 978-3-938078-18-1
ISSN 2568-647X

Bibliografische Information der deutschen Nationalbibliothek
Die deutsche Nationalbibliothek verzeichnet diese Publikation in der deutschen Nationalbibliografie; detaillierte bibliografische Daten sind über **http://dnb.d-nb.de** abrufbar.

Kommunikation und Wandel. Monographien zu Entwicklungen in der Urgeschichte. Band 1

Westexpansion und Regionalisierung der Ältesten Bandkeramik

von Hans-Christoph Strien

ISBN 978-3-938078-18-1

Einbandgestaltung:	Dr. Birgit Gehlen (Kerpen - Loogh)
Satz und Layout:	Dr. Werner Schön (Kerpen - Loogh)
Übersetzungen ins Englische:	Michaela Butler M.A. (Nideggen - Schmidt)
Herstellung:	BoD, D-22848 Norderstedt
Vertrieb:	Welt und Erde Verlag, Dr. Birgit Gehlen und Dr. Werner Schön An der Lay 4, D-54578 Kerpen - Loogh (Eifel); www.weltunderde.com; Tel +49 (0) 6593 - 989642; Fax +49 (0) 6593 989643; weltunderde.verlag@gmx.de

Die für diese Publikation aufgenommenen und ausgewerteten Daten sind unter folgender Adresse verfügbar:
https://www.academia.edu/35785795/Online_data_from_Westexpansion_und_Regionalisierung_der_ältesten_Bandkeramik

Ohne Kommunikation kein Wandel

Die Entwicklung menschlicher Kultur ist in großem Maße abhängig von der Interaktion zwischen verschiedenen Bevölkerungsgruppen. Diese kann direkt oder indirekt geschehen und wird durch die Kommunikation zwischen Einzelpersonen oder Gruppen erst möglich gemacht. Aus der Urgeschichte können zahlreiche Beispiele solcher Kontakte und wechselseitiger Beziehungen angeführt werden, die die Menschheitsgeschichte beeinflusst und nachhaltig bestimmt haben.
Die vom Welt und Erde Verlag neu aufgelegte Monographien-Reihe „Kommunikation und Wandel. Monographien zu Entwicklungen in der Urgeschichte" („Communication and Change. Monographs on Developments in Prehistory") soll Autorinnen und Autoren die Gelegenheit geben, solche Phänomene aus der älteren Geschichte ausführlich zu dokumentieren und zu diskutieren. Die Texte können sowohl in deutscher als auch in englischer Sprache verfasst sein.
Eine der wichtigsten Veränderungen in der Menschheitsgeschichte ist der Übergang von der wildbeuterischen zur produzierenden Wirtschaftsweise und der damit einhergehende soziale und ökologische Wandel. Dieser Übergang ist in Mitteleuropa vor allem durch die Entstehung und Ausbreitung der Linearbandkeramik geprägt. Im vorliegenden Buch charakterisiert Hans-Christoph Strien die älteste Bandkeramik als ihre initiale Phase und beschreibt die Verbreitung der neuen Lebensweise sowie die daraus folgenden gesellschaftlichen Entwicklungen in einer bisher noch nicht dagewesenen Präzision. Grundlage seiner Studie sind die jüngst von ihm erhobenen Daten an keramischen Inventaren aus Ungarn, der Slowakei, Tschechien, Österreich und Deutschland. Seine Untersuchungsergebnisse und deren Interpretationen werden der Neolithisierungsforschung neue Impulse geben und die Betrachtung und Diskussion dieses markanten Abschnittes der Urgeschichte Europas deutlich verändern.

No change without communication

The development of human culture largely depends on the interaction between different populations. This can happen either directly or indirectly, and it is only made possible by communication between individuals. Prehistory provides numerous examples of such contacts and interrelations that had a lasting and determining effect on human history.

With the new monograph series "Kommunikation und Wandel. Monographien zu Entwicklungen in der Urgeschichte" ("Communication and Change. Monographs on Developments in Prehistory"), the Welt und Erde Verlag gives authors the opportunity to thoroughly document and discuss such phenomena from early history. The texts can be written in the German and English language.

One of the most important changes in human history is the transition from a foraging to a production economy, which was accompanied by social and ecological change. In Central Europe, this transition is primarily epitomised by the emergence and expansion of the Linear Pottery Culture (LBK). In this book, Hans-Christoph Strien characterises the Earliest LBK as its initial phase. Moreover, he describes the spreading of the new way of life and the subsequent social developments with unprecedented precision. His investigation is based on data he recently obtained from ceramic assemblages found in Hungary, Slovakia, Czechia, Austria and Germany. The results of his study and their interpretation will add a new impetus to the Neolithisation research. Furthermore, they will change the approach to and discussion about this outstanding phase of European prehistory to a large extent.

Birgit Gehlen & Werner Schön
Kerpen-Loogh, in January 2018

Vorwort

Diese Arbeit stellt die Ergebnisse des gleichnamigen DFG-finanzierten Projektes vor, das vom 1.10.2012 bis 30.09.2015 am Institut für Altertumswissenschaften – Vor- und Frühgeschichtliche Archäologie der Johannes Gutenberg-Universität Mainz angesiedelt war.

Mein Dank gebührt all den Kollegen und privaten Sammlern, die mir die Aufnahme des bei ihnen liegenden Materials ermöglichten. An erster Stelle sei von der Außenstelle Rastatt des Archäologischen Landesmuseums Baden-Württemberg, wo ich insgesamt 6 Wochen verbrachte, P. Schlemper erwähnt sowie stellvertretend für alle diejenigen, die in den verschiedenen Museen hinter den Kulissen tätig waren um die Funde bereitzustellen, S. Brüsselbach. Großen Anteil an der flächendeckenden Aufnahme des unterfränkischen Materials hatte R. Obst vom BLfD Bamberg, der den Kontakt zu zahlreichen Sammlern herstellte und mir zudem die Bestände des Museums in Karlstadt sowie die Funde aus Estenfeld im Depot des BLfD zugänglich machte.

Zahlreiche Museen und Denkmalämter in ganz Deutschland öffneten mir ihre Depots. Dafür danke ich (in zufälliger, nicht wertender Reihenfolge) K.-D. Steinmetz (BLM Wolfenbüttel), I. Görner (Museum Kassel), C. Willms und M. Bürgermaier (Arch. Museum Frankfurt), S. Schade-Lindig, K. von Kurczinsky und J. Meyer (Arch. Denkmalpflege Wiesbaden), C. Meiborg (Arch. Denkmalpflege Marburg), S. Küppers (Museum Hanau), H. Lasch (Museum Nidderau), E. Zahn-Biemüller (Mainfränkisches Museum Würzburg) A. Geisler (Prähist. Sammlung Köthen), E. Nier (Städtisches Heimatmuseum Ballenstedt), R. Mischker und V. Junski (LM Halle), B. Heide (LM Mainz), P. Pfaff (REM Mannheim) E. Classen (damals Prähistorische Staatssammlung München), M. Honeck (Slg. d. Lehrstuhls Uni Würzburg), W. Gebert (Museum Uffenheim), A. Boos (Historisches Museum Regensburg), G. Moosbauer (Gäubodenmuseum Straubing), G. Riedel (Museum Ingolstadt), R. Sandner (BLfD Ingolstadt). In Freising wurde ich bei der Materialaufnahme tatkräftig unterstützt durch das Ehepaar Neumair. J. Pechtl zeigte mir die Funde aus der neuen Grabung in Langenbach-Niederhummel. R. Hannig vom BLfD Nürnberg half mir mit der Ermittlung von Nummern im bayer. Denkmalatlas.

In Tschechien ermöglichte D. Stolz (UAPP Nižbor) mir die Aufnahme von einigem weitgehend unpubliziertem Material aus Mittelböhmen, in Mähren gewährten mir Z. Hajék (MZM Brünn), Z. Holubová (Stadtmuseum Brünn), M. Novák (AU Brno, Forschungsstelle Dolní Véstonice) und J. Langová (Museum Zlín) Zugang zu den ebenfalls teilweise unpublizierten Beständen ihrer Häuser.

In der Slowakei zeigte mir J. Pavúk (AU Nitra) das seiner Chronologie zu Grunde liegende Material, Z. Farkaš öffnete mir das Depot des SNM in Bratislava.

In Österreich gewährten mir P. Stadler und N. Kotova im NHM Wien umfassenden Einblick in das Material von Brunn am Gebirge, E. Lenneis ermöglichte die Aufnahme der Funde aus Strögen und Mold.

In Ungarn leistete K. Oross bei der Vorbereitung meiner Museumsreise wertvolle Hilfe. In ihm, T. Marton sowie J. Regenye, die mir die Bestände des Museums Veszprem öffnete, fand ich kundige Gesprächspartner zu Fragen des frühesten ungarischen Materials. Zudem stellten R. Patay (Museum Gödöllö) und L. Simmer (Göcsej Muzeum Zalaegerszeg) Material zur Verfügung.

Einen nicht unwesentlichen Beitrag leisteten die zahlreichen Sammler, die mir ihre Funde zugänglich machten und mitunter auch großzügig ausliehen. Aus dem Neckarland ist A. Schwarzkopf aus Kleingartach zu nennen sowie W. Joachim aus Stuttgart, aus Mittelfranken G. Oberndörfer und H. Brehm. In Unterfranken gewährten mir Frau Kallhardt, St. Fach, T. Ernstson, H. Kremer, H. Winzlmaier, P. Roemert, A. Warmuth, W. Kahnt und E. Lauerbach Einblick in ihre Funde. E. Pfister öffnete mir zusätzlich die Türen des Museums Geldersheim. Weiterhin verschaffte mir M. Klein-Pfeuffer Zugang zu den Sammlungen Alt und Keitel.

D. Kaufmann überließ mir großzügig die Bearbeitung des Materials aus seinen Ausgrabungen in Eilsleben.

M. Cladders überließ mir einen Datensatz der von ihr bearbeiteten Inventare, mein Doktorvater J. Lüning Ablichtungen seiner Unterlagen zu den Fundstellen im Umfeld von Schwanfeld. Als kritischer Diskussionspartner war D. Gronenborn unverzichtbar.

Es haben so viele zu dieser Arbeit beigetragen, dass ich nicht ausschließen kann, dass meine Danksagung unvollständig ist – alle diejenigen, die hier nicht erwähnt wurden, bitte ich um Entschuldigung.

Schließlich gebührt mein Dank für die Toleranz für häufige Abwesenheit – physisch während der Materialaufnahme, geistig auch darüber hinaus – meiner Frau Judith Buyel und meiner Tochter Maria.

Inhalt

1. Einleitung

Die ursprünglichen Ziele des Projektes waren auf die Expansion der äLBK und den Beginn der Regionalisierung beschränkt. Jedoch zeigte sich bald, dass für das Verständnis beider Vorgänge Überlegungen zur Genese der äLBK unverzichtbar waren. Die Materialaufnahme im Ursprungsgebiet gewann damit einen größeren Stellenwert als ursprünglich geplant. Leider konnten dort einige wichtige Inventare nicht aufgenommen werden, da sie aus nicht in jedem Falle nachvollziehbaren Gründen nicht zugänglich waren.

Der sehr unterschiedliche, meist aber mehr oder weniger unbefriedigende Publikationsstand verursachte manche Überraschungen beim Umfang des verfügbaren Materials. In Unterfranken waren neben der großflächigen Grabung von Schwanfeld bisher nur relativ wenige Lesefundstellen bekannt. Diese Region erwies sich jedoch als sehr dicht mit äLBK besiedelt; von fast 20% aller LBK-Fundstellen sind äLBK-Funde nachgewiesen, wobei anzumerken ist, dass noch keineswegs alle Sammlungen aufgesucht wurden. Letztlich erwies sich die Ausgangslage als so gut, dass Unterfranken jetzt als relativ gut erforscht gelten kann, obwohl mit Estenfeld nur eine weitere Grabung vorliegt. Um dem Rechnung zu tragen, wird einiges an Material abgebildet (**Taf. 1-4**). Im Neckarland fanden sich gleich mehrere Bestände aus kleineren Grabungen von ehrenamtlichen Mitarbeitern, die bisher völlig unbekannt waren. Insgesamt ist hier die Situation recht günstig, denn von 21 der 61 Fundstellen liegt wenigstens ein Grubeninventar vor, von acht einer oder mehrere Hausgrundrisse. Sehr deutlich zeigen die Resultate aus diesen beiden Regionen die Bedeutung systematischer Geländetätigkeit durch private Sammler. Umgekehrt ist die Situation in Mitteldeutschland sehr ungünstig; neben der großen Grabung in Eilsleben konnten nur wenige Altfunde aufgenommen werden; es gab zwar in den letzten 25 Jahren am Nordharz eine Reihe neuerer Grabungen, die jedoch im Rahmen einer Dissertation bearbeitet werden und deshalb nicht zugänglich waren. Dieses sehr wichtige Gebiet ist also nur punktuell erfasst.

Der Übersichtlichkeit des Textes halber wurden viele Tabellen und Abbildungen im Anhang platziert, und die Diskussion von Detailfragen zu Befundsituation, Hausabfolgen und ähnlichem findet sich aus demselben Grund überwiegend im Katalogteil. Sollte der Leser im Haupttext einen Quellenverweis zu einer Fundstelle vermissen, ist das nicht der Unachtsamkeit des Verfassers, sondern seinem Bemühen um die Lesbarkeit geschuldet, denn auch die Belege wurden soweit sinnvoll in den Katalog gestellt.

Die für diese Publikation aufgenommenen und ausgewerteten Daten sind unter folgender Adresse verfügbar:
https://www.academia.edu/35785795/Online_data_from_Westexpansion_und_Regionalisierung_der_ältesten_Bandkeramik

2. Materialaufnahme

2.1. Keramik

Die Aufnahme erfolgte überwiegend am Originalmaterial; lediglich in Ostböhmen erschien dies nach Rücksprache mit I. Pavlů verzichtbar, da hier auch kleine Fragmente abgebildet wurden (z. B. Pavlů et al. 1987; Pavlů & Vokolek 1992, 1996).

2.1.1. Aufnahme

Die Keramik wurde nach dem modifizierten Schlüssel von M. Cladders (2001, Anhang 3) aufgenommen, wobei die Zahl der Merkmale; soweit es vertretbar schien; reduziert wurde, um die Aufnahme möglichst großer Materialmengen zu erlauben. So unterblieb die Aufnahme der meisten Maße (Wandstärke, Randdurchmesser, Höhe des Gefäßes, Höhe des Flaschenhalses, Gewicht), da von ihnen kein über die bekannten Ergebnisse (Cladders 2001) hinausgehender Erkenntnisgewinn für die Fragestellung erwartet wurde, bei gleichzeitig insbesondere bei der Bestimmung von Randdurchmesser und Gewicht relativ großer Zeitersparnis. Bei den sonstigen Merkmalen entfielen Form des Flaschenhalses, Zahl der Handhaben, Erhaltung und Behandlung der Oberflächen. Zwar hatte sich gezeigt, dass die Behandlung der Oberflächen und die Wandstärke recht hilfreiche Kriterien bei der Gefäßformansprache sein können (Cladders 2001, 13-14 und 23). Jedoch können diese Merkmale in denjenigen Zweifelsfällen, wo ihre Bestimmung notwendig ist, auch ohne die Erfassung im Datensatz als Entscheidungshilfe herangezogen werden, was dann im Merkmal „Bestimmungsart" indirekt zum Ausdruck kommt. Vom Merkmal „Profiltyp" wurde nur die Ausprägung des Bauchumbruchs erfasst, und das nur dann, wenn ein Gefäß erkennbar einen scharfen Umbruch aufwies – die einzige Reduktion der Aufnahme, die sich im Nachhinein als ungünstig erwies, da sie die Zahl der aussagekräftigen Gefäße zu stark reduzierte (auf solche mit vollständigem Profil und solche mit erhaltener Handhabe, weil nur dort im Umkehrschluss die eindeutige Aussage „kein Bauchumbruch" möglich ist). Daher wurde dieses Merkmal für die zuletzt aufgenommenen Inventare (Eilsleben sowie die mährischen und ungarischen Fundstellen) in allen Ausprägungen aufgenommen.

Erfasst wurden alle bestimmbaren Gefäßformen sowie alle Scherben mit weiteren eindeutigen Merkmalen, sei es der Verzierung, sei es der Handhaben. Dadurch sind Stücke, die nicht einmal eine alternative Bestimmung (z. B. Flasche ODER Kumpf) zuließen, nur relativ selten erfasst worden, denn Wandscherben ohne bestimmbare Form, Verzierungsmotiv oder Handhabe blieben völlig unberücksichtigt. Bei Grabungsfunden, die diesbezüglich nicht bereits vorbearbeitet waren, wurden Gefäßeinheiten gebildet, wobei dies bei sehr großen Befundinventaren wegen des in solchen Fällen sehr hohen Zeitaufwandes sicher nicht immer erschöpfend geschah. Da aber z. B. auch in Grube 1 von Nidderau-Ostheim eine ganze Reihe von Schalenrändern neu als zusammengehörig erkannt wurden, obwohl aus diesem Befund über 300 bestimmbare Schalen stammen und Anpassungen bereits zuvor zum Großteil geklebt worden waren, dürfte die Zahl der bestimmten kaum einmal gravierend von der der tatsächlich vorhandenen Gefäßeinheiten abweichen. Das Ziel, in der zur Verfügung stehenden Zeit einerseits eine möglichst große Materialmenge zu erfassen ohne dabei andererseits eine hohe Fehlerquote zu produzieren, dürfte daher auch hier erreicht worden sein.

Bei der Gefäßformansprache wurde – aufbauend auf den Ergebnissen von Cladders 2001 – wie folgt verfahren:

Sofern keine anderen Merkmale eine andere Bestimmung nahe legten, wurden Knubben mit modifiziertem Ende generell den grobkeramischen Kümpfen zugewiesen. Zwar wurden auf diese Weise sicherlich einzelne Flaschen als Kümpfe fehlbestimmt, denn unter den nach Form und/oder Verzierung bestimmbaren Flaschen beider Aufnahmen besitzen 158 Exemplare Henkel, 12 Knubben mit modifiziertem Ende. Hochgerechnet ergeben sich aus den 1592 nur anhand eines Henkels bestimmten Flaschen etwa 122 weitere Stücke mit Knubben (denn nur anhand von Knubben wurde keine Flasche bestimmt), die so bei der Aufnahme fälschlich den grobkeramischen Kümpfen zugeschlagen wurden. Die Gesamtzahl der Flaschen wurde also um etwa 3% zu niedrig, die der grobkeramischen Kümpfe um 1,5% zu hoch ermittelt. Den Anteil der beiden Gefäßformen am Gesamtbestand verändert dieser Fehler jedoch nur um 0,4 Prozentpunkte. Wären die einzelnen Knubben, die nicht aufgrund weiterer Merkmale den Kümpfen zuzurechnen waren, sämtlich zu den unbestimmbaren Gefäßformen geschlagen worden, hätte dies die Zahl der grobkeramische Kümpfe um mindestens 40% verringert, ohne dass damit das Problem der Überrepräsentation der Henkel bei den Handhaben der Flaschen gelöst wäre. Zwar kommen Knubben mit modifiziertem Ende sporadisch auch an Schalen vor (18 Fälle), doch lässt bei diesen Stücken oft der horizontal wie vertikal schwach gekrümmte Wandverlauf eine Bestimmung zu. Lediglich eine Handvoll abgeplatzter Knubben dürfte deshalb fälschlich den Kümpfen zugewiesen worden sein. Da die Bestimmungswahrscheinlichkeit aber ohnehin zwischen den Gefäßformen recht unterschiedlich sein dürfte, geht es hier nicht um eine Annäherung an die ehemaligen Verhältnisse, sondern darum, auch unter Inkaufnahme einer kleinen Fehlermarge eine möglichst hohe Zahl von Gefäßeinheiten zu bestimmen, so dass dieses Vorgehen seine Berechtigung hat.

Bei nicht eindeutig bestimmbaren Scherben, die eine Verzierung nach dem Kumpfschema tragen, wurde unterschiedlich verfahren: bei Fundstellen, die erkennbar der Donau-äLBK zuzurechnen waren, wo also derartige Verzierungen auf Schalen allenfalls ausnahmsweise zu erwarten waren, wurden diese Scherben in der Regel den Kümpfen zugerechnet. Bei den anderen Siedlungen wurden sie dagegen als Zweifelsfälle Kumpf/Schale angesprochen. Die einzige Alternative hätte darin bestanden, diese Stücke auch bei der Donau-äLBK unbestimmt zu lassen. Im Sinne einer möglichst hohen Bestimmungsquote wurde hier so wie dargestellt verfahren; da die notwendige Information aber in der Bestimmungsart enthalten ist, kann die unmittelbare Vergleichbarkeit zwischen allen Fundstellen jederzeit wiederhergestellt werden. Ohnehin bestehen hier Unterschiede: die Donau-äLBK hat einen deutlich höheren Anteil an „Zeichen" auf Schalen, womit dort der Anteil anhand der Verzierung bestimmter Stücke mit 2,1% höher liegt als bei den anderen Inventaren (1,5%). Absolute Vergleichbarkeit aller Inventare ist also nur durch den Verzicht auf sämtliche sekundären Bestimmungsmöglichkeiten der Gefäßform zu erreichen. Da jedoch bereits gezeigt wurde, dass dies zwar zu deutlichen Abweichungen bei den Gefäßanteilen führt, aber die Vergleichbarkeit zwischen den Siedlungen keineswegs verbessert (Cladders 2001, 37-38), erschien solcher Purismus wenig zielführend.

Zur sekundären Gefäßformansprache sei noch angemerkt, dass sich erwartungsgemäß bestätigt hat, dass Innenverzierungen soweit eindeutig bestimmbar ausschließlich an Schalen vorkommen (mit zwei kuriosen Ausnahmen im Hals von Flaschen, s. Kap. 3.2.2.), die entsprechend verzierten Stücke ohne erkennbare Form also in der Tat sämtlich zu den Schalen geschlagen werden dürfen. Bei Verzierungen unter dem Boden gilt dies gleichermaßen – zu den beiden Stücken aus Schwanfeld (Cladders 2001, 185) und Eilsleben (Kaufmann 1981, Abb. 3, 2) traten zwei weitere aus Kraichtal-Münzesheim (Heide 2001, Taf. 81, 1) und Bylany (Pavlů et al. 1987, 301, 59401) sowie ein Stück aus Nidderau-Ostheim (Ramminger 2003, Taf. 25, 5), bei dem die zusätzliche Innenverzierung die Bestimmung als Schale liefert –, weshalb diese Verzierung neu ebenfalls als formbestimmend gewertet wird.

Bei den Verzierungen wurden die Randverzierungen als eigenes Merkmal von den Motiven abgetrennt, was die Erfassung der meisten Kombinationen (z.B. Randkerbung und kannelierte Barbotine) vereinfachte. Daneben mussten ebenso wie bei den Sekundärmotiven, bei der großen Materialmenge nicht überraschend, einige Motive neu definiert werden. Zusätzlich wurden die Motive 32 und 33 („Zeichen" an Schalen) detailliert aufgegliedert (s. Anhang E), da die Hoffnung bestand, so regionale Unterschiede erfassen zu können.

Die Wandneigungen wurden auf 1° genau gemessen, gegenüber 10°-Klassen bei der Aufnahme durch M. Cladders. Zweck war vor allem, bei den zahlreichen kleinen Inventaren hohe Rundungsdifferenzen zu vermeiden. Bei den größeren Inventaren ergeben sich nur marginale Unterschiede, wie ein Vergleich der Mittelwerte der gemessenen Werte mit denen der auf 10°-Klassen gerundeten Werte ergab. Da bei Flaschen die Wandneigung des Gefäßkörpers kaum einmal zu ermitteln ist, wurde darauf verzichtet und die Bestimmung der Neigung des Halses nicht als eigenes Merkmal, sondern in der Spalte „Wandneigung" erfasst.

Die Straffung des Aufnahmesystems und die bereits vorhandene einschlägige Erfahrung machten ein Arbeitstempo möglich, durch das weit über die ursprünglich geplanten Stückzahlen hinaus Material aufgenommen werden konnte. Insgesamt wurden mehr als 25.000 Gefäßeinheiten aus nahezu 200 Fundstellen erfasst. Nebenbei gesagt zeigen diese Zahlen auch einmal mehr den Vorteil standardisierter, numerisch codierter Aufnahmesysteme gegenüber den teilweise immer noch gebräuchlichen beschreibenden Materialerfassungen.

2.1.2. Zur Vergleichbarkeit mit anderen Aufnahmen

Aufnahmen nach anderen Kodierschlüsseln sind allenfalls unter Schwierigkeiten vergleichbar. Das betrifft hier die österreichischen Inventare, wie auch der Vergleich der eigenen Aufnahme des Materials von Strögen mit den publizierten Daten (Lenneis & Lüning 2001) ergab.

Selbst mit den Daten der Arbeit von Cladders 2001 gibt es einzelne Probleme. Überwiegend haben sie damit zu tun, dass der Schlüssel in der hier verwendeten Form das Ergebnis dieser Arbeit ist (Cladders 2001, 4), weshalb sich manches im Nachhinein nicht mehr völlig anpassen ließ. Dies gilt insbesondere für die Formbestimmung mittels der

Handhaben. Um die Daten dennoch vergleichbar zu machen, wurden einzelne Anpassungen nachgeholt. So wurden alle Knubben mit modifiziertem Ende den grobkeramischen Kümpfen zugewiesen, womit in diesem Punkt absolute Vergleichbarkeit erreicht wurde. Schwieriger sah es bei den Ösen und Henkeln aus, da die Aufnahme hier nur im Einzelfall eine Unterscheidung ermöglichte. Allerdings war bei den neu aufgenommenen Inventaren festzustellen, dass abgeplatzte durchlochte Handhaben zu gut 96% (434 von 451) Henkel sind. Daher wurden in der alten Aufnahme alle derartigen Stücke zu den Flaschen geschlagen, was bei 84 so bestimmten Stücken lediglich etwa 3 Fehlbestimmungen bedeutet, die Zahl der bestimmbaren Flaschen aber besser vergleichbar machte. Alle kleinen bis mittelgroßen Ösen/Henkel, die an Wandscherben mit weniger als 10mm Wandstärke sitzen, wurden zu den feinkeramischen Kümpfen geschlagen. Zur Kontrolle wurde ermittelt, ob der Anteil der nur aufgrund der Handhabe als Kumpf oder Flasche bestimmten Stücke (Bestimmungsart) sowie der Anteil aller Stücke mit Handhaben an der Gesamtzahl dieser Gefäßformen nun zwischen beiden Aufnahmen übereinstimmt. Da dies weitgehend der Fall ist, sind die Daten jetzt direkt vergleichbar.

Eine weitere Abweichung kam durch ein Missverständnis der Beschreibung der Aufnahme der Wandneigung zustande (Cladders 2001, 128). Die Messungen wurden sämtlich an der Innenseite vorgenommen, sollten aber außen erfolgen (mündl. Mitt. M. Cladders). Eine Kontrollserie ergab, dass die Messung außen um etwa 3° höhere Winkel zur Folge hat, unabhängig von der Gefäßform. Die für die Auswertung wichtige mittlere Differenz zwischen den Wandneigungen der Kümpfe und Schalen bleibt daher unverändert. Für gemeinsame Auswertungen wurden die Messungen der neuen Aufnahme in 5°-Klassen zusammengefasst und deren obere Grenzen verwendet, was einer Anpassung um 2,5° entspricht und die Differenz beider Aufnahmen weitestgehend verschwinden lässt.

Schließlich gibt es offenbar Unterschiede bei der Bestimmung der Profilform von Kümpfen, einem „weichen" Merkmal, bei dem individuelle Abweichungen zwischen zwei Bearbeitern nicht überraschen dürfen. Die Statistik legt nahe, dass die Trennung zwischen „Oberteil geschwungen" und „Rand senkrecht" unterschiedlich gezogen wurde, mit einem viel höheren Anteil der ersteren Ausprägung in der hier vorgelegten Aufnahme. Bei gemeinsamer Betrachtung kann also nur zwischen konvexem und ausgestelltem Rand unterschieden werden. Bei der Bestimmung des Mittelteils scheint in der neuen Aufnahme die Grenze zu Lasten der bikonischen Profile verschoben zu sein, die deutlich seltener ausgewiesen werden.

2.1.3. Die Abgrenzung älteste Bandkeramik/ältere Bandkeramik

Der grundsätzlichen Frage, wie die älteste Bandkeramik von der älteren Bandkeramik (Flomborn, Frühnotenkopf, Keszthely) abzugrenzen ist, unter welchen Voraussetzungen also ein Befund oder auch ein Einzelstück der einen oder der anderen stilistischen Einheit zuzuordnen ist, wurde bislang erstaunlich wenig Aufmerksamkeit gewidmet.
Bei den frühen Arbeiten zum Thema war dies noch verständlich, galt es doch zunächst, anhand typischer Funde die Unterschiede herauszustellen. Später übernahm man diese Beschreibungen, ohne auf die Probleme der Grenzziehung weiter einzugehen. Die Definition der äLBK-Keramik schien einfach zu sein: organisch gemagert, verziert mit breiten Rillen mit U-Profil. Trotz der abweichenden Grenzziehung bei der Vorlage des Materials aus Gerlingen (Neth 1999), wo auch die nur partiell organisch gemagerte und mit schmalen Rillen oder gar Ritzlinien verzierte Keramik der Fläche „Papstäcker" als ältestbandkeramisch beschrieben wurde, änderte sich daran bis heute wenig. Dazu trug bei, dass auch Silices (Gronenborn 1997) und Hausgrundrisse (Stäuble 2005) der äLBK deutliche Unterschiede zu jüngeren Abschnitten der LBK erkennen ließen. Dass der scheinbar scharfe Gegensatz von manchen Autoren (v. a. Cladders & Stäuble 2003) mit einer partiellen Gleichzeitigkeit von äLBK und Flomborn noch dazu ohne unmittelbaren genetischen Zusammenhang beider Gruppen erklärt wurde, verfestigte den Eindruck einer unproblematischen Unterscheidung. Ganz anders stellte sich die Situation jedoch bei der Aufnahme der Keramik der Siedlung bei Vaihingen a. d. Enz dar. Dort erwies es sich als ausgesprochen schwierig, ältestbandkeramische und Flomborner Inventare klar voneinander zu trennen. Nicht viel anders sieht es in Žadovice aus, die Inventare der ältesten Befunde weisen deutliche Ähnlichkeit mit der Keramik etwa aus Gerlingen „Papstäcker" auf – sandige, teils nur schwach organische Magerung und Ritzlinienzier –, und umgekehrt haben Gefäße aus Befunden der Notenkopfphase noch hohe Anteile organischer Magerung.

Hinzu kommt, dass die Kriterien für die Abgrenzung ganz offensichtlich keineswegs bei allen Bearbeitern gleich sind. so dass die Zuweisung nicht nur vom Material, sondern auch vom Autor abhängt. Besonders deutlich wird das beim Vergleich der verschieden regionalen Chronologien in Böhmen, Mähren und Österreich. Die Stufenbezeichnungen (Ia und Ib, in Böhmen zusätzlich Ic) suggerieren eine Synchronisierung, die offenbar von vielen Autoren auch so gemeint ist, die jedoch ganz offensichtlich wenig mit dem Material zu tun hat. Zwar ist Material der Stufe Ia immer ältestbandkeramisch, Stufe Ib dagegen ist äußerst heterogen. Das gilt selbst innerhalb Mährens. Dort wird einerseits das Material aus den frühesten Befunden von Žadovice, das nach Form, Magerung und Verzierung noch als ältestbandkeramisch einzustufen ist, als Ib angesprochen (Čižmář & Geislerova 1997). Andererseits wird die Grabkeramik aus Vedrovice z.T. sogar ausdrücklich einem älteren Abschnitt (Ib1) der Phase zugewiesen (Čižmář 2002, 188), obwohl insbesondere die Formen mit ihren Wandneigungen nahe 90º bereits ganz der älteren Bandkeramik angehören, was auch durch die Flaschenverzierungen bestätigt wird, die nicht mehr dem äLBK-Kanon folgen (z. B. Ondruš 2002, Abb. 18, 1; 54, 1; 69c, 2). Sogar die Gleichsetzung der äLBK aus Bylany mit Flomborn wird vertreten (z. B. Pavúk & Farkaš 2013), was offensichtlich nicht allein chronologisch gemeint ist.

Letztlich verblieben nur wenige eindeutige Kriterien, die zudem zwar erlauben einen Teil der Inventare sicher einer stilistischen Einheit zuzuweisen, deren Fehlen jedoch keineswegs allein für die gegenteilige Bestimmung ausreicht. Hinzu kommt, dass nicht klar ist, inwieweit diese Grenzziehung im gesamten Verbreitungsgebiet der äLBK zutrifft. Die zur älteren LBK gezählte Keszthely-Keramik ist offenbar noch regelhaft mit U-förmigen Rillen verziert und die Kümpfe sind deutlich geschlossen (Kalicz 1991; Lenneis 2003). Allerdings ist hier auch das zeitliche Verhältnis nicht wirklich geklärt; es ist durchaus möglich, dass ein Teil dieses Materials gleichzeitig mit der späten äLBK weiter westlich ist, fehlt dieser Abschnitt doch im ungarischen Material bisher weitgehend.

Es stellte sich daher die Frage, was die älteste Bandkeramik eigentlich ist. Als Kriterien für eine Definition kommen die (bisher explizit oder implizit fast immer angewandten) technischen Unterschiede der Keramik, die reine Zeitstellung oder eine kulturgeschichtliche Abgrenzung anhand struktureller Unterschiede der Verzierung, aber auch weiterer Merkmale wie der Silexindustrie und der Architektur in Frage. Letzterem Vorgehen wurde der Vorzug gegeben, was insofern unproblematisch war, als auch frühe Flomborn-Inventare mit erfasst werden sollten zur Beschreibung des Übergangs, weshalb die Definition nicht zu Beginn der Aufnahme feststehen musste.

2.2. Steinartefakte

An Steinartefakten wurden nur die wenigen Dechsel aufgenommen sowie die Silices aus dem Neckarland. Diese regionale Beschränkung ist vor allem dem Umstand geschuldet, dass eine überregionale Aufnahme entsprechend umfassende Rohmaterialkenntnisse voraussetzt, deren Aneignung den Rahmen eines solchen Projektes sprengen würde. Hinzu kommt, dass ohnehin nur die relativ wenigen gegrabenen Inventare auswertbar sind, da Lesefunde fast immer chronologisch uneinheitlich sind. Zur Anwendung kam der bekannte Aufnahmeschlüssel (Zimmermann 1988; Modifikationen Strien 2000)

2.2.1. Silices

Daten zur Silexindustrie außerhalb des Ursprungsgebietes der äLBK liegen nur aus dem Südwesten des Verbreitungsgebietes in ausreichender Zahl für regionale Vergleiche innerhalb und zwischen Siedlungen vor. Aus Südhessen sind mit Bruchenbrücken, Steinfurt, Mittelbuchen, Niedereschbach und Goddelau fünf Inventare publiziert (Lit. s. Katalog), aus Baden-Württemberg drei: Rottenburg, Gerlingen und Mannheim; hinzu kommt Vaihingen sowie eine Reihe kleiner Inventare aus dem Neckarland, die hier erstmals vorgelegt werden (Bietigheim-Bissingen, Freiberg-Heutingsheim, Stuttgart-Neugereut, Oedheim, Markgröningen, Leingarten-Großgartach 1, Brackenheim-Meimsheim 4, Ditzingen). Das Steinmaterial von Stuttgart-Mühlhausen „Viesenhäuser Hof" ist derzeit leider nicht auffindbar und kann deshalb nicht herangezogen werden.

2.2.2. Dechsel

Die Zahl sicher datierter und ausreichend vollständig erhaltener Dechsel ist leider so gering, dass sie keine eindeutigen Aussagen erlauben.

2.3. Naturwissenschaftliche Daten

2.3.1. ^{14}C-Datierung

Bevorzugtes Verfahren zur Datierung ist die ^{14}C-Methode. Allerdings wecken mehrere umfangreiche Datenserien mittlerweile grundsätzliche Zweifel an der Zuverlässigkeit und vor allem Auflösungsgenauigkeit der Methode. Für die äLBK ist hier die Siedlung von Rottenburg a. N. zu nennen; ihre 14 Daten bilden eine recht geschlossene Serie, deren 1σ-Bereich zwischen 5070 und 4620 calBC liegt (Bofinger 2005, Abb. 69) – ein offensichtlich um mehrere Jahrhunderte zu junges Datum. So führt eine wiggle matching-Kalibration je nach Wahl der Parameter zu einer Datierung ins 50. Jahrhundert (Annahme: alle Häuser gleichzeitig) oder von 5175-4725 BC (Annahme: alle Häuser nacheinander, Dauer einer Bauphase 75 Jahre, das undatierte Haus 6 an den Beginn) – bei anderen Annahmen lagen die Ergebnisse dazwischen. An jüngeren Serien sind anzuführen Trebur (Spatz 1999, 213-217), mit nicht ganz so gravierenden Abweichungen Ulm-Eggingen (jüngere, aber nicht jüngste LBK), wo die Daten mit einer Standardabweichung unter 100 Jahren fast ausnahmslos jünger als 6000 BP lagen, obwohl aus Holzkohle gewonnen (Dombek 1989, 408, Tab. 179). Auffällig ist, dass diese zu jung datierten Fundstellen sämtlich unmittelbar oder nur durch eine dünne Lößauflage getrennt auf fluviatilen Sedimenten lagen. Daneben kommen auch eindeutig zu alte Daten vor, wie z. B. in der jüngstbandkeramischen Siedlung Marainville-sur-Madon, wo zwei der fünf Daten an Getreide ältestbandkeramisch ausfielen (Blouet et al. 2013, 180 Tab. 18). Daneben ist anzumerken, dass Daten aus Holzkohlen, aus kurzlebigen Pflanzenresten und solche aus Knochen deutliche Unterschiede zeigen. Insbesondere gibt es eine Tendenz, dass Knochendaten zu jung ausfallen (Denaire 2009). Um diesen Effekt zu verdeutlichen, reicht bereits die simple Bildung von Mittelwerten der unkalibrierten Daten aus. Zunächst für die äLBK:

- Rottenburg: Getreide (2 Daten) 6155 BP, Knochen (12 Daten) 5965 BP (Bofinger 2005, 112-120, Tab. 15).
- Bruchenbrücken ohne Daten nach 5900 BP: Getreide (4 Daten) 6215 BP. Holzkohle (3 Daten) 6377 BP, Knochen (4 Daten) 6144 BP (Stäuble 2005, Anhang D).

Zwei Sammelserien aus dem Mittelneolithikum zeigen denselben Effekt (Daten aus Friederich 2011, Tab. 89-90):

- Hinkelstein: Holzkohle (3 Daten) 6238 BP, Knochen (ohne Trebur, 4 Daten) 5994 BP, Trebur AMS (5 Daten) 5933 BP, Trebur konventionell (4 Daten) 5784 BP.
- Rössen: Holzkohle (18 Daten) 5802 BP, Knochen (2 Daten) 5610 BP.

Der Unterschied zwischen Holzkohle- und Knochendaten liegt stets um die 200 Jahre. Versuchsweise durchgeführte wiggle-matching-Kalibrationen von drei Sammelserien (äLBK, Flomborn, jüngere LBK plus Hinkelstein) archäologisch gut datierter Proben zeitigten sämtlich das gleiche Ergebnis; die Getreidedaten lagen etwa 150 Jahre älter als die Knochendaten, der Altholzeffekt spielt bei den Holzkohledaten also nur eine relativ geringe Rolle. Nebenbei gesagt löst sich so auch der Widerspruch zwischen der zweifelsfreien archäologischen Korrelation zwischen rheinischem und südwestdeutschem Mittelneolithikum einerseits und dem sich aus den ^{14}C-Daten ergebenden scheinbaren Vorsprung der rheinischen Entwicklung von etwa 200 Jahren auf: die rheinischen Daten wurden nahezu ausschließlich an Holzkohlen erstellt, die südwestdeutschen überwiegend an Knochen, der Unterschied der Datierungen zwischen den Regionen entspricht dem Unterschied zwischen den datierten Materialien. Nur Daten aus gleichen Materialien dürfen also gemeinsam ausgewertet werden, was die Zahl der verfügbaren Proben deutlich reduziert.

Hinzu kommen erhebliche taphonomische Probleme. Bei den vermeintlich so zuverlässigen Datierungen an kurzlebigen Materialien ist ein erheblicher Anteil offensichtlich zu jung; äußerstenfalls 23, eher 15 von 38 bzw. 17 von 32 Daten des Frankfurter äLBK-Projektes werden als verlässlich eingestuft, gerade einmal die Hälfte (Stäuble 2005, 225-229: Cladders & Stäuble 2003, Abb. 3), der Rest ist weitgehend problemlos als Intrusionen durch archäologisch dokumentierte jüngere Siedlungsaktivitäten erklärbar. Die Beurteilung hängt jedoch gerade in diesem Falle stark von den Chronologievorstellungen des Bearbeiters ab; die dadurch bedingte Auswahl zuverlässiger bzw. intrusiver Daten beeinflusst im Einzelfall das Ergebnis erheblich (s. Kap. 7.1.1.). Bei der Interpretation der Daten ist folglich der Willkür Tür und Tor geöffnet.

Sehr deutlich wird an diesen Beispielen, dass es noch erhebliche ungelöste Probleme gibt. Weitreichende chronologische Schlüsse aufgrund von ^{14}C-Datierungen sind daher methodisch zumindest bedenklich. Abhilfe könnte hier nur eine groß angelegte methodenkritische Studie schaffen, die die Ursachen für die immer wieder auftretenden Fehldatierungen ergründet. Deshalb wird hier nur dann auf ^{14}C-Daten zurückgegriffen, wenn sie einen Altersunterschied der datierten Befunde von mehr als 500 Jahren anzeigen.

2.3.2. Paläogenetik

In den letzten Jahren gewinnen paläogenetische Untersuchungen zunehmend an Bedeutung für die Diskussion um Bevölkerungskontinuität oder -diskontinuität. Erste Ergebnisse für die Bandkeramik scheinen einen scharfen genetischen Bruch zum Mesolithikum anzuzeigen (Bramanti et al. 2009). Allerdings stehen für das Spätmesolithikum aus dem gesamten Siedlungsgebiet der LBK bisher nur fünf Individuen zur Verfügung, die aus Sachsen-Anhalt, Baden-Württemberg (Bramanti et al. 2009, Tab. 1) und Luxemburg (Lazaridis et al. 2014) stammen, ganz an der Peripherie der äLBK bzw. westlich davon. Zudem datieren sie nach Ausweis der ^{14}C-Daten mit einer Ausnahme mehr als 1000 Jahre vor den Beginn der äLBK, was bei allen Zweifeln an der Verlässlichkeit von ^{14}C-Daten auf jeden Fall einen erheblichen zeitlichen Abstand anzeigt, zumal Knochendatierungen wie gesehen tendenziell eher zu jung ausfallen. Da der Rest der mesolithischen Proben weit außerhalb des Verbreitungsgebietes der LBK genommen wurde, ist bei strenger Betrachtung die Aussage der Paläogenetik bislang nur, dass baltische Mesolithiker sowie einzelne Jäger und Sammler ganz im Westen Mitteleuropas, die mehr als 1000 Jahre älter als die äLBK sind, sich genetisch signifikant von der Bandkeramik unterscheiden – ein nicht wirklich überraschendes und zudem nicht besonders aussagekräftiges Ergebnis.

Genau genommen ist völlig unklar, wann die „bandkeramischen" Gene nach Mitteleuropa kamen. Solange keinerlei Proben vorneolithischer Individuen aus dem weiten Bereich zwischen der westlichen Peripherie der äLBK und dem Bosporus analysiert wurden, liegt selbst eine Wanderungsbewegung im Sog der spätglazialen Wiederbewaldung im Bereich des Möglichen (so zumindest für die mtDNA-Linien J und T2, Pala et al. 2012). Es ist also durchaus denkbar, dass die mesolithische Bevölkerung des Karpatenbeckens und weiter Teile Mitteleuropas genetisch bereits seit langem „neolithisch", besser anatolisch geprägt war. Die Einwanderung der Bandkeramik wäre dann auf diesem Wege nicht zu fassen.

Für die Zukunft sind von dieser Forschungsrichtung wichtige neue Erkenntnisse zu erwarten, für die Fragestellung dieser Arbeit vermag sie noch nichts beizutragen.

2.3.3. Sr-Isotopie

Besonders populär für den Nachweis von „Migranten" ist die Strontium-Isotopen-Analyse. Allerdings wurde sie bisher nur in einem einzigen Fall bei einem ältestbandkeramischen Individuum angewandt, dem Mann aus Schwanfeld (Knipper & Price 2011). Bei diesem vermuteten Gründer (Lüning 2011) ist nun in der Tat eine Einwanderung nachweisbar, jedoch nicht aus dem Entstehungsgebiet der äLBK, sondern vermutlich aus Nordböhmen. Daher fassen wir hier eher eine sekundäre Wanderungsbewegung deutlich nach dem Beginn der Expansion, als in Nordböhmen bereits ein Bevölkerungsüberschuss die Gründung neuer Siedlungen in der Ferne ermöglichte.

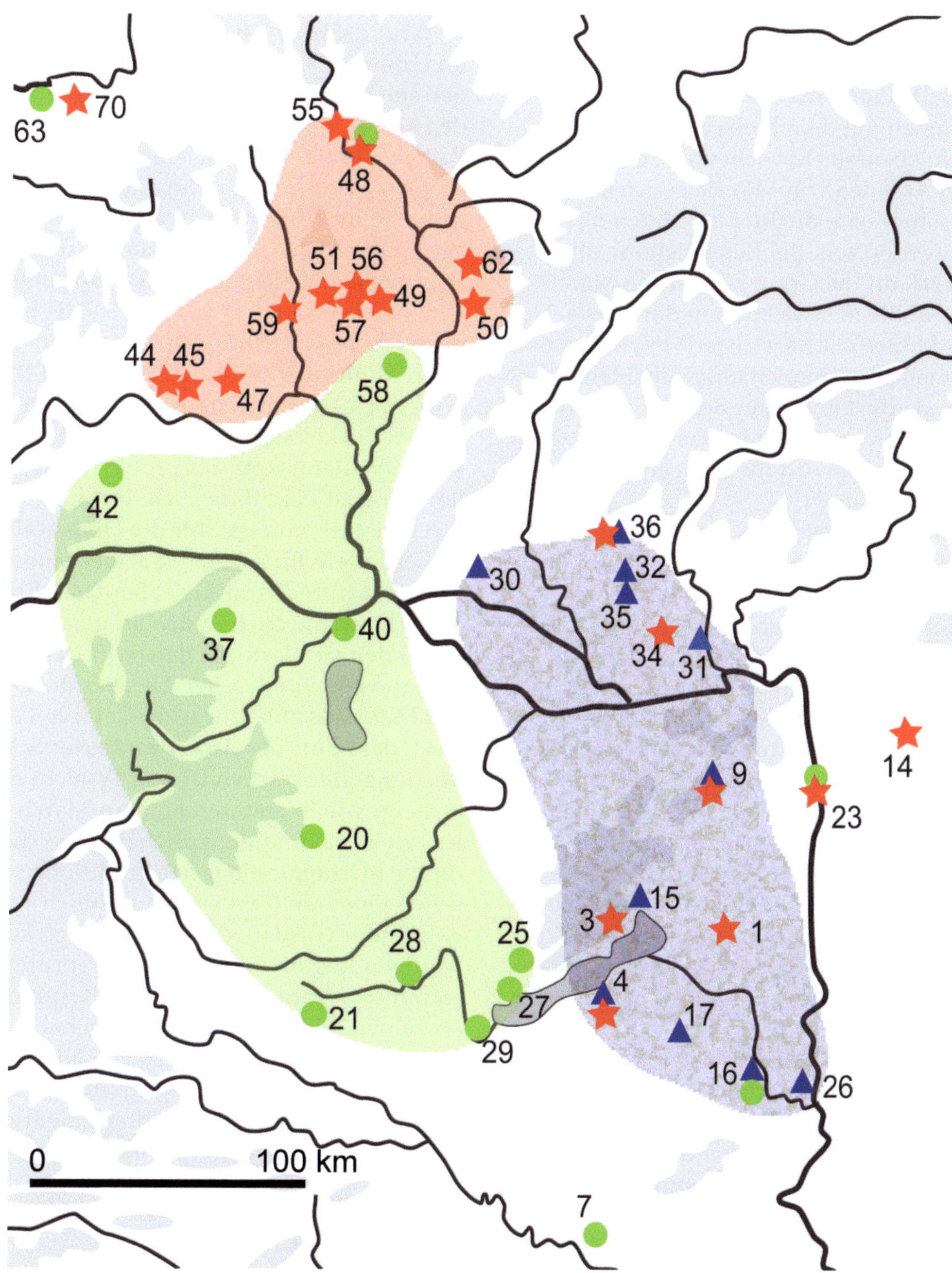

Abb. 1 Verbreitung von umlaufenden Fingertupfenreihen und -leisten (M83/93; grün), Fingerkniffrauhung (M97; rot) und Bíňa-Bogenmustern (M96; blau) im Entstehungsgebiet der äLBK.

3.1. Balaton-, March- und Donau-äLBK

Die Unterscheidung der beiden Traditionen im Ursprungsgebiet (Strien 2009, 2014a) kann nunmehr auch durch die Kartierung einzelner Ziermotive bestätigt und um eine dritte Gruppe ergänzt werden (**Abb. 1**). Es zeichnen sich sehr deutlich drei geographische Einheiten ab: im Westen ein Gebiet mit viel auf der größten Gefäßweite umlaufenden Fingertupfenreihen und –leisten (M93, M83), in Mähren sehr viele Stücke mit Fingerkniffrauhung M97 und das Verbreitungsgebiet der Bina-Bogenmuster M96 im Osten, letzteres auch mit einigen M97 und wenigen M83/M93. Dies sind zwar die am einfachsten zu kartierenden, aber nicht die einzigen regionalen Merkmale. So unterscheidet sich das Material aus dem Gebiet südlich der Thaya vom Rest durch die Seltenheit von M3. Die Seltenheit vom M4 bei vermehrtem Auftreten von M7, teilen die beiden

Gruppen im Westen und Norden, die weitgehend der bisherigen Balaton-äLBK entsprechen (Strien 2014, Abb. 4). Daher wird die mährische frühe äLBK zusammen mit dem äußersten Westen der Slowakei (wo ebenfalls M4 selten ist bei gleichzeitig hohen Anteilen von M3) als eigenständige Gruppe zu sehen sein, die hier als March-äLBK bezeichnet werden soll. Bei Einbeziehung aller Merkmale verläuft die Grenze zwischen March- und Balaton-äLBK in etwa entlang der Thaya. Da Balaton- und March-äLBK sich jedoch außerhalb des Kerngebietes kaum noch unterscheiden lassen, werden sie dort unter der Bezeichnung Balaton-March-äLBK zusammengefasst. Die Frage der Gruppenbildung wird im Übrigen noch zu vertiefen sein (s. Kap. 5).

Die Trennung in der Ebene 1./3. Eigenvektor der Korrespondenzanalyse (Strien 2014) ist – wohl v. a. wegen des Hinzutretens zahlreicher Befunde aus Mähren – verschwunden. Auch die Unterscheidung anhand des Anteils verzierter Schalen funktioniert nicht in allen Fällen, zeigt sich doch an den Inventaren des Kerngebietes, dass im älteren Abschnitt der Balaton-March-äLBK dieser Anteil noch nicht ausreichend höher ist als in der Donau-äLBK, um eine Zuweisung insbesondere kleinerer Inventare zu ermöglichen.

Vereinfacht gesagt, können die Traditionen im Kerngebiet anhand von Kartierungen von Einzelmerkmalen der frühesten Keramik regional, im Expansionsgebiet zumindest im jüngeren Abschnitt anhand des Anteils verzierter Schalen lokal getrennt werden. Die frühesten Fundstellen können hier über Einzelmerkmale zugewiesen werden, insbesondere kannelierte Barbotine einerseits, Fingertupfenleisten andererseits. Auch unstrukturierte Barbotine M87 kommt zwar nur in 8 oder 9 Inventaren vor, die aber sämtlich zur Donau-äLBK gehören. Allerdings zeigt sich nun mit Kenntnis diverser Inventare am Plattensee, dass dort die Balaton-äLBK z.T. viel M4, die Donau-äLBK viel M7 hat. Die Zuordnung der Inventare zur einen oder anderen Gruppe muß daher z. T. aufgrund weiterer Argumente entschieden werden (s. Katalog; vgl. Abb. 5). Bei sehr kleinen Stichproben ist freilich zu berücksichtigen, dass das eine oder andere Inventar rein zufällig falsch klassifiziert worden sein dürfte. Das beeinflusst zwar die Kartierungen im Detail, die Zahlenverhältnisse zwischen den Traditionen können dadurch aber kaum verändert werden. Schwierigkeiten bereiten Inventare im mittleren Bereich der Seriation, wo das Auflösungsvermögen beider Trennmethoden nicht sehr gut ist.

Grundsätzlich ist anzumerken, dass es sich im Ursprungsgebiet der LBK um räumlich klar getrennte Einheiten handelt, während dies in den später besiedelten Gebieten nicht mehr der Fall ist. Deshalb ist eine eindeutige Verbindung zwischen den späteren Inventaren der drei Traditionen im Westen und den ursprünglichen geographischen Einheiten auch nur durch wenige Fundstellen herzustellen; im Ursprungsgebiet sind Neckenmarkt und Žadovice die einzigen ausreichend großen Inventare, das eine der Balaton-äLBK, das andere der March-äLBK zugehörig, beide mit hohem Anteil verzierter Schalen (wobei Boskovstejn und Bojanovice noch hinzukommen, denn trotz der problematischen Überlieferung ist klar, dass auch dort viele verzierte Schalen vorkommen), für die Donau-äLBK stellt insbesondere Eilsleben mit seiner langen Laufzeit und großen Materialfülle, aber auch Bruchenbrücken durch die auch in den jüngeren Inventaren fehlenden verzierten Schalen die Verbindung zu den ältesten Funden her. Da aber die Durchsicht des Materials aus Brunn am Gebirge vermuten lässt, dass dort der Anteil verzierter Schalen in den jüngeren Flächen III und IV nicht so stark ansteigt wie in anderen Balaton-March-Fundstellen, ist es nicht völlig gesichert, dass die anhand dieses Merkmals einer der Traditionen zugewiesenen jüngeren Fundstellen sämtlich von Siedlern gegründet wurden, die ursprünglich aus der jeweiligen Regionalgruppe des Ursprungsgebietes stammten. Darauf wird bei der Besprechung der einzelnen Regionen noch einzugehen sein. Die folgenden Ausführungen zeigen allerdings, dass die Verbindung in der Regel zutreffend sein wird, sonst kämen die deutlich unterschiedlichen Entwicklungstrends kaum zu Stande.

3.2. Gefäßformen

3.2.1. Schalen

Einzig bei den Schalen unterscheidet sich die durchschnittliche Wandneigung verzierter und unverzierter Stücke. Sie liegt bei den verzierten Exemplaren mit 70,8° (Balaton-March-äLBK) bzw. 66,5° (Donau-äLBK) jeweils um 6,7° höher, bei großen lokalen Unterschieden. Bei Kümpfen und Flaschen gibt es einen solchen Unterschied nicht. Diese Beobachtung zeigt, dass die Verzierungen im alltäglichen Gebrauch gesehen werden sollten, was bei sehr flachen Schalen nicht möglich ist, während bei den anderen Formen der Wandverlauf die Sichtbarkeit nicht beeinflusst.

Die Zahl der Varianten der „Zeichen" hat sich erheblich vergrößert (s.a. Anhang A). Auch ein Teil der Verzierungen nach Kumpfschema muss sehr wahrscheinlich hierzu gerechnet werden, denn es ist auffällig, dass sich in manchen Siedlungen derartige Motive finden, die von Bodennähe bis maximal zur halben Höhe des Gefäßes reichen. Ein besonders gut erhaltenes Beispiel stammt aus Ammerbuch-Entringen (Bofinger 2005, Taf. 14A, 4). Derartige Stücke treten vor allem im Neckarland auf, können aber auch in anderen Regionen festgestellt werden. Selbst die deutlich verbreiterte Datenbasis und die detaillierte Typologie der „Zeichen" erbrachte keine neuen Erkenntnisse zum Zweck dieser Verzierungen, es zeigten sich keine Kombinationen mit anderen Merkmalen, die in dieser Frage weiterhelfen würden.

3.2.2. Grobkeramische Kümpfe

Bei manchen Verzierungstypen besonders unter dem ganz frühen Material ergeben sich mitunter Abgrenzungsprobleme zu z.T. erheblich jüngerem Material. Insbesondere Fingerkniffe (M97) und Fingertupfenleisten (M7, M52) verschwinden zwar bereits in mittlerer äLBK weitgehend, treten aber in späteren bandkeramischen Phasen (und ganz anderen vorgeschichtlichen Perioden) erneut auf. Darin zeigt sich oft keine Kontinuität, vielmehr handelt es sich um so naheliegende Zierweisen, dass sie immer wieder neu „erfunden" werden. Das größte Problem stellen Fingerkniffverzierungen dar. Einzig in Mähren, wo sie besonders häufig erscheinen, wird man Kontinuität in Betracht ziehen müssen, jedoch ist gerade hier nach dem Eindruck bei der Materialaufnahme die Abgrenzung relativ klar. Die jüngeren Beispiele zeigen stets dicht gesetzte Reihen von Fingerkniffen, mit relativ großen Abständen zwischen den Reihen, was als eigener Typ erfasst wurde (M77). Im frühen Material dagegen sind die Fingerkniffe entweder flächig oder in eng beieinander liegenden Reihen angeordnet, zudem sind es häufig keine eigentlichen Fingerkniffe, sondern eher wurde etwas Material mit einer einzelnen Fingerspitze zur Seite gedrückt – eine Zierweise, die dann erst wieder ganz am Ende der LBK im Rhein-Maas-Gebiet erscheint. Da dieser Unterschied aber nicht immer eindeutig erkennbar ist, ging er nicht in die Typdefinition ein. Schwieriger ist es im Westen des Verbreitungsgebietes der äLBK, wo echte Fingerkniffe am Übergang äLBK/Flomborn in meist geringer Zahl erneut auftauchen (z. B. Schade-Lindig 2010, Abb. 2, 10-15; auch in Vaihingen wurden einzelne Stücke beobachtet). Als Tendenz ist aber auch hier festzustellen, dass die Oberfläche lockerer bedeckt wurde.

Probleme können am ehesten bei Lesefunden von längerfristig belegten Siedlungen entstehen, hier muss den grobkeramischen Verzierungen also mit besonderer Vorsicht begegnet werden.

3.2.3. Flaschen

Die Liste der Verzierungen des Typs Stuttgart-Bad Cannstatt konnte noch einmal verlängert werden (**Tab. C1**). Besonders erwähnenswert ist ein weiteres Beispiel für ein plastisch ausgearbeitetes Gesicht auf einem Lesefund aus Unterfranken (**Taf. 4, 7**). Die Bedeutung der zusätzlichen Spirale direkt unter dem Rand ist unklar, möglicherweise gehört sie auch zu einer ganz anderen Darstellung weiter rechts im abgebrochenen Bereich. Der Typ ist in der Balaton-March-äLBK etwa doppelt so häufig wie in der Donau-äLBK (9,6% zu 4,6% aller feinkeramisch verzierten Flaschen).

Entgegen dem ersten Eindruck kommen Darstellungen vom Typ Taimering über Süddeutschland hinaus vor. Sie bleiben aber relativ selten. Schließlich zeichnen sich möglicherweise weitere Typen anthropomorpher Darstellungen auf Flaschen ab. So gibt es einige vertikale Linienbündel mit seitlich angehängten Mäandern, die Arme darstellen könnten. Sie werden wegen zweier Exemplare von dort als Typ Bylany bezeichnet (zusammengestellt in **Tab. C1**).

Insgesamt tragen mindestens 8,6% (Balaton-March-äLBK) bzw. 6,4% (Donau-äLBK), unter Einbeziehungen der unsicheren Stücke 11,3% bzw. 8,8% aller Flaschen mit Linienzier anthropomorphe Verzierungen. In der Realität muss der Anteil jedoch deutlich höher gewesen sein, denn vielfach ist ja nur die Spiralverzierung erhalten oder bei Randscherben und Handhaben nur noch erkennbar, dass das Stück rillenverziert war, aber nicht womit. Berücksichtigt man nur diejenigen Stücke, bei denen sowohl ein Haupt- als auch ein Sekundärmotiv identifiziert wurde, steigen die Anteile auf 28% (15 von 53) bzw. 19% (7 von 37; jeweils nur sicher bestimmte). Da vermutlich nicht jede Flasche ein Sekundärmuster besaß, wird der tatsächliche Wert zwar etwas niedriger gelegen haben. Die unterschiedlichen Formen der anthropomorphen Darstellungen waren dennoch keineswegs selten, sondern gehörten zum normalen Kanon der Flaschenverzierung. Die verschiedenen Typen kommen in allen Traditionen vor, allerdings ist der Typ Stuttgart-Bad Cannstatt in der Donau-äLBK deutlich seltener, die anderen Typen etwas häufiger als in der Balaton-March-äLBK

Zwei Flaschen aus Mitteldeutschland tragen überraschenderweise Verzierungen innen am Hals. Beides sind Lesefunde und somit nicht näher datierbar, einmal aus Eilsleben, einmal aus Nerkewitz (Einicke 2014, Taf. 44, 9). Die Zukunft wird zeigen müssen, ob diese sehr seltene Verzierung auf Mitteldeutschland beschränkt bleibt.

3.3. Chronologie

3.3.1. Ergebnisse der Korrespondenzanalyse

Im Gegensatz zu den Seriationen bei Cladders (2001, 79-96) wurden auch die grobkeramischen Verzierungen an Flaschen berücksichtigt. Nachdem zunächst ohne diese Stücke gerechnet worden war, erbrachte eine Kontrolle anhand der in den datierten Gruben gefundenen Flaschenverzierungen, dass diese sich entlang der Zeitachse identisch verteilten wie die gleichen Verzierungen auf grobkeramischen Kümpfen. Für die Mäander auf Flaschen gilt jedoch weiterhin, dass sie chronologisch unempfindlich sind. Damit sind sie diesbezüglich ohne Aussagekraft und wurden aus der Seriation ausgeschlossen. Daneben wurden weiterhin die Schalenverzierungen nach Kumpfschema einbezogen (Strien 2014).

Ein grundsätzliches Problem für jeden Versuch einer Gliederung stellt die hohe Zahl durchlaufender Typen dar. Zwar zeigen auch diese meist grobkeramischen Verzierungen deutliche Maxima innerhalb der Seriationsmatrix, doch sind sie teilweise (insbesondere Motiv 3) sowohl in den ältesten als auch in den jüngsten Befunden vertreten. Fast alle Typen decken immerhin einen großen Teil der Matrix ab. Das verringert die Datierungsgenauigkeit für die Einzelbefunde nicht unwesentlich. Insbesondere Flomborner Befunde, die zur Erfassung des Übergangs mit einbezogen wurden, werden häufig zu alt datiert, da sie regelmäßig langlaufende grobkeramische Verzierungen enthalten, während die feinkeramischen Motive nicht mehr so klar strukturiert wie in der äLBK und deshalb seltener bestimmbar sind. Man wird daher im Zweifelsfalle der Datierung des Einzelbefundes misstrauen, insbesondere wenn er schwach besetzt ist. Um die Ergebnisse zuverlässiger beurteilen zu können, wurde eine ganze Reihe unterschiedlicher Seriationen gerechnet. In der Regel brachte die Hereinnahme oder der Ausschluss von Typen keine Verbesserung der Anpassung an eine Parabel oder andere erkennbare Vorteile. Lediglich der Ausschluss von M3 eliminiert im jüngeren Bereich einige erratische Datierungen. Wie noch gezeigt wird, kann das Motiv dennoch nicht grundsätzlich außer Betracht bleiben, da es im Ursprungsgebiet für die Gliederung des ältesten Abschnittes nicht unwichtig ist. Daneben erwies sich noch eine Seriation, in die statt der diversen Typen von Spiralen auf Kümpfen allein ihre Linienzahl einging, als brauchbar. Sie wurde gerechnet, da sich bereits bei der Seriation mit den verschiedenen Typen von Spiralen ein klarer Trend von einer zu zwei und schließlich drei Linien gezeigt hatte (**Abb. 3**). Schließlich können noch separate Seriationen von Balaton-March- bzw. Donau-äLBK herangezogen werden. Der Vergleich zwischen all diesen Berechnungen zeigt v. a., welche Datierungen besonders problematisch sind und weist z.T. auch auf die möglichen Ursachen hin. Hierauf wird im Einzelnen noch einzugehen sein.

Insgesamt bildet der 1. Eigenvektor aller vorgenommenen Seriationen jedoch unzweifelhaft die zeitliche Ordnung ab, denn nicht nur wurden die mit dem balkanischen Neolithikum zu verbindenden grobkeramischen Verzierungen stets am einen Ende, die zu Flomborn überleitenden Sekundärmuster und S-Spiralen am anderen Ende der Matrix eingeordnet. Vielmehr zeigen auch nicht in die Seriation eingegangene Merkmale eine Entwicklung entlang der Hauptachse, die sich zwanglos als chronologisch bedingt erklären lässt (s. u.).

3.3.2. Balaton-March-äLBK

Die separate Seriation der Balaton-March-äLBK ergibt keine gut ausgebildete Parabel (**Abb. B2**). Das ist insofern nicht besonders überraschend, als von Beginn an zwei verschiedene Gruppen hinter den Daten stehen. Insbesondere die Daten aus dem jüngeren Abschnitt der March-äLBK von Mold und Žadovice zeigen deutliche Abweichungen vom Rest, die sich als regionale Eigenheiten erklären lassen. Jedoch verbessert auch ihr Ausschluss das Ergebnis nur unwesentlich. Am ehesten wird die frühe Regionalisierung mit der raschen Herausbildung neuer kleinräumiger Traditionen dieses Problem erklären.

Insbesondere die durchschnittliche Wandneigung der Schalen und Kümpfe zeigt einen klaren

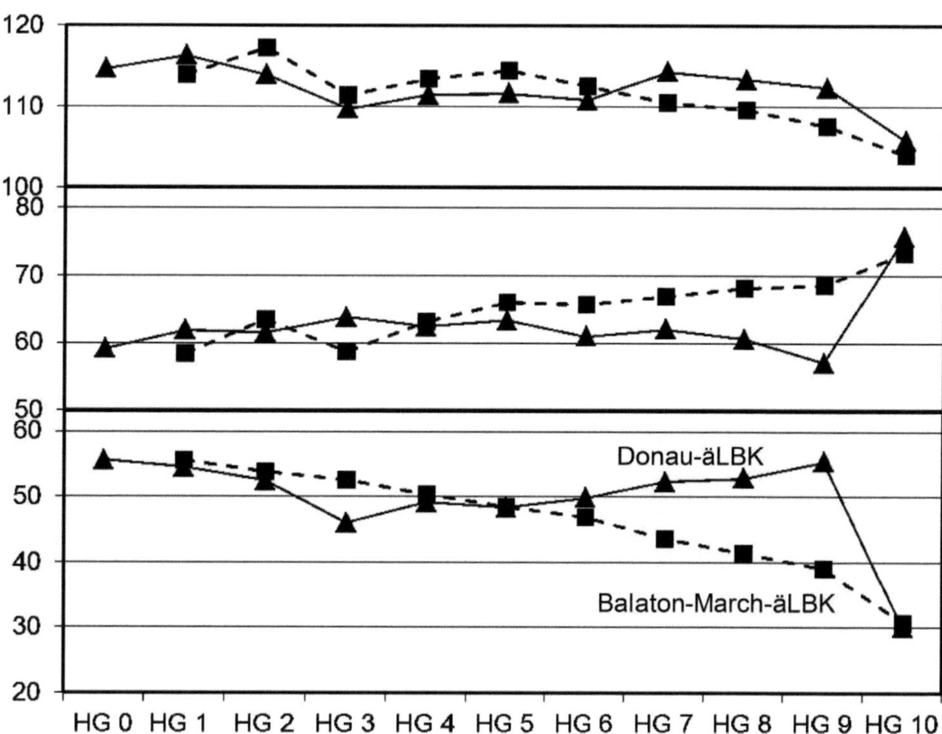

Abb. 2 Chronologische Entwicklung der durchschnittlichen Wandneigung von Kümpfen (oben) und Schalen (Mitte) sowie der Differenz zwischen der durchschnittlichen Wandneigung von Kümpfen und Schalen (unten) in Grad.

chronologischen Trend, verändert sie sich doch kontinuierlich in Richtung auf Flomborner Verhältnisse (**Abb. 2**). Daneben ist bei Flaschen und grobkeramischen Kümpfen nach einem frühen Maximum ein Rückgang des Verzierungsanteils zu bemerken. Auch diese Entwicklung leitet schließlich bruchlos zu Flomborn über. Der Anteil verzierter Schalen steigt zwar kontinuierlich an, um ebenfalls in Flomborner Zahlenverhältnisse zu münden. Allerdings deutet sich an, dass dies nur die March-äLBK betrifft, während die Balaton-äLBK offenbar Schalen nicht in allen Siedlungen häufiger als die Donau-äLBK verzierte. Jedoch ist eine sichere Aussage wegen der geringen Materialmenge noch nicht möglich, wenn auch die Durchsicht des Inventars von Brunn am Gebirge denselben Eindruck vermittelte.

3.3.3. Donau-äLBK

Kann bei der Seriation der Balaton-March-äLBK wenig Zweifel an ihrer durchgängigen chronologischen Aussagekraft bestehen, sieht es bei der Donau-äLBK etwas ungünstiger aus. Zwar stehen auch hier die balkanisch-frühneolithischen Elemente wie kannelierte Barbotine am einen Ende der Matrix, in sich gespiegelte Spiralmotive am anderen, so dass grundsätzlich ein zeitlicher Gradient erkennbar ist. Doch weichen die Datierungen von eindeutig zum gleichen Haus gehörigen Gruben mehrfach stark voneinander ab, so dass sich auch Hausabfolgen nicht immer zuverlässig fixieren lassen. Diese Schwierigkeiten sind insofern bemerkenswert, als sie nicht an problematischen Daten zu liegen scheinen, zeigt sich in der Ebene 1./2. EV doch eine gut ausgebildete Parabel (**Abb. B3**). Der älteste Abschnitt der Donau-äLBK entspricht grob der Hurbanovo-Phase (Pavúk 1980), die zwar auf problematischer Materialbasis beschrieben wurde, aber offenbar tatsächlich als stilistische Einheit erfasst werden kann. Die Phasengrenzen Hurbanovo/Bíňa und Bíňa/Milanovce sind wie üblich bei ausreichend besetzten Seriationstabellen nicht sehr scharf, grundsätzlich ist die Abfolge jedoch nachvollziehbar.

Es fällt auf, dass die Probleme vor allem den Bereich zwischen dem Expansionshorizont und den wenigen erkennbar sehr späten Inventaren betreffen. Eine mögliche Erklärung wurde bereits diskutiert (Cladders 2001, 115). Einen solcher, auf den großräumigen Zusammenhalt weit verstreut lebender Gruppen zielenden Konservativismus wird auch vom Seriationsergebnis bestätigt: die chronologische Differenzierung beruht weitgehend auf dem (im Gleichschritt mit der Balaton-March-äLBK) rückläufigen Anteil grobkeramischer Verzierungen, während sich die Zusammensetzung der feinkeramischen Verzierungen wenig verändert. Insbesondere die

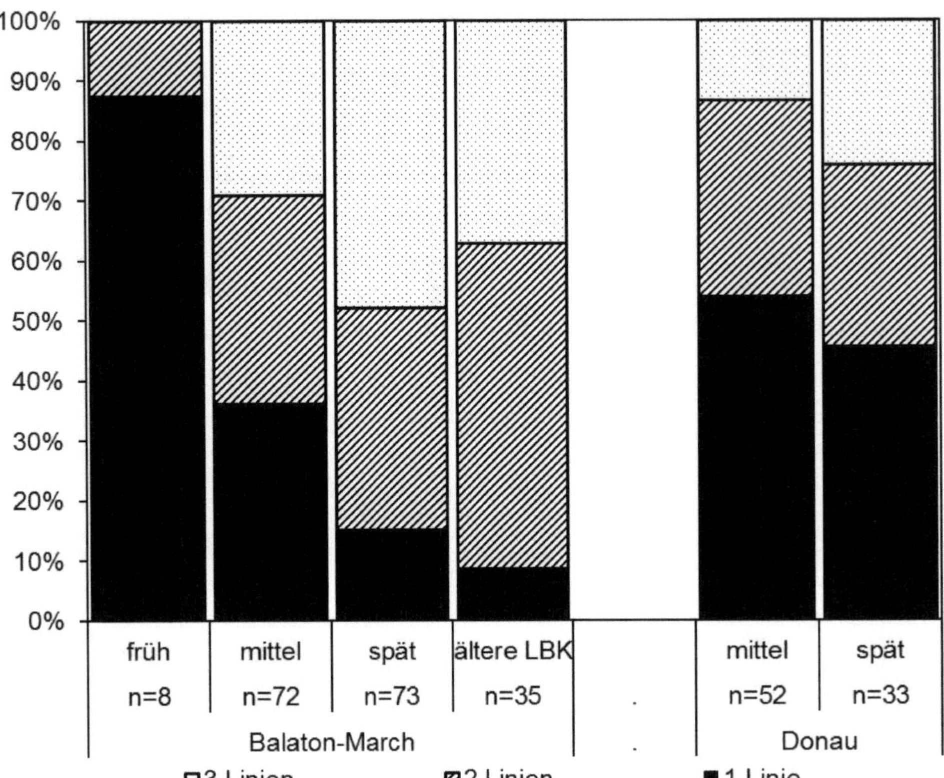

Abb. 3 Zahl der Linien bei Spiralen auf Kümpfen und Schalen.

Zahl der eigentlichen Sekundärmuster (S2, S3, S9, S10) steigt deutlich langsamer an als in der Balaton-March-äLBK. Auch die Wandneigung der Kümpfe und Schalen zeigt die stark konservative Note der Entwicklung (**Abb. 2**): bei den Kümpfen bleibt sie während der gesamten Laufzeit praktisch unverändert, bei den Schalen ist sie sogar leicht rückläufig, so dass der Unterschied zwischen den Typen sich noch etwas vergrößert. Dieser Trend setzt jedoch erst ab HG 5 ein, zuvor entwickeln sich die Formen synchron zur Balaton-March-äLBK, was die extrem konservativen Tendenzen des jüngeren Abschnitts nochmals unterstreicht. Leider ist mangels Daten nicht sicher festzustellen, ob diese Entwicklung auch das Ursprungsgebiet betrifft, denn ab HG 3 stammen die Daten fast ausschließlich aus dem Expansionsgebiet. Beim Übergang zu Flomborn ist dann ein scharfer Bruch festzustellen. Dabei zeigt das Beispiel Schwanfeld sehr deutlich, dass dieser Trend keinesfalls für jeden Haushalt in gleicher Art gilt (s. Katalog). Möglicherweise wird hier wegen der großen Stückzahlen einmal greifbar, dass die aufgezeigten Entwicklungen zwar in der Summe zutreffen, aber doch nur Mittelwerte aus einer großen Bandbreite von realisierten Varianten sind, was vermutlich in gleicher Weise für die Balaton-March-äLBK gilt

Ganz ähnlich verhält sich der Anteil verzierter Schalen: von HG 2 zu HG 5 steigt ihr Anteil von 3,0% auf 5,9% an, den höchsten Wert überhaupt nach den HG 0/1, um danach leicht abzubröckeln bis zu dem Sprung am Übergang äLBK/Flomborn, während bei der Balaton-March-äLBK der ohnehin schon höhere Anteil steil ansteigt und bruchlos zu Flomborn überleitet (**Abb. B13**). In HG 6 wird zudem die höchste Zahl gleichzeitiger Häuser der Donau-äLBK erreicht, ab HG 7 sinkt sie dann rasch ab, ganz im Gegensatz zur Balaton-March-äLBK.

Selbst bei der Zahl der Linien bei Kumpfspiralen wird der Konservativismus der Donau-äLBK erkennbar (**Abb. 3**): Zwar verschiebt sich auch hier der Schwerpunkt zunehmend zu zwei und drei Linien, doch sind Spiralen aus nur einer Linie deutlich häufiger als in der Balaton-March-äLBK.

3.3.4. Zum zeitlichen Verhältnis der Traditionen

Zwar zeigt sich bei der gemeinsamen Seriation des Gesamtmaterials in der Ebene 1./2.EV eine gut ausgebildete Parabel, was zunächst auf relativ geringe typologische Unterschiede und damit einhergehend eine gute Synchronisierung zu deuten scheint. Bei genauerer Betrachtung offenbaren sich jedoch Probleme. Sie zeigen sich zum einen in der unterschiedlichen Datierung gleicher Merkmale. Der Befund von Bernolakovo, eher zur March-äLBK gehörig, aber wegen der Grenzlage zur Donau-äLBK mit einem Nachweis zweier Bíňa-Bogenmotive (M96), datiert deutlich später als der jüngste Nachweis dieses Typs in Donau-Kontext. Hauptursache dürfte ein tatsächlich etwas früherer Beginn der Donau-äLBK sein, wobei der sehr frühe Abschnitt zusätzlich einige sehr stark besetzte Inventare aufweist. Das führt bei der gemeinsamen Seriation dazu, dass die frühen Typen der Donau-äLBK durch den Randeffekt früher datiert werden als diejenigen der Balaton- und March-äLBK, was wiederum entsprechende Auswirkungen auf die Datierung der Befunde hat.

Zum anderen ist am jüngeren Ende der Seriation der merkwürdige Umstand zu beobachten, dass der jüngste Abschnitt nahezu ausschließlich mit Befunden der Balaton-March-March-äLBK besetzt ist. Da in mehreren Siedlungen ganz eindeutig der Übergang zu Flomborn zu beobachten ist (s.u.), kann dies nicht damit erklärt werden, dass die Balaton-March-äLBK länger läuft und teilweise parallel zu Flomborn datiert. Ein wesentlicher Grund dürfte die wegen der verzierten Schalen höhere Zahl feinkeramischer Verzierungen in der Balaton-March-äLBK sein, denn diese datieren allgemein jünger als die Motive der Grobkeramik. Hinzu kommt die langsamere stilistische Entwicklung der Donau-äLBK, die sich beispielsweise im verzögerten Auftreten der Sekundärmuster äußert (s.o.), sowie das starke zahlenmäßige Übergewicht der Balaton-March-äLBK, was umgekehrt zum frühen Abschnitt relativ zu späte Datierungen für Typen und Befunde bewirkt. Zusammen führen diese Faktoren zu etwas zu alten Datierungen der Donau-äLBK. Eine versuchsweise durchgeführte Seriation ohne die frühen Verzierungen der Donau-äLBK (Einglätt- und Politurmuster, Bíňa-Bogenmuster, Kreisstempel) führte jedoch zwar zu erheblichen Verschiebungen der Positionen einzelner Befunde, änderte am prinzipiellen Ergebnis aber wenig; auch jetzt waren unter den 20 ältesten Befunden nur je drei (statt zuvor zwei) sehr schwach besetzte (zwei oder drei Scherben) der Balaton- bzw. March-äLBK. Selbst wenn zusätzlich kannelierte Barbotine ausgeschlossen wird, bleiben immer noch zwei Inventare der Donau-äLBK am Beginn, unter den 20 ältesten sind je fünf der Donau- und der March-äLBK. Da also selbst mit sehr weitgehenden Datenmanipulationen keine zeitliche Priorität der frühesten Befunde vom Westen des Balaton zu erzwingen ist, sind die vorliegenden Daten nur im Sinne eines früheren Beginns der Donau-äLBK zu deuten.

Allerdings bleibt es dabei, dass bei der Seriation mit allen chronologisch relevanten Merkmalen die frühesten Befunde der Donau-äLBK etwas zu alt datieren. Deshalb wurde eine Seriation ohne diese Inventare gerechnet. Dies führte zu einem weitgehenden Ausgleich der Differenzen am älteren Ende. Allerdings datiert Bernolakovo im Verhältnis zu den Befunden der Donau-äLBK immer noch etwas zu jung. Für die späte äLBK bleibt es bei der Diskrepanz zwischen beiden Traditionen, selbst wenn man analog zum Vorgehen am älteren Ende die jüngsten Inventare der Balaton-March-äLBK und zusätzlich die umfangreichen späten Inventare aus Vaihingen und Bietigheim-Bissingen ausschließt. Da einzelne Befunde der Donau-äLBK aber stets bis zum Ende der Matrix streuen, können hierfür nicht allein mathematische Ursachen verantwortlich sein, vielmehr sind auch kulturgeschichtliche Faktoren in Betracht zu ziehen (s. u.). Im Weiteren wurde die an Anfang und Ende gekappte Version für die Synchronisierung zu Grunde gelegt. Auf detailliertere chronologische Fragen zum zeitlichen Ablauf der Initialphase der äLBK wird weiter unten eingegangen (Kap. 5.1.), hier soll zunächst festgehalten werden, dass die Donau-äLBK höchstwahrscheinlich etwas früher als die Balaton- und die March-äLBK beginnt. Allerdings ist diese Aussage angesichts der insgesamt noch schmalen Materialbasis vorläufig.

3.3.5. Hausgenerationen?

Der Begriff der „Hausgeneration" wird in der Regel in Zusammenhang mit dem Hofplatzmodell verwendet, um die Bauphasen der Hausabfolgen zu benennen. Eine solche Abfolge der Häuser innerhalb der Siedlungen zu ermitteln wurde auch hier angestrebt. Das primäre Ziel war jedoch, die Entwicklung in ungefähr gleich lange Abschnitte zu zerlegen, um die stilistische Entwicklung, die Expansion und das Bevölkerungswachstum der äLBK wenigstens ansatzweise quantifizieren zu können. Für viele Auswertungen ist es deshalb nicht von zentraler Bedeutung, ob die Abschnitte wie in späteren Phasen der LBK tatsächlich etwa 23-25 Jahre repräsentieren oder einen andern, kürzeren oder längeren Zeitraum. Lediglich bei den Berechnungen zum Bevölkerungswachstum können andere Schätzungen das absolute Ergebnis beeinflussen, jedoch auch hier nicht die Relationen zwischen den zeitlichen Einheiten. Grundsätzlich ist hierzu zu bemerken, dass längere Einheiten recht unwahrscheinlich sind, da sie den Beginn der äLBK zu alt datieren würden (s.u.). Lediglich für Schätzungen der Bevölkerungsentwicklung spielt die Frage eine Rolle, ob die Nutzungsdauer der Häuser der Dauer einer „Hausgeneration" entsprach oder u. U. deutlich höher lag. Die Verwendung als chronologische Einheit impliziert in keiner Weise die erstere Deutung; die generell fehlenden Überschneidungen von Hausgrundrissen lassen auch die Interpretation zu, dass wir so lediglich „Verfüllungsgenerationen" der erhaltenen Grubenteile erfassen und eine Aussage über die tatsächliche Nutzungsdauer der Häuser nicht möglich ist.

Insgesamt 9 Hausgenerationen (im Weiteren abgekürzt mit HG) sind durch datierbare Grundrisse belegt (HG 2 bis HG 10), wobei die letzte schon zu Flomborn gehört. HG 1 wird in Brunn am Gebirge belegt sein, zu der eine Reihe weiterer, in der Seriation vor HG 2 datierender Befunde gerechnet wird, die ältesten Inventare der Donau-äLBK werden als HG 0 zusammengefasst. Einen Unsicherheitsfaktor stellt dar, dass meist nur wenige Häuser einer Siedlung datierbar waren, so dass die Verknüpfung zu einer Gesamtchronologie im Einzelfall fehlerbehaftet sein wird. Hinzu kommen die erwähnten Probleme mit manchen Häusern, deren Längsgruben sehr unterschiedlich eingeordnet werden. Im ältesten Bereich gibt es die Schwierigkeiten bei der Synchronisation der drei Traditionen, so dass vor HG 3 die Zugehörigkeit jedes Befundes nur grob abgeschätzt werden kann und auch die Zahl der Generationen nicht gesichert ist. Befunde, die nicht durch Zugehörigkeit zu einem Haus in eine Sequenz eingebaut werden konnten, werden über den Schwerpunkt analog dem Verfahren bei Classen (2012, 117-118) datiert. Wegen aller dieser Unsicherheiten ist manches Haus falsch datiert worden und mancher Befund der falschen HG zugewiesen. Daher versteht sich von selbst, dass die Chronologie auf diesem feinen Niveau nur als brauchbares Modell zur Beschreibung der Entwicklung gemeint ist, nicht als präzise Darstellung der Realität. Immerhin zeigt das kontinuierliche Anwachsen der Anzahl gleichzeitiger Hausgrundrisse wie auch Trends bei der Stilentwicklung (s. u.), dass zwar die einzelnen Datierungen teils problematisch sind, insgesamt aber ein schlüssiges Bild entsteht.

Da die Flomborner Befunde meist nicht über Hausabfolgen mit der äLBK verbunden werden können, wurden die sehr frühen Inventare als HG 10 zusammengefasst, wiewohl wahrscheinlich auch solche der HG 11 dabei sind – lediglich in Vaihingen wurde versucht, die beiden HG über die Schwerpunkte in der Seriation der LBK Württembergs zu trennen –, die wenigen erfassten Inventare, die der württembergischen Stilphase 2B2 angehören, wurden als HG 12 bezeichnet, auch diese Einheit umfasst in der Realität wohl zwei Hausgenerationen. Für manche Untersuchungen wurden zur Verbreiterung der statistischen Basis gröbere Einheiten zusammengefasst: früh (bis HG 3), mittel (HG 4-7), spät (ab HG 8).

Zwar wird im weiteren die Dauer einer Hausgeneration mit der Nutzungsdauer der Häuser gleichgesetzt, aber vor allem, weil diese Interpretation in späteren Phasen der LBK die plausibelste ist – in Vaihingen ist ab Flomborn wegen zahlreicher Abfolgen von Überschneidungen eine nennenswert längere Nutzung praktisch ausgeschlossen. Vor allem die fehlenden Argumente für eine grundsätzliche Änderung am Ende der äLBK (die freilich nicht ausgeschlossen werden kann!) sprechen dafür, die Verhältnisse aus jüngerer Zeit zu übertragen. Daneben wird noch zu zeigen sein, dass aus längeren Nutzungszeiten wegen der dann größeren Zahl gleichzeitiger Häuser ein extrem hohes Bevölkerungswachstum folgen würde.

Schließlich wurde für alle Siedlungsinventare (auch die Lesefundkomplexe), bei denen wenigstens drei Verzierungselemente ansprechbar waren, aus den Schwerpunkten der vorhandenen Typen eine „mittlere Datierung" errechnet. Für diejenigen Siedlungen, die datierbare Befunde geliefert haben und mindestens bis HG 8 laufen, zeigte sich eine brauchbare Korrelation zwischen dem „mittleren Datum" und dem Datum des ältesten Befundes (**Abb. B14**). Auf dieser Basis wurde aus den „mittleren Daten" der Lesefundkomplexe, bei denen eine Laufzeit mindestens bis zum Ende der äLBK anzunehmen ist, die erste Hausgeneration der jeweiligen Siedlung ermittelt. Bei den anderen Lesefundinventaren wurde mangels anderer Möglichkeiten das „mittlere Datum" als Siedlungsbeginn angenommen, was zu etwas zu späten Daten führt. Die Datierungen dürfen selbstverständlich nur als grobe Schätzung betrachtet werden, zumal viele Inventare so schwach besetzt sind, dass der Zufall eine große Rolle spielen kann. Dennoch sollten sich so regionale Unterschiede der Besiedlungsgeschichte erkennen lassen, da dort einzelne Fehldatierungen das Gesamtbild kaum verändern können. Diese Datierungen von immerhin gut 160 Fundstellen

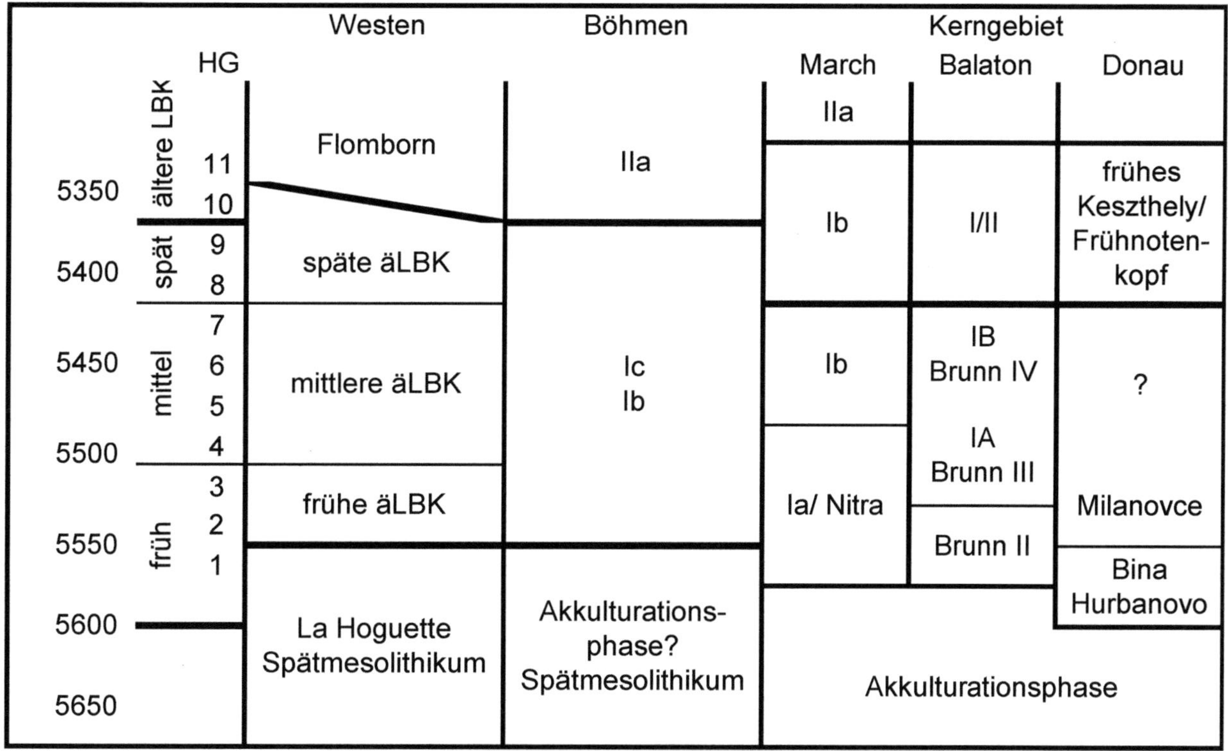

		HG	Westen	Böhmen	Kerngebiet: March	Kerngebiet: Balaton	Kerngebiet: Donau
	ältere LBK	11	Flomborn	IIa	IIa		
5350		10			Ib	I/II	frühes Keszthely/ Frühnotenkopf
	spät	9	späte äLBK	Ic Ib			
5400		8					
	mittel	7	mittlere äLBK		Ib	IB Brunn IV	?
5450		6					
		5					
5500		4			Ia/ Nitra	IA Brunn III	
	früh	3	frühe äLBK				Milanovce
		2				Brunn II	
5550		1					Bina Hurbanovo
5600			La Hoguette Spätmesolithikum	Akkulturations-phase? Spätmesolithikum	Akkulturationsphase		
5650							

Tab. 1 Korrelation der Chronologiesysteme für die äLBK und den Beginn der älteren LBK.

liegen den Karten zur Ausbreitung der äLBK zu Grunde (**Abb. B5-B12**).

3.3.6. Vergleich mit anderen Chronologiesystemen (**Tab. 1**)

Phase Ib der mährischen Chronologie ist nach den Seriationsergebnissen sowohl mit später äLBK als auch mit frühem Flomborn im Westen zu synchronisieren. Da frühesten Inventare aus Žadovice, die in der Seriation in die HG 6 und 7 datieren und noch in jeder Hinsicht ältestbandkeramisch sind, ebenfalls als Ib angesprochen wurden (Čižmař & Geislerová 1997), umfasst dieser Terminus auch Teile der mittleren äLBK. Offenbar wurde das gesamte Material zusammengefasst, das noch nicht notenkopfverziert und nicht mehr massiv organisch gemagert ist. Dass ein Teil des Materials aus Vedrovice sogar an den Beginn der Phase gestellt wurde (Čižmař 2002), ist aufgrund der Motive nicht nachvollziehbar. Vielmehr liegen die beiden in der Seriation enthaltenen, in Phase Ib1 gestellten Gräber (15 und 69) zusammen mit Grab 66 (Phase IIa) zwischen den beiden jüngsten in die Seriation eingegangenen Befunden aus Žadovice, die eher in HG 10 oder noch später gehören. Daher ist der größeren Klarheit wegen der Chronologie von Lenneis (2010, Tab. 1 und Abb. 2-6) der Vorzug zu geben, bei der sich die Grenze LBK I/II weitestgehend mit der hier gezogenen Trennungslinie deckt (s. Kap. 7.2).

3.4. Absolute Chronologie

Da wie oben gesehen ^{14}C-Daten derzeit keine verlässliche Basis für eine präzise absolutchronologische Datierung der LBK bieten, verbleiben als einzige direkte naturwissenschaftliche Datierungen die dendrochronologischen Messungen der Brunnenhölzer. Als damit verbundenes indirektes Verfahren kann das Abzählen der Hausgenerationen zusammen mit Annahmen zu ihrer Dauer verwendet werden.

Ausgangspunkt ist der einzige archäologisch und dendrochronologisch gut datierte Brunnen. Die Baugrube von Kückhoven I kann nach einer Bereinigung des Datenbestandes des Rheinlandes um problematische Aufnahmen in die Mitte von HG XI der rheinischen Chronologie datiert werden, die Reparatur durch das Material aus dem Zwischenraum der beiden Kästen an die

Grenze HG XII/XIII. Bei 23-25 Jahren Dauer für eine Generation entspricht dieser Abstand 35-38 Jahren, dendrochronologisch wurden 28-38 Jahre ermittelt (Schmidt et al. 1998). Damit kann der Brunnen als sehr zuverlässig datiert gelten, er liefert uns für den Beginn von HG XI einen Ansatz von etwa 5100 denBC. Berücksichtigt man, dass aufgrund der Befundsituation in Vaihingen eine zusätzliche Flomborn-Generation vor HG I im Rheinland anzusetzen ist (Strien in Vorb. a), die hier als HG 10 gezählt wird, entspricht HG XI im Rheinland HG 21 der überregionalen Zählung. Der Beginn der Westexpansion in HG 2 müsste demzufolge bei 23 Jahren für eine Generation ins 3. Viertel des 56. Jahrhunderts datieren, bei 25 Jahren sogar um 5575 denBC. Dieses Datum liegt verglichen mit den gängigen Schätzungen sehr früh. Jedoch liefert der Brunnen von Mohelnice eine Bestätigung. 219 Jahre sind in den Holzfragmenten belegt (5781-5562 denBC, Schmidt & Gruhle 2003, Tab. 1), also mindestens 235 Jahre vor Erbauung, was im Bereich des bei bandkeramischen Brunnen bislang belegten ist (Kückhoven I: 247 Jahre vor Fälldatum, Kückhoven II: 227±5 Jahre, Schmidt et al. 1998, Abb. 2 u. 4; Altscherbitz: 327 Jahre/Konstruktionshölzer 265 Jahre, Eythra 21/22: >169 Jahre, Eythra 17: 114 Jahre, Brodau: 278±10 Jahre, Tegel et al. 2012, Tab. S2). Deshalb wird das Baudatum am wahrscheinlichsten zwischen 5545 und 5500 v. Chr. liegen. Zunächst bedeutet dies, dass die äLBK zu dieser Zeit bereits existierte; die Datierung ihrer Genese nach 5500 v.Chr. ist damit ausgeschlossen. Unter der Annahme, der Brunnen gehöre zu den ältesten Befunden der Siedlung, lässt sich hieraus wiederum eine Hochrechnung der Dauer einer Generation ableiten. Gesichert ist ein Beginn spätestens in HG 3 (S. Kat.). Daraus ergibt sich bei einer Erbauung zum dendrochronologisch spätestmöglichen Zeitpunkt (5500 v.Chr.) eine Untergrenze für die Dauer einer Hausgeneration von 22 Jahren. Auch bei Annahme einer Siedlungsgründung in der für die gesamte March-äLBK bisher nicht belegten HG „0", womit Mohelnice zu den frühesten Siedlungen, der Brunnen zu den ältesten jemals gegrabenen Befunden gehören würde, sinkt dieser Wert nur auf 19 Jahre. Selbst in diesem Fall könnte der Beginn der Expansion in HG 2 nicht später als 5460 v. Chr. datiert werden. Umgekehrt ergeben sich bei Annahme des frühestmöglichen Fälldatums und einer Erbauung des Brunnens am Beginn von HG 6 maximal 30 Jahre. Diese Berechnung ergibt allerdings für den Beginn der Landnahme ein Datum von vor 5650 v.Chr., was extrem unwahrscheinlich ist.

Unter der Annahme einer Erbauung des Brunnens in HG 3 und einer Dauer einer HG von 23-25 Jahren ergibt die Rückrechnung ein Baudatum zwischen 5550 v. Chr. und 5525 v. Chr. (25 Jahre) bzw. bei 23 Jahren von (gerundet) 5515-5490 v. Chr, was perfekt zu der dendrochronologischen Datierung passt. Die archäologische Datierung anhand von allerdings nur zwei Scherben aus der Füllung in HG 4 oder 5 würde ein Datum für die Aufgabe des Brunnens von 5525-5475 denBC (Rückrechnung mit 25 Jahren/Generation) bzw. 5490-5445 denBC (23 Jahre/Generation) bedeuten. Es ist also eine gute Übereinstimmung festzustellen, wenngleich dies angesichts der großen Fehlermarge der relativchronologischen Datierung zunächst nur heißt, dass die Ergebnisse einander nicht widersprechen. Die Dauer der Hausgeneration (es sei nochmals angemerkt, dass es sich dabei in erster Linie um eine relativchronologische Einheit und nicht notwendigerweise zugleich um eine Aussage über die Nutzungsdauer der Häuser handelt) kann daher auf 20-25 Jahre eingegrenzt werden, mit 23-25 Jahren als wahrscheinlichster Spanne.

Der oben ermittelte frühe Ansatz für den Beginn der Landnahme im 2. oder 3. Viertel des 56. Jahrhunderts ist also zwar nicht erwiesen, aber plausibel. Die Genese der äLBK sollte dann um 5600 v. Chr. datieren, ihr Ende auf etwa 5375-5350 v. Chr..

4. Befunde

4.1. Lagetypen von Gruben (Tab. C2)

Zunächst sei zur Terminologie angemerkt, dass im Weiteren die Begriffe „Hofplatz" bzw. „Wohnplatz" in ihrer ursprünglich definierten Bedeutung (Boelicke et al. 1988) benutzt werden, derzufolge der Hofplatz das zu einem Haus gehörende mit Gruben unterschiedlicher Funktion belegte Areal ist, während der Wohnplatz die im Laufe der Zeit von einander ablösenden Häusern und ihrem jeweiligen Umfeld insgesamt belegte Fläche ist.

Das klassische Hofplatzmodell kennt außer den Längsgruben drei definierte Lagetypen von Befunden (West-, Nord- und Ostgruben) sowie „freie" Gruben. Die Westgruben sind bei guter Erhaltung meist ein amorpher Komplex von Kesselgruben. Alle Lagetypen liegen i.d.R. einige Meter vom zugehörigen Haus entfernt, was bei längerer Besiedlung die Zuweisung oft nicht ganz eindeutig macht.

Es stellt sich nun die Frage, ob dieses Modell schon für die ältestbandkeramischen Siedlungen anwendbar ist. Freilich ist bei Vergleichen zu berücksichtigen, dass es an den Siedlungen des Rheinlandes entwickelt wurde, wo die Hof- und Wohnplätze offensichtlich sehr viel größer sind als rechts des Rheins. Jedenfalls lassen die bisherigen Ergebnisse aus Süddeutschland erkennen, dass jüngerbandkeramische Wohnplätze dort nur durchschnittlich 1500-2500 m^2 groß sind (Kind 1989, 148; Strien in Vorb. a). Die älterbandkeramischen Wohnplätze in Vaihingen (Strien in Vorb. a) und Stephansposching (Pechtl 2009a, 490) sind sogar noch kleiner, wobei das Modell als solches, auch was die Lagetypen der Gruben betrifft, offenbar übertragbar ist (besonders deutlich an dem Einzelhaus aus Langenreichen, Pechtl 2008). Erste Überlegungen für die äLBK, v.a. zu Regeln bezüglich der Hausabfolgen, zeigten bereits deutliche Unterschiede zum bestehenden Modell (Lüning 2005). Eine Durchsicht aller verfügbaren Siedlungspläne vermittelt nun den Eindruck, dass zum einen die Zahl der Distanzgruben geringer ist als später und diese zudem näher am zugehörigen Haus liegen. Insgesamt scheint die Aktivitätszone um das Haus deutlich kleiner zu sein, als es das klassische Modell erwarten ließ, selbst im Vergleich mit späteren süddeutschen Siedlungen. Nord- und mehr noch Westgruben scheinen in Lage und Form stärker normiert zu sein als in jüngerer Zeit. Damit wird die Struktur der Hofplätze interessant für die Frage des Übergangs äLBK/ältere LBK, denn die Veränderungen müssen nicht notwendigerweise zeitgleich mit den stilistischen und technischen Änderungen anderer Kulturelemente wie Keramik und Architektur abgelaufen sein.

Daneben ist auch die innere Struktur der Siedlungen offenbar nicht überall im Verbreitungsgebiet gleich. So zeigen sich in der großen Siedlung bei Brunn am Gebirge keine eindeutigen West- oder Nordgruben. Zudem sind bei Häusern der Balaton-March-äLBK Nordgruben, bei solchen der Donau-äLBK Westgruben häufiger anzutreffen, der Unterschied ist hoch signifikant ($\chi2$=9,09, FG=1, α<0,01) und wird noch dadurch unterstrichen, dass die Westgruben der Balaton-March-äLBK erst ab HG 8 datieren. Allerdings spielen offenbar auch lokale Unterschiede eine Rolle, denn die N-Gruben der Donau-äLBK wurden fast alle in Bruchenbrücken festgestellt. In keinem Fall sind an einem Haus sowohl W- als auch N-Grube nachweisbar, die Vermutung liegt also nahe, dass sie die gleiche Funktion hatten und ihre Lage weniger dadurch als von der Tradition bestimmt wurde.

4.1.1. Westgruben

Insgesamt 30 sichere oder wahrscheinliche W-Gruben wurden erfasst. Ihre Lage vor der westlichen Hauswand gab Anlass zu der Überlegung, ob es hier einen systematischen räumlichen Bezug gab. Daher wurde für alle in Frage kommenden Gruben die Entfernung ihres Südendes von der Flucht des QR 20 sowie vom (erhaltenen) Ende des Außengrabens ermittelt, da diese Bezugspunkte bei den meisten Häusern erhalten sind. Dabei zeigte sich eine sehr starke Normung; von den 22 auswertbaren W-Gruben beginnen neun 1-3,5 m N des Außengrabens. Nur zwei Gruben liegen vollständig neben dem Außengraben, vier liegen etwa auf Höhe des N-Endes und drei deutlich weiter nördlich, wahrscheinlich im Bereich der nordwestlichen Hausecke. Diese Lage passt bestens zu der Annahme eines seitlichen Eingangs direkt N des Außengrabens. Lediglich im Falle von Haus 15 in Schwanfeld blockiert die W-Grube diesen Bereich so, dass ein Betreten des Hauses nur auf dem Umweg durch die Längsgrube möglich gewesen wäre. Der seitliche Abstand zur Flucht des Außengrabens beträgt 1-5 m, wobei 11 der 21 auswertbaren W-Gruben 2,5-3 m entfernt liegen (Mittelwert 2,5 m). Zwei jeweils recht kleine W-Gruben an einem Haus konnten nur einmal beobachtet werden, bei Haus 1 in Rottenburg.

Damit unterscheiden sich die ältestbandkeramischen W-Gruben deutlich von den zumeist weiter südlich und in größerem Abstand vom Haus gelegenen W-Gruben jüngerer Zeit. Jedoch fällt auf, dass die vor der möglichen Türe oder südlich davon gelegenen Gruben sämtlich in die drei letzten

Generationen der äLBK gehören und insgesamt die W-Gruben ab HG 7 durchschnittlich 6,0 m weiter südlich liegen als zuvor (bezogen auf das südliche Ende der Grube; der Unterschied ist signifikant, Mediantest: $X^2 = 8,1$), womit die Annäherung an die Verhältnisse späterer Zeit schrittweise erfolgt wäre. Ein weiterer wesentlicher Unterschied ist die Form; im Gegensatz zu den amorphen Komplexen späterer Zeit sind die Befunde bei guter Erhaltung meist grob lang-rechteckig und liegen parallel zur Hauswand, was eine identische Nutzung wie in späterer Zeit eher unwahrscheinlich macht.

4.1.2. Nordgruben

Nordgruben wurden 22 mal identifiziert. Sie sind meist annähernd lang-rechteckig und quer zum Haus orientiert. Ihre Lage ist nicht so genau wie die der W-Gruben einzugrenzen, da meist die nördliche Hauswand nicht erhalten ist und der Bezug zu QR 20 und Außengraben nur bedingt aufschlussreich ist, da er auch von An- oder Abwesenheit eines NW-Teils des Hauses abhängt. Dennoch wird auch hier deutlich, dass das Grubenumfeld der Häuser kleiner war als später, beträgt der Abstand zur N-Wand (sechs messbare Fälle) doch nur 0-5,5 m (Mittelwert 2,9 m). Ein weiterer Unterschied zu den jüngeren Phasen der LBK ist die vergleichsweise hohe Zahl von N-Gruben, mit 22 sicheren oder wahrscheinlichen Beispielen sind sie nahezu so häufig wie die W-Gruben.

Im Mittel sind die Gruben um 0,5 m aus der Hausachse nach W verschoben, wobei 12 der 19 auswertbaren Gruben weniger als 2 m nach O oder W von der Achse abweichen.

4.1.3. Ostgruben

Bisher konnten nur 8 Ostgruben beobachtet werden sowie der unsichere Fall aus Strögen. Hinzu kommen wahrscheinlich weitere Beispiele aus Tolna-Mözs. In Karben und vermutlich in Frankfurt-Niedereschbach sind es große annähernd runde Gruben, deren Nordrand etwa auf Höhe der Nordwand des Hauses liegt, die anderen Fälle ähneln in Form und Lage stark W-Gruben, mit denen sie meist gemeinsam beim gleichen Haus beobachtet wurden. Ihre Lage ist – falls die sehr kleine Stichprobe nicht täuscht – noch stärker normiert als die der W-Gruben, denn alle fünf auswertbaren Gruben lagen 0-1 m N des Außengrabens, 2-3 m N von QR 20. Der seitliche Abstand beträgt 0,5-3 m, der Mittelwert beträgt 2,25 m.

4.1.4. „Freie“ Grubenkomplexe

Eine im Westen bislang spezifisch ältestbandkeramische Befundgruppe sind größere Grubenkomplexe, die ohne deutlichen Bezug zu Einzelhäusern oder Wohnplätzen bis zu 100 m entfernt von diesen liegen. Durch ihre Lage sind sie nur bei großflächigen Grabungen zu erkennen und dürften deshalb bisher unterrepräsentiert sein. Erkennbar sind sie in Stuttgart-Mühlhausen und in Frankfurt-Niedereschbach, wahrscheinlich auch in Ebsdorfergrund-Wittelsberg. Noch unklar ist, ob sie trotz ihrer abseitigen Lage zu bestimmten Häusern gehörten oder kommunale Einrichtungen waren. Auch ein funktionaler Unterschied ist noch nicht nachweisbar; da die Anteile der Gefäßformen keine signifikanten Unterschiede zu anderen Befundtypen zeigen. Gut vergleichbar ist die Befundsituation der etwas jüngeren Siedlung von Targowisko (Zastawny & Grabowska 2014, Abb. 41)

4.1.5. Hofplatzmodell

Die bisherigen Ausführungen zeigen sehr deutlich, dass das rheinische Hofplatzmodell nicht direkt auf die äLBK übertragbar ist. Zwar ist ein dem Haus zugehöriger Bereich anhand der W-, N- und O-Gruben zu definieren, doch fehlen weitere auch nur wahrscheinlich einzelnen Häusern zuzuordnende Befunde. Demnach wäre das mit hauszugehörigen Gruben vermutlich spezieller Funktion belegte Areal sehr viel kleiner als in jüngerer Zeit; nimmt man den vom Haus abgewandten Rand der Gruben als Maßstab, sind es maximal 6 m westlich, 8 m nördlich und 9 m östlich vom Haus. Die größere Bedeutung der Hoffläche westlich des Hauses gegenüber derjenigen im Osten wird nicht nur an der viel höheren Zahl der Westgruben deutlich, sondern auch an den Fundmengen in den Längsgruben. Die W-Längsgruben enthalten insgesamt mehr als doppelt so viel Keramik wie die O-Längsgruben. Klare Tendenzen in der Zusammensetzung der Inventare im Sinne unterschiedlicher Funktionen der Areale waren jedoch nicht auszumachen. Einzig ein erhöhter Anteil insbesondere verzierter Flaschen in den östlichen Längsgruben von Häusern der Donau-äLBK ist möglich, aber statistisch nicht signifikant.

4.2. Wohnplätze

Der Nachweis von Hofplätzen besagt noch nicht, dass es Wohnplätze im Sinne des Modells gab, die von aufeinander folgenden einzelnen Häusern und ihrem Umfeld eingenommen wurden. Die kleinen Hofplätze, die fehlenden Überschneidungen zwischen Hausgrundrissen und die Datierungsunsicherheiten machen es meist unmöglich, die Gleichzeitigkeit nahe beieinander stehender Grundrisse definitiv auszuschließen. Das aber ist die Voraussetzung, um das Modell übertragen zu dürfen, denn eine Änderung der Siedlungsstruktur am Übergang äLBK/ältere LBK darf nicht a priori ausgeschlossen werden. Deshalb liefern nur die Siedlungspläne von Frankfurt-Niedereschbach und Karben echte Argumente. Unter der (ebenfalls nicht bewiesenen, aber wahrscheinlichen) Annahme, dass der Haupteingang des Hauses an der südlichen Schmalseite lag, ist eine gleichzeitige Nutzung unmittelbar hintereinander stehender Häuser unwahrscheinlich. Wird dieses Argument noch durch die Datierung der hauszugehörigen Gruben unterstützt, spricht es für ein striktes Nacheinander der betreffenden Grundrisse. Genau diese Situation ist aber in beiden Fundstellen gegeben. Daher kann hier eine Organisation der Siedlung im Sinne des Hofplatzmodells angenommen werden – mit der Einschränkung, dass dies nur für die späte äLBK und zunächst nur für diese Siedlungen gilt. Misst man nun die Abstände (Mitte zu Mitte) zwischen den so identifizierten Wohnplätzen, ergeben sich jeweils etwa 50 m. Die Wohnplätze hätten demnach eine Größe von etwa 2500 m^2 gehabt.

In Bylany war trotz vielfältiger Bemühungen nur ein möglicher Wohnplatz im Sinne des Modells erkennbar, für die gesamte restliche Fläche ist eine solche Interpretation ausgeschlossen. Allerdings bietet sich hier eine alternative Erklärung an. Die enge räumliche Nähe gleichzeitiger Häuser lässt an eine Art modifiziertes Wohnplatzmodell denken: es gab keine getrennten Wohnplätze für jeden einzelnen Haushalt, sondern nur für die übergeordneten Familienverbände. In diesem Fall müsste der jeweilige Nachfolgebau keineswegs direkt neben dem Vorgänger stehen, sondern auf einem freien Platz irgendwo auf dem Areal des Wohnplatzes.

Diese Gruppenwohnplätze haben in Bylany eine N-S-Ausdehnung von mindestens 50 m (A), etwa 80 m (B) bzw. mindestens 60 m (C), in O-W-Richtung von mindestens 60 m, ca. 75 m bzw. mindestens 75 m. Ihre Fläche läge damit bei mehr als 3000 m^2, etwa 6000 m^2 bzw. mindestens 4500 m^2. Eine Aussage zur Anzahl der Haushalte ist derzeit nur für den zentralen Wohnplatz möglich; dort standen bis zu drei Häuser gleichzeitig. Pro Haus umfasste der Wohnplatz also rund 2000 m^2, etwa die gleiche Fläche wie die Einzelwohnplätze von Niedereschbach und Karben. Das Gruppenwohnplatzmodell entspricht wohl der "Bauarealkonstanz für variable Hausgruppe" von Lenneis (2012, 51); das dort noch aufgeführte Modell der „Hausgruppenstruktur", das sich von Bauphase zu Bauphase verschiebende Gruppenwohnplätze postuliert, dürfte eher ein Ergebnis von Datierungsunschärfen als real existierend sein (vgl. die Interpretation der Siedlung von Mold), setzt es doch anscheinend Stilphasen mit Bauphasen gleich.

Das rheinische Modell wäre demnach die individualisierte Variante eines ursprünglich stärker kollektiven Systems. Grundsätzlich ist dazu anzumerken, dass das Wohnplatzmodell auch in den jüngeren Phasen der LBK bislang nur auf Siedlungen der nordwestlichen (Schraffurstile) und südwestlichen LBK anwendbar ist. Für alle weiter östlich gelegenen Regionen ist es nicht ausreichend getestet worden – für Stephansposching wird zwar seine Anwendbarkeit plausibel dargestellt (Pechtl 2009, 495-501), doch können alternative Erklärungen ähnlich dem Gruppenwohnplatzmodell offenbar nicht ausgeschlossen werden (Pechtl 2009, 494) –, und es gibt dort bisher auch kein offensichtliches Beispiel für einen Hofplatz mit Distanzgruben im weiteren Umfeld wie das Einzelhaus von Langenreichen, das ausweislich der Keramik wohl zur Region Ulm und damit zur südwestlichen LBK zählt (Pechtl 2008). Daher kann momentan nicht ausgeschlossen werden, dass die Genese des rheinischen Modells Teil des Regionalisierungsprozesses der äLBK war und es deshalb immer auf die Regionen entlang des Rheins beschränkt blieb.

Weitere mögliche Belege für Gruppenwohnplätze wie in Bylany sind die Siedlungen von Brunn am Gebirge IIa+b, Tolna-Mözs, Eitzum, Bruchenbrücken, Rottenburg und Stadel. Zwar ist die Interpretation der Hauszeilen von Schwanfeld als Wohnplätze durchaus plausibel, aber nicht wirklich gesichert. Aufgrund der Seriationsergebnisse ließe sich zumindest für die nördliche Zeile auch postulieren, dass die fünf Grundrisse zu nur zwei oder drei Hausgenerationen gehören. In diesem Falle würde es sich ebenfalls um einen Gruppenwohnplatz handeln, zeigen sich doch bei den Anteilen der Gefäßformen und der Wandneigung der Kümpfe markante Unterschiede zwischen den Zeilen, aber nicht zwischen den Häusern einer Zeile. Im Falle von Nidderau-Ostheim sprechen die Datierungen sogar eher für eine enge zeitliche Nähe der Erbauung der Häuser (bzw. der Verfüllung des erhaltenen unteren Teils ihrer Längsgruben). In Vaihingen ist zwar eine Rekonstruktion mit individuellen Wohnplätzen möglich, diese beruht aber im zentralen Bereich vor allem auf der Zuordnung zu den flombornzeitlichen Wohnplätzen. Anordnung und Datierung etwa der Häuser 238 und 241 würden sich auch gut mit einer Interpretation als Teil eines Gruppenwohnplatzes vertragen. Betrachtet man die Datierungen der unterschiedlichen Wohnplatzformen (**Tab. C3**), so fällt auf, dass erst ab HG 7 Individualwohnplätze sicher nachgewiesen sind, während Gruppenwohnplätze selbst im Bereich der westlichen LBK wahrscheinlich bis HG 9 vorkommen. Lediglich in Schwanfeld überwiegt die Wahrscheinlichkeit für Individualwohnplätze bereits ab HG 4, ohne dass sie gesichert wären. Beim gegenwärtigen Stand ist es deshalb auch möglich, dass der Übergang zwischen den beiden Formen Teil des Wechsels äLBK/Flomborn ist.

Eine Zwischenposition nehmen Einzelhöfe ein, wo naturgemäß nicht zu erkennen ist, ob eine größere Siedlung Individual- oder Gruppenwohnplätze aufweisen würde. Hier ist eine Entscheidung allenfalls über die Muster der Hausabfolge möglich. Solche Einzelhöfe könnten auch bei der Entstehung des Einzelwohnplatzes Pate gestanden haben; wenn regelmäßig Neugründungen mit zunächst nur einem Haus nicht rasch auf mehrere Häuser anwuchsen, konnte möglicherweise die ursprünglich befristete Ausnahme zuerst zum Normalfall und schließlich im Zuge der Veränderungen am Ende der äLBK zur sozialen Norm werden.

4.3. Hausabfolgen

Nach dem eben gesagten ist bei Gruppenwohnplätzen eine eindeutige Identifizierung aufeinander folgender Häuser nicht möglich, zudem gibt es hier ja gerade keine strengen Regeln – sonst wären individuelle Wohnplätze erkennbar. Die folgenden Überlegungen betreffen also nur Siedlungen, wo individuelle Wohnplätze festgestellt oder zumindest möglich sind. Bisher wurden zwei Modelle für die Lage aufeinander folgender ältestbandkeramischer Häuser vorgeschlagen (Lüning 2005), „Wander-„ und „Wechselschritt“. In beiden Fällen stehen die Häuser eines Wohnplatzes nebeneinander, bei mehrphasigen Wohnplätzen können sich dann längere Zeilen von Häusern bilden.

In Frankfurt-Niedereschbach liegen im Osten zwei Wohnplätze, die am ehesten im Wechselschritt angelegt wurden, während die anderen Häuser sich in dieses Muster nicht einfügen. Vielmehr stehen dort mehrfach zwei Häuser dicht hintereinander, ein drittes versetzt daneben. Hier deutet sich eine Abfolge nach dem Muster des „gestaffelten Wanderschrittes“ (Lüning 2005, Abb. 17) an. Sehr wahrscheinlich ist dieses Modell in Karben ebenfalls anwendbar. Ein weiteres Modell deutet sich in Goddelau an, wo die Häuser wie beim Wanderschritt aufgereiht, aber deutlich gestaffelt stehen – falls es sich nicht um eine zufällige Anordnung innerhalb eines Gruppenwohnplatzes handelt. In Nidderau-Ostheim ist trotz des sehr reichen Materials eine Abfolge nicht sicher zu konstruieren. Zwar ist dennoch eine Abfolge im Wechselschritt nicht ausgeschlossen, jedoch ist es genauso plausibel, dass diese Häuser sämtlich gleichzeitig standen, es sich also um einen Ausschnitt aus einem Gruppenwohnplatz handelt. Selbst in Schwanfeld ist die Situation nicht ganz eindeutig. Der nördliche Wohnplatz, der im Wechselschritt bebaut sein sollte, folgt nach den jetzigen Seriationsergebnissen eher einer modifizierten Variante, bei der ausgehend vom ältesten Haus 6 zunächst die Häuser 11 und 12 Richtung Osten, anschließend Haus 9 und schließlich Haus 8 Richtung Westen errichtet wurden.

Zwei als Einzelhöfe zu interpretierende Hausabfolgen sind noch zu erwähnen. In Mold ist die genaue Abfolge unklar, da nur zwei Häuser datierbar sind, doch spricht die Anordnung dafür, dass wir hier eine Einzelhof-Variante des Gruppenwohnplatzes vor uns haben. Ähnlich sieht es in Hlízov aus, wo die Häuser zwar grob in einer Zeile stehen, aber chronologisch ungeordnet sind.

Interessanterweise ist in der Verteilung der unterschiedlichen Regeln zur Position eines Hauses relativ zum Vorgängerbau keinerlei Muster zu erkennen: zeilenweise Anordnung, also Wander- und Wechselschritt, kommt sowohl in beiden Traditionen als auch in verschiedenen Regionen vor, möglicherweise ebenso die spaltenweise Abfolge. In Bruchenbrücken folgt der Teilbereich mit wenig baltischem Feuerstein und wenig Grundproduktion dem Wanderschritt, in Niedereschbach dem gestaffelten Wanderschritt, die mutmaßliche Zugehörigkeit zum gleichen Netzwerk geht also keineswegs mit gleichen Abfolgeregeln einher.

5. Genese und Expansion der äLBK

5.1. Zur Entstehung der ältesten Bandkeramik

5.1.1. Modelle zur Genese

Die Genese der äLBK fand fraglos auf der Grundlage von balkanischen Einflüssen am Nordrand der Verbreitung des Starčevo-Körös-Komplexes statt. Im Detail ist der Ablauf allerdings noch recht umstritten. Sowohl eine Starčevo-Kolonisation weit im Norden als auch eine lokale Genese in unmittelbarer Nachbarschaft zu den nördlichen Starčevo-Vorposten am Plattensee sowie eine relativ eigenständige Entwicklung im weiteren Vorfeld des balkanischen Frühneolithikums werden diskutiert.

Seit längerem wird eine Genese in der Südwestslowakei und dem angrenzenden Teil Ungarns postuliert (Pavúk 1980, 2005). Von der vierstufigen Abfolge werden allerdings von den meisten anderen Autoren lediglich die beiden jüngeren Phasen Bíňa und Milanovce akzeptiert. Es wurde bereits dargelegt, dass die vermeintlich älteste Phase Nitra der March-äLBK angehört und zeitlich neben statt vor die anderen Inventare gehört (Strien 2014). Die Seriation bestätigt aber, dass das Material von Hurbanovo sehr früh einzustufen ist; es liegt zusammen mit den Inventaren der Befunde 56 und 68 von Bíňa ganz am Beginn der Matrix.

Eine Entstehung der äLBK am Plattensee ist spätestens seit der Entdeckung einer Reihe kleinerer sehr früh datierter Inventare in diesem Gebiet (Kalicz 1980) das von den meisten Autoren favorisierte Modell, insbesondere da im gleichen Gebiet mittlerweile auch Fundpunkte von spätem Starčevo bekannt wurden (Kalicz 1990). Vor allem in der ungarischen Forschung dominiert seit einiger Zeit das Modell von Bánffy (2004, 2006, 2015), demzufolge Starčevo-Kolonisten dort auf lokale Jäger und Sammler stießen und aus der Berührung und Vermischung beider Gruppen die früheste äLBK entstand, repräsentiert vor allem durch die Fundstelle Szentgyörgyvölgy-Pityerdomb. Vom Ursprungsgebiet soll dann nach kurzer Zeit die Kolonisation weiterer Gebiete und letztlich ganz Mitteleuropas ausgegangen sein. Dem Einwand, dass es demographisch nicht plausibel ist, die gesamte LBK durch Kolonisten aus einem so eng begrenzten Gebiet heraus entstehen zu lassen (Kalicz 2010, 249), tragen neuere Kartierungen Rechnung, die in die formative Phase auch Brunn IIa einschließen (Bánffy & Oross 2009, fig. 1). Die Phase Bíňa soll erst danach folgen. Jedoch macht der strikte räumliche Ausschluss von Fundstellen der postulierten Initialphase der äLBK am Westende des Sees und nördlich davon einerseits und Fundstellen mit Bíňa-Elementen im Osten andererseits (**Abb. 1**) ein Nebeneinander beider Erscheinungen wahrscheinlicher.

Hinzu kommt die relativ späte Datierung in der Seriation. Sie wird insbesondere durch die Fingertupfenreihen unter dem Rand wie auf dem Gefäßkörper verursacht, die in den ältesten Inventaren noch nicht auftreten; die Fingertupfenverzierung des Randes gilt als ein Leitmotiv der Phase Milanovce (Pavúk 2005, 21). Außerhalb der äLBK erscheint sie regelmäßig in Vinča A, fehlt aber in spätem Starčevo (Jakucs & Voicsek 2015, 25). In den hier ausgewerteten Inventaren datieren die ältesten Belege in HG 2, in nennenswerter Zahl (> 5% aller Randscherben) erscheint das Motiv erst ab HG 3 (**Abb. 4**). Der frühe Ansatz der Fundstelle hängt offensichtlich an den Vorstellungen zum chronologischen Verhältnis von Starčevo und frühem Vinča. Bei einer starren Abfolge Spätstarčevo-Frühvinča wären die engeren Verbindungen der östlicheren Fundstellen zu Vinča in der Tat ein Argument für eine spätere Zeitstellung. Jedoch wird vielfach auch ein Nebeneinander von Spätstarčevo in Südtransdanubien und Vinča A östlich davon vertreten (z.B. Simon 1997, aber auch Bánffy 2015, Abb. 6), was durch das Zusammentreffen von Elementen beider Kulturen in der ältesten Häusergruppe von Tolna-Mözs bestätigt wird (Marton & Oross 2012, 237). Auch die nac h aktuellem Forschungsstand eng begrenzte Verbreitung von Vinča A nördlich der Drau (Jakucs & Voicsek 2015, 47; Bánffy 2015, Abb. 6) spricht eher für ein zeitweiliges Nebeneinander mit spätem Starčevo im Süden Transdanubiens. Ein Kumpf aus Befund 16 von Szentgyörgyvölgy-Pityerdomb (Bánffy 2004, 138 u. 141, Fig. 71) passt zu diesen Überlegungen; zwar ist die Beschreibung nicht ganz eindeutig und das Photo wenig aussagekräftig, doch wahrscheinlich handelt es sich um ein in Einglätttechnik bzw. seichter Ritztechnik ausgeführtes Bogenmuster analog M96, wie sie verschiedentlich in Vinča A-Kontext vorkommen (Horvath 2006, 309-313; s.a. **Abb. B4**). Das Seriationsergebnis (wegen der schwachen Besetzung wurden die beiden vermutlich zum gleichen Haus gehörenden Befunde 11 und 16 zusammengefasst) platziert den Befund denn auch frühestens zeitgleich mit Bíňa. Zwar können die ^{14}C-Daten wegen der diskutierten Ungenauigkeiten der Methode nicht als Argument für einen späten Ansatz herangezogen werden, aber sie sprechen auch nicht für eine besonders frühe Datierung der Fundstelle, liegt ihr wahrscheinlichster Datierungsbereich doch nach 5500 v. Chr. und damit nach der Erbauung des Brunnens von Mohelnice (Banffý 2004, 299). Auch spricht der aufgrund verschiedener Indizien für diesen Raum angenommene unvollständige Übergang zur produzierenden Wirtschaftsweise

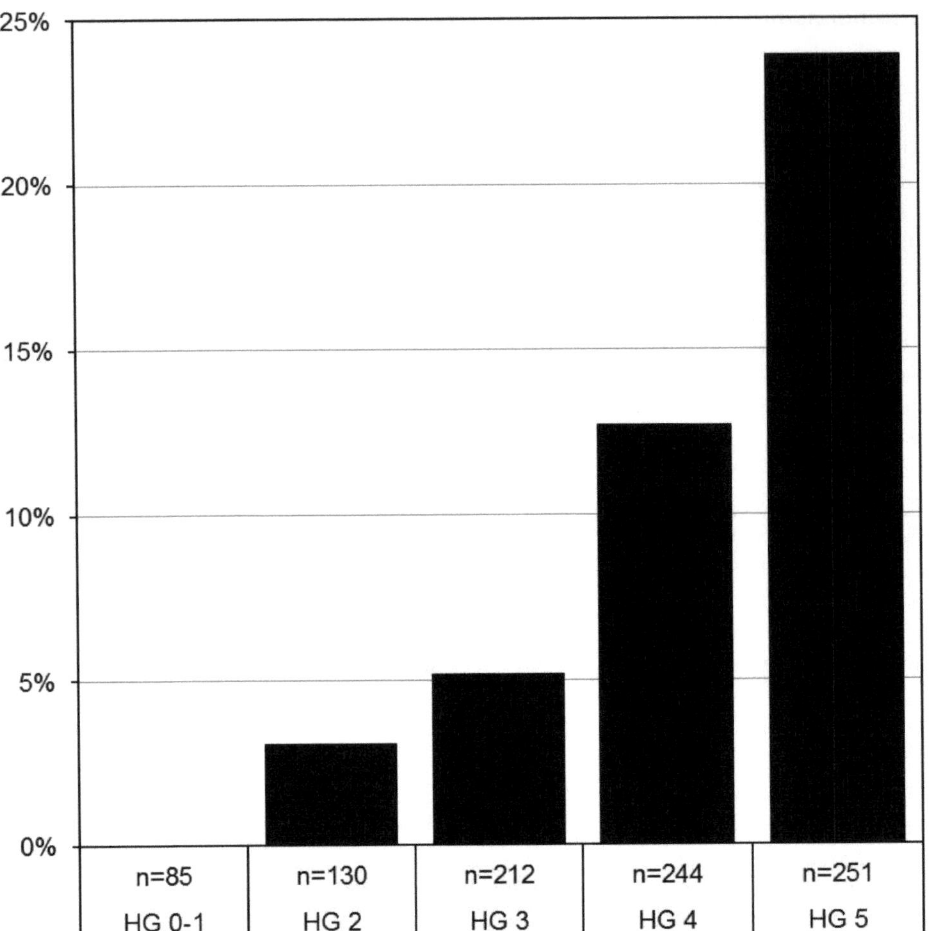

Abb. 4 Anteil mit einer Fingertupfenreihe unter dem Rand (MR 2) verzierter grobkeramischer Kümpfe (Bezugssumme: Anzahl der Randscherben).

(Bánffy 2004, 356; 2015, 76) eher für eine periphere denn eine zentrale Rolle beim Neolithisierungsprozess. Sollte sich die neue Wirtschaftsweise hier tatsächlich erst nach dem Ende der äLBK in der Phase Keszthely voll durchgesetzt haben, wäre dies einige Generationen später als im Kolonisationsgebiet in Mitteleuropa, wo von Anfang an die Bindung an die Lößgebiete feststellbar ist. Wie in Vaihingen nachweisbar hatte sich zudem spätestens in den letzten vier Generationen der äLBK das in den jüngeren Phasen der LBK übliche agrarische System bereits voll etabliert (s. Kat.). Damit liefern weder Funde noch Naturwissenschaften irgendeinen Anhaltspunkt für eine Datierung der „formativen Phase" vor den Beginn der Donau- und March-äLBK.

Fundstellen wie Szentgyörgyvölgy-Pityerdomb mit seiner starken Starčevo-Komponente erscheinen in diesem Licht mehr als Beleg einer Kontaktzone zwischen äLBK und spätestem Starčevo um den westlichen Plattensee denn einer formativen Phase der äLBK (zur Problematik der Unterscheidung zwischen Übergangs- und vermischten Inventaren Jeunesse 2000). Auch Vörs könnte in diesem Kontext zu sehen sein; unter den wenigen rillenverzierten Scherben ist auch ein Kumpf mit einem Motiv, das einem Bíňa-Bogenmuster zumindest stark ähnelt (Kalicz et al. 1998, fig. 5b, 8). Die Starčevo-Siedlungen der Region im Westen des Plattensees mögen daher zwar eine wichtige Rolle bei der Weitergabe neolithischer Kulturelemente an vorneolithische Gruppen nördlich des Sees gespielt haben, die Genese der äLBK als vollneolithische Kultur wird nach dem derzeitigen Forschungsstand hier jedoch nicht stattgefunden haben, eher ist an eine sekundäre „Bandkeramisierung" des Gebietes zu denken.

Das Kolonisations-Modell (Stadler & Kotova 2010, 2013), wonach Brunn am Gebirge als früheste äLBK-Siedlung von Starčevo-Einwanderern weit aus dem Süden gegründet wurde, basiert neben den augenfälligen Spätstarčevo-Elementen wie dem hohen Anteil an Knickwandschalen nicht zuletzt auf den frühen ^{14}C-Daten. Allerdings ist hierbei neben den grundsätzlichen Problemen mit den Daten zu berücksichtigen, dass es abgesehen von Szentgyörgyvölgy praktisch keine wirklich vergleichbaren publizierten Datierungen aus sehr früh eingestuften Siedlungen gibt – die wenigen ande-

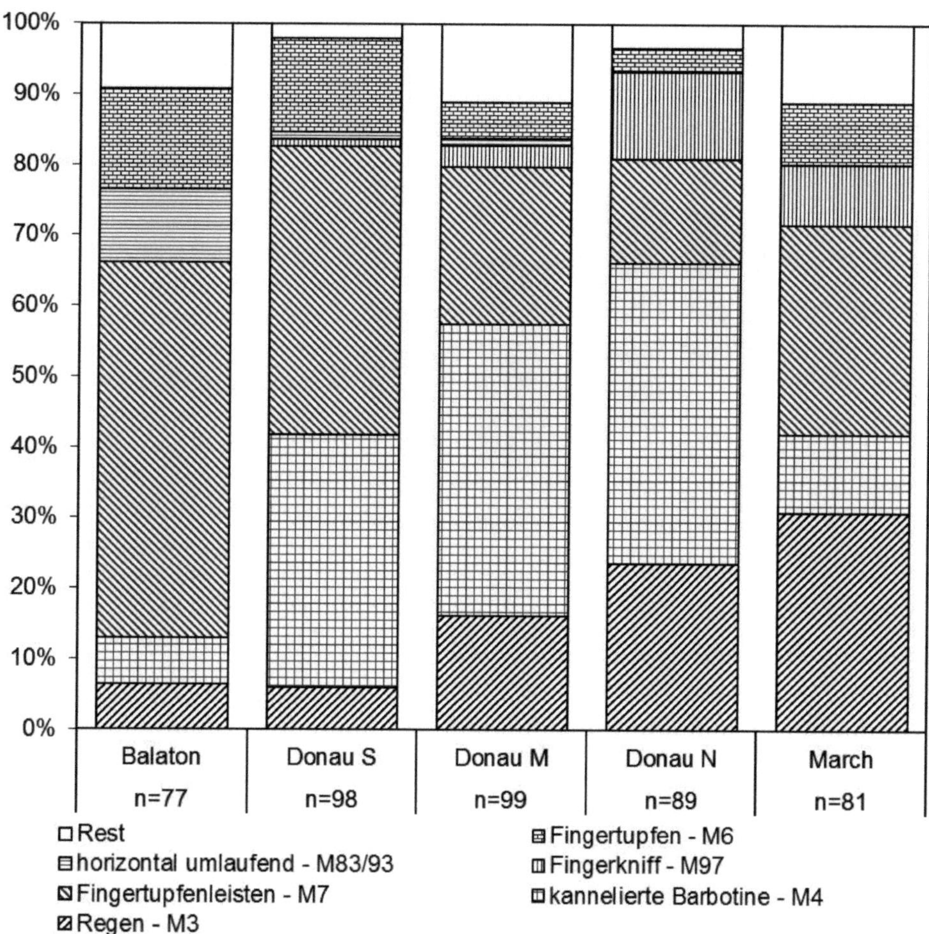

Abb. 5 Anteil grobkeramischer Verzierungen in der frühen äLBK verschiedener Gebiete.

ren Daten wurden meist aus Knochen gewonnen und sind daher wie gesehen tendenziell zu jung. Gegen die Vorstellung einer Starčevo-Kolonisation spricht das Fehlen wichtiger Starčevo-Elemente wie der bemalten Feinkeramik; letzteres wird mit einer Verarmung des Typenbestandes im Zuge der Wanderung erklärt (Stadler & Kotova 2013, 71). Auch die Brenntechnik scheint nach Ausweis des Farbspektrums bandkeramisch zu sein. Diese Zusammensetzung des Inventars kann problemlos mit Starčevo-Einflüssen bei der lokalen Übernahme der Keramikherstellung, also einem Akkulturationsprozess, erklärt werden.

5.1.2. Regionale Unterschiede

Bemerkenswert ist, dass sich wie oben gesehen bereits bei den frühesten Funden regionale Unterschiede zeigen. Neben den oben erwähnten Verzierungen unterscheiden sich die drei Gruppen (Kartierung: **Abb. B4**) auch bei den Gefäßformen. Die Balaton-äLBK hat niedrige Anteile von feinkeramischen, aber hohe an grobkeramischen Kümpfen sowie wahrscheinlich an Fußgefäßen, in der Donau-äLBK liegt der Anteil feinkeramischer Kümpfe zu Lasten der grobkeramischen höher – allerdings mit der Einschränkung, dass Teile des Materials nach der Literatur aufgenommen wurden, andere Teile möglicherweise selektiert sind, weshalb ein statistischer Test nicht unternommen wurde. Knickwandschalen sind in der Balaton-äLBK bei weitem am häufigsten, in der Donau-äLBK am seltensten. Auch doppelkonische Kümpfe sind in der Balaton-äLBK häufiger als in den beiden anderen Gruppen. Mähren hat mit 3,5% gegenüber jeweils etwa 1,5% einen deutlich höheren Anteil im Kumpfschema verzierter Schalen.

Sehr deutlich sind die Unterschiede bei den grobkeramischen Verzierungen (**Abb. 5**), wobei die in der Donau-äLBK viel höheren Anteile kannelierter Barbotine am markantesten sind. Das vermehrte Auftreten des „Regenmotivs" M3 im Norden und Osten ist ein Hinweis darauf, dass die neolithischen Einflüsse, die zur Herausbildung der äLBK beitrugen, nicht allein von Starčevo kamen, ist dieser Typ dort doch selten, dagegen in Körös geläufig (zumindest fehlt er im für spätes Starčevo abge-

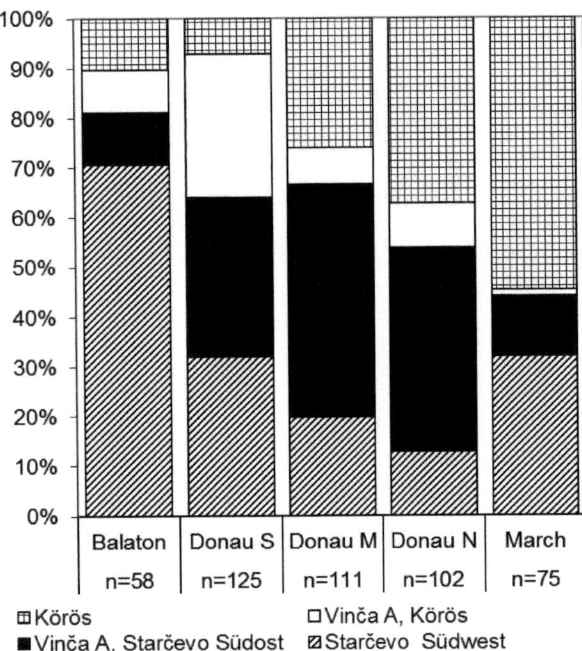

Abb. 6 Anteile der Motive fremden Ursprungs in unterschiedlichen Regionen des Kerngebietes (nur HG 0-3), bezogen auf die Summe der balkanischen Elemente.

bildeten Material weitestgehend, z.B. Kalicz 2010, Abb. 4-11; Kalicz et al. 1998, Abb. 5-9, nicht aber in spätem Körös: Oross 2007, 540; s. auch Bánffy & Oross 2010, 259), so dass die Verbreitung für eine Übernahme von dort spricht. Auch die flächige Rauhung mit Fingerkniffen, Fingernageleindrücken u. ä. ist von Körös herzuleiten (etwa Pavúk 1980, Abb. 37, 6;38, 7.11.14; 39, 2-4.8-12 und dazu Oross 2007, 537, Abb. 27.42); sie fehlt zumindest im publizierten Material des späten Starčevo Transdanubiens. Schließlich weisen die seltenen mit Kreisstempeln verzierten Scherben (Pavúk 1980, Abb. 29,5; 35, 9; 38, 10; Regenye 2002, fig. 2, 4) auf Beziehungen in diese Richtung hin (Kutzián 1947, Taf. XVII, 22; XXXVII, 1; allerdings kommt der Typ auch weiter südlich vor – Belege s. Pavúk 1980, 38), wie sie ähnlich bereits früher angenommen wurden (Kalicz & Kalicz-Schreiber 2002, 27-28). Die für die Balaton-äLBK charakteristischen Fingertupfenleisten kommen zwar auch in Körös vor (z.B. Oross 2007, Abb. 27.26.4-5), scheinen aber im westlichen Starčevo weit häufiger zu sein (Kalicz 2010, 246). Das einzige allein auf Starčevo weisende Merkmal, die Knickwandschalen, ist fast ausschließlich im Bereich der Balaton-äLBK belegt. Auffällig ist, dass in der Nähe der Grenzen zwischen den Traditionen gelegene Inventare oft Merkmale beider Gruppen haben (s. Kat.; z. B. Nitra, Čataj und Bernolakovo an der Grenze Donau/March, Strögen an der Grenze Balaton/March, manche Siedlungen am Plattensee an der Grenze Balaton/Donau) und deshalb mitunter nicht eindeutig zuzuweisen sind.

Unterstützt werden diese Überlegungen durch regionale Unterschiede in der Verbreitung weiterer Elemente balkanischer Tradition nicht nur zwischen den drei Gruppen, sondern auch innerhalb der Donau-äLBK. Einglättmuster, aber auch Rosettenknubben kommen nur in der Donau-äLBK und im Süden der Balaton-äLBK vor. Besonders auffällig ist die Häufung von Einglättmustern am Ostende des Balaton, wo sie auf 18,9% (28 von 148) aller Schalen der ältesten Befunde (vor HG 2) vorkommen. Nach Norden ist dann innerhalb der Donau-äLBK ein deutliches Gefälle erkennbar: Im Raum Budapest sind es noch 11,8% (6 von 51 Schalen), in Bíňa 6,5% (4 von 62). In dem wenigen sehr frühen Material der Balaton- (27 Stück) und March-äLBK (47 Stück) fehlen sie vollständig; trotz der kleinen Stichproben ist der Unterschied zur Donau-äLBK hoch signifikant (χ^2=12,4, FG=2, α<0,01). Bereits ab HG 2 sind sie nur noch selten vorhanden. Eine spezielle Ausprägung am Ostende des Balaton zeigt wohl Vinča A-Einflüsse an (Schier 1996, Fig. 6: M463, 464; s. Kap. 6.2.2). Aus dieser Richtung kann man auch die seltenen Politurmuster ableiten, die nur die Donau-äLBK kennt.

Die unterschiedliche Bedeutung solcher Fremdelemente auch innerhalb der Regionalgruppen ist ein Indiz dafür, dass den drei Traditionen ältere kulturelle Einheiten zugrunde liegen und ihre Entstehung nicht erst das Ergebnis balkanischer Einflüsse oder gar Kolonisation verschiedener Herkunft ist. Deutlich wird die jeweilige Beziehung zu der geographisch nächstgelegenen balkanischen Gruppe: Die Fingertupfenleisten südwesttransdanubischen Ursprungs sind v. a. in der Balaton-äLBK vertreten und nehmen in der Donau-äLBK nach Norden immer weiter an Bedeutung ab. Am ehesten mit spätem Körös in Verbindung zu bringende Verzierungen sind in der March-äLBK und im Norden der Donau-äLBK besonders häufig; in **Abb. 6** erfasst sind gitterartige Einglättmuster (Makkay 1978, 23; bei ausschließlich parallelen Linien ist bei kleineren Fragmenten oft die Unterscheidung von Vinča A-Mustern problematisch), Fingerkniff- und Fingernagelrauhung, Regenmotiv M3, Kreisstempel und diagonale Linien auf grobkeramischen Gefäßen (M9: z.B. Oross 2007, Abb. 27.47.4). Kannelierte Barbotine, die in SW-Transdanubien sehr selten (Kalicz 2010, 244-245), aber im südosttransdanubischen Starčevo und in Vinča A geläufig, in Körös wiederum selten ist (Kalicz 1990, 85), dominiert in der Donau-äLBK, auf die sich auch die eben genannten eindeutigen Vinča A-Elemente beschränken. Zu dieser Rubrik wurden auch die wenigen Fingertupfenreihen unter dem Rand (M2) geschlagen. Die restlichen Einglättmuster können nur allgemein von Vinča A und Spätkörös abgeleitet werden. Anzumerken ist, dass bei den Einglättmustern nur teilweise Details der Gestaltung erfasst wurden, weshalb insbesondere der Anteil der mit Vinča A zu verbindenden Stücke im Süden der Donau-äLBK noch etwas zu niedrig ausfällt. Nicht berücksichtigt wurden Randkerbung und echte Barbotine, da sie offenbar in allen balkanischen Gruppen selten, aber regelmäßig vorkommen und deshalb vermutlich nur pauschal balkanische Einflüsse anzeigen.

Zu diesen Ausführungen muss freilich angemerkt werden, dass quantitative Angaben in Publikationen von Material der balkanischen Gruppen weitestgehend fehlen. Aussagen zur relativen Bedeutung der Ziertypen im jeweiligen Kontext beruhen daher nur auf vagen Angaben („häufig" oder „selten") sowie den wahrscheinlich oftmals zu Gunsten seltener oder als chronologisch relevant eingeschätzter Merkmale selektierten Abbildungen. Die obigen Betrachtungen sind infolgedessen bis zur Vorlage einer ausreichenden Zahl moderner Materialbearbeitungen der balkanischen Gruppen nicht wirklich verifizierbar.

5.1.3. Das Modell einer großflächigen Akkulturation

Die hier vorgestellten Seriationsergebnisse bestätigen selbst nach der oben diskutierten Korrektur der Datierung der Donau-äLBK das Modell von Pavúk, liegen doch die ältesten Befunde im Raum nördlich und südlich der slowakisch-ungarischen Grenze. Ihr Fundmaterial entspricht weitgehend der Definition der Phasen Hurbanovo und Bíňa. Allerdings ist im Auge zu behalten, dass das Material aus Brunn am Gebirge nur zum Bruchteil berücksichtigt ist; die Publikation der Fundstelle II muss noch zeigen, ob diese Siedlung nicht ähnlich früh beginnt. Zudem dürfte der absolutchronologische Vorsprung der Donau-äLBK nicht sehr groß sein, er liegt vermutlich höchstens bei zwei Generationen.

Das Entstehungsgebiet der Donau-äLBK liegt demnach zwischen dem Ostende des Plattensees und Nitra, das der Balaton-äLBK zwischen dem Gebiet westlich des Balaton und Brunn am Gebirge. Letzteres entspricht in etwa der Verbreitung der „formativen Phase" der ungarischen Forschung, soweit sie durch Fundstellen belegt ist (Bánffy & Oross 2009, fig. 1). Die frühesten Funde der March-äLBK stammen aus Zentralmähren. Die frühen Daten aus Ujezd-Žadlovice und Mohelnice sprechen dafür, dass ihr Entstehungsgebiet bis nach Nordmähren reicht. Da es sich um mehrere Befunde handelt, verteilt auf mehrere Fundstellen, ist ein Zufall bei den Datierungen sehr unwahrscheinlich. Die äLBK entstand also in einem relativ großen Gebiet – ein Streifen von bis zu 450 km Länge in SO-NW Richtung und bis zu 250 km Breite – mit relativ wenig direkter Berührung mit den nördlichsten Ausläufern des Starčevo-Körös-Kreises (**Abb. 7**). Die plausibelste Erklärung für eine großflächige Neolithisierung bei gleichzeitig deutlichen regionalen Unterschieden ist eine rasche Akkulturation mehrerer kleinerer vorneolithischer Gruppen.

Die Reduktion des Kulturpflanzenspektrums von 10 Arten, die im balkanischen Frühneolithikum angebaut wurden, auf die fünf in der LBK gebräuchlichen (Kreuz 2012, 83-85, Tab. 9). verträgt sich ebenfalls gut mit einer Akkulturation. Dabei wird im Zuge eines Lernprozesses nur ein Teil des Wissens der Nachbargruppe übernommen, während im Falle einer Kolonisation dieser Rückgang einen Verlust von Wissen und keine bewusste Anpassung an die neue Umwelt anzeigen würde, da mit Gerste und Nacktweizen zumindest die beiden wirtschaftlich wichtigsten nicht übernommenen Arten in Mitteleuropa nicht klimatisch benachteiligt sind, wie ihr Anbau im Mittelneolithikum zeigt.

Mit einer Entstehung jenseits der eigentlichen Kontaktzone und in einem relativ weiten Gebiet steht die äLBK nicht allein. Wirft man einen Blick ganz nach Westen, ergibt sich dort ein ähnliches Bild: La Hoguette, Limburg und die anderen nicht-bandkeramischen Gruppen sind zwar erkennbar vom westmediterranen Frühneolithikum inspiriert, aber doch eigenständig. Gerade die beiden genannten Gruppen liegen weit nördlich der Verbreitungsgrenzen von Cardial und Epicardial. Diese Entwicklungen dürften jedoch nur am Ende eines längeren Prozesses stehen. Spätestens ab 6000 v. Chr. erreichten zunehmend neolithische Einflüsse einen weiten Bereich nördlich der Verbreitungsgebiete von balkanischem und westmediterranem Frühneolithikum, exemplarisch sichtbar an dem Tonstempel von Arconciel (Mauvilly et al. 2008). Offenbar war das gesamte Vorfeld des Frühneolithikums, von der Atlantikküste bis zum Schwarzen Meer, zur Mitte des 6. Jahrtausends „reif" für die Neolithisierung, die dann gleichzeitig auf breiter Front erfolgte, und zwar zunächst durch Akkulturation, die jeweils eine Reihe regionaler Bevölkerungsgruppen erfasste. Längerfristig erwies sich das karpatenländische Modell als das demographisch erfolgreichere, wohl weil es im Gegensatz zum Westen vollneolithisch war.

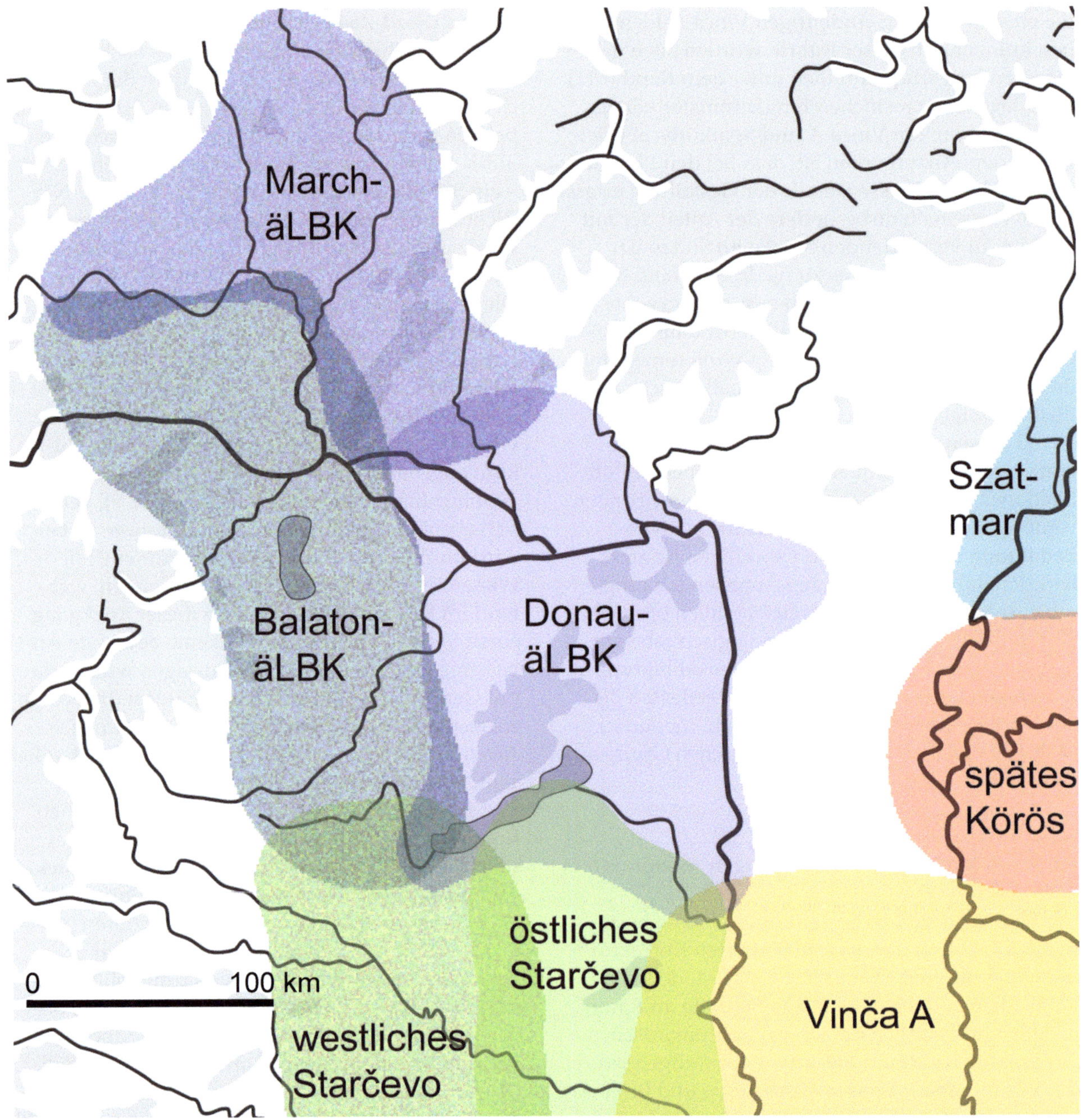

Abb. 7 Verbreitungsgebiet der verschiedenen ältestbandkeramischen Gruppen und ihre balkanischen Nachbarn. Blau Bandkeramik, Grün Spätstarčevo, Gelb Vinča A, Rot Spätkörös.

Es stellt sich nun die Frage, wie die praktisch synchrone vollständige Neolithisierung eines so großen Gebietes durch Akkulturation möglich war. Eine Erklärung liefert wiederum der Vergleich mit dem Westen. Dort treten die frühen Keramikgruppen zunächst nur in Form von Importen in bandkeramischen Siedlungen in Erscheinung, erst mit der (in diesem Fall durch bandkeramische Einflüsse angestoßenen) Entwicklung zur vollen produzierenden Wirtschaftsweise kommen v.a. Blicquy/VSG und Augy-Sainte Pallaye ins Blickfeld. Dabei zeigen neu publizierte Funde, dass zumindest erstere Gruppe, deren Siedlungen je nach chronologischem Modell frühestens ab jüngerer Bandkeramik datieren, bereits in Flomborn nachweisbar ist (Brounen 2014, Fig. 25.9 u. 25.11; wegen der Orientierung des Fischgrätmusters kann es sich nur um Blicquy/VSG und keinesfalls um Limburg handeln). Ähnlich wie La Hoguette und Limburg, von denen bislang nur wenige kleine Fundensembles außerhalb bandkera-

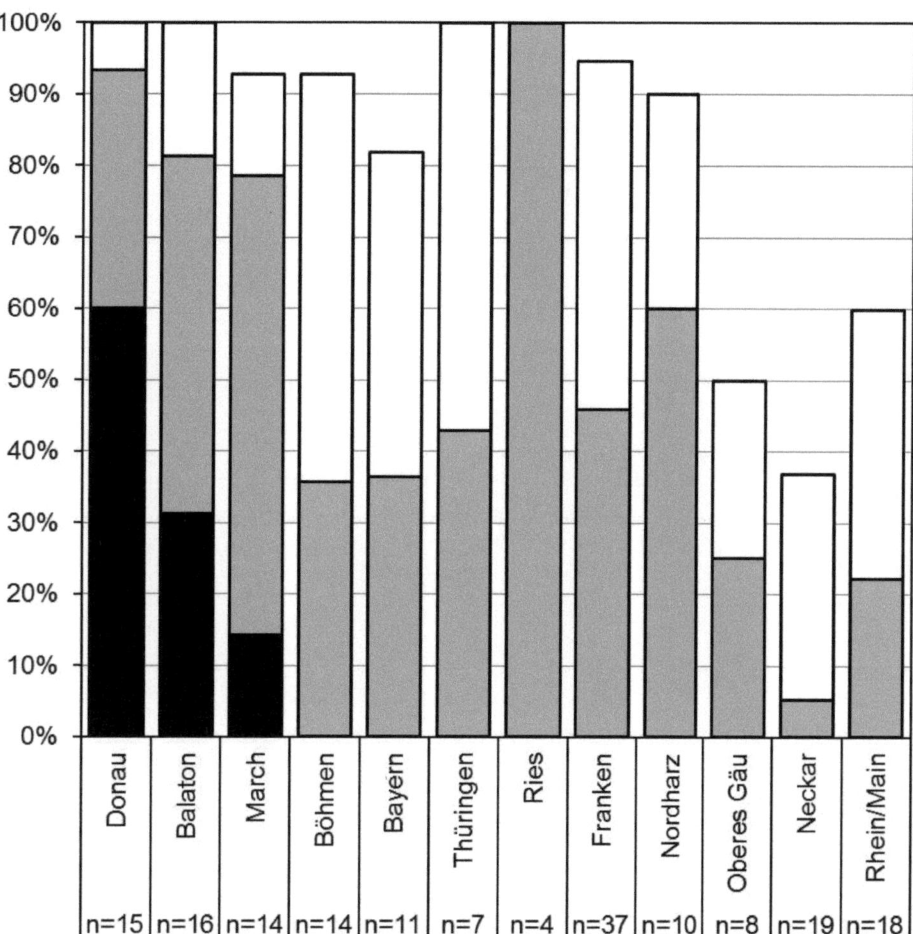

Abb. 8 Verteilung der Gründungsdaten der Siedlungen in den verschiedenen Siedlungsräumen. Schwarz: HG 0-1 Grau: HG 2-4 Weiß: HG 5-6. Regionen geordnet nach zunehmender Entfernung von der Grenze des Kerngebietes.

mischer Siedlungen bekannt sind, hat auch diese Gruppe offensichtlich anfangs keine Gruben gegraben und deshalb zunächst keine eigenständigen Fundplätze hinterlassen. Sehr wahrscheinlich hat ein Teil der Oberflächenfundplätze der Rhein-Maas-Schelde-Gruppe des Spätmesolithikums (RMS B) seine Keramik nur durch die Erhaltungsbedingungen verloren und gehört eigentlich einer der frühen keramikführenden Gruppen an (Heinen & Strien in Vorb.). Da der Forschungsstand zum Spätmesolithikum im Verbreitungsgebiet der äLBK denkbar schlecht, über das Fehlen oder Vorhandensein von Keramik in seinen Fundstellen also keinerlei Aussage möglich ist, sollte man einen vergleichbaren Ablauf für den Beginn der LBK in Erwägung ziehen: schrittweise Akkulturation, die zunächst zur Übernahme einzelner neolithischer Elemente wie Keramikherstellung und vielleicht auch Viehhaltung in kleinem Maßstab führt und erst nach einigen Generationen mit der vollen Neolithisierung mit Sesshaftwerdung endet. Erst jetzt werden Gruben angelegt und die bereits seit einiger Zeit hergestellte Keramik wird archäologisch sichtbar. Wegen der vorherigen Anlaufphase, in der sicherlich nicht nur technisch, sondern auch mental und ideologisch wichtige Schritte getan wurden, kann der Übergang zu Anbau und Sesshaftigkeit in festen Häusern rasch und auf großer Fläche nahezu synchron erfolgen. Dieses Modell muss allerdings zunächst – und vermutlich noch für längere Zeit – hypothetisch bleiben, da der Nachweis analog zum Westen allenfalls durch Importe in Fundstellen des balkanischen Neolithikums möglich wäre, deren innere Chronologie aber wegen des wahrscheinlich sehr schmalen Zeithorizontes der Akkulturation für eine sichere Aussage noch nicht ausreichend detailliert ist. Um solche Importe der formativen Phase könnte es sich beispielsweise bei den rillenverzierten Scherben aus der bereits angesprochenen Starčevo-Fundstelle Vörs handeln.

Schließlich ist noch die Entstehung des bandkeramischen Hauses in diesem Prozess unterzubringen. Einerseits handelt es sich offenbar um eine eigene Entwicklung, da bisher keine vergleichbaren Grundrisse im Bereich des balkanischen Frühneolithikums nachweisbar sind, sieht man einmal von

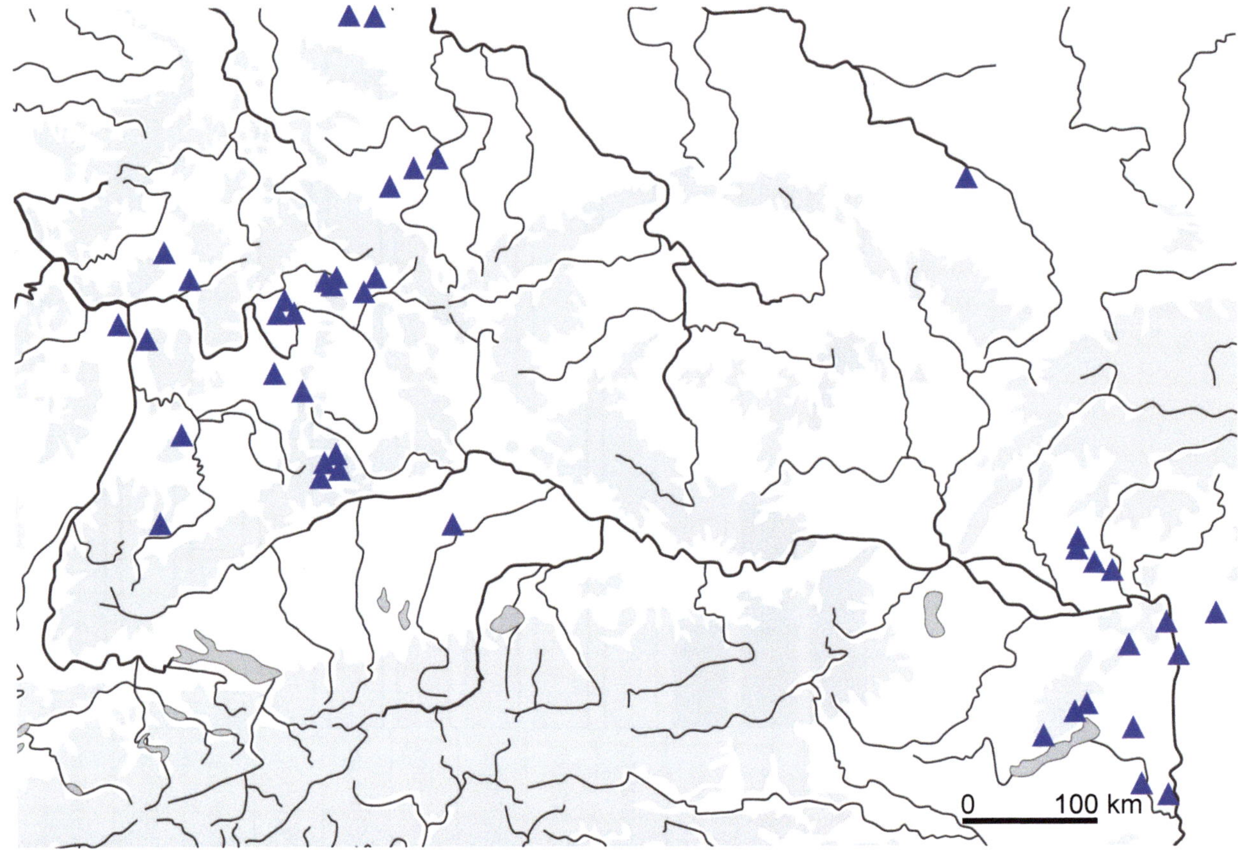

Abb. 9 Lage der frühesten Siedlungen (Gründung bis HG 4) der Donau-äLBK (blau). Zur Identifizierung der Fundstellen s. Abb. B5-8.

Siedlungen im Grenzbereich LBK/Vinča ab (Jakucs & Voicsek 2015). Andererseits ist kaum von mesolithischen Vorläufern auszugehen; Häuser dieser Größe und Bauweise wären längst entdeckt worden und sind zudem in einem wildbeuterischen Milieu in den Wäldern Mitteleuropas schwer vorstellbar. Möglicherweise ist die neue Konstruktion, die wahrscheinlich auch zimmermannstechnische Verbesserungen voraussetzt, die eine entscheidende Neuentwicklung, die eine Viehhaltung größeren Umfangs und damit die Mischwirtschaft der LBK in sommergrünen Wäldern ohne nennenswerte Weidemöglichkeit im Winter erst möglich machte. Die Einlagerung von Laubheu als Winterfutter muss viel Platz und damit große Häuser benötigt haben, und es gibt in den späteren Phasen der Bandkeramik Hinweise auf einen direkten Zusammenhang zwischen Umfang der Viehhaltung und Größe des Hauses (Hachem 2011, Strien 2017 a). Die Erkenntnis der Notwendigkeit einer trockenen Lagerung des Winterfutters kann durchaus bereits mit Beginn des Akkulturationsprozesses gewonnen worden sein, falls Haustiere in kleiner Zahl zu den ersten übernommenen neolithischen Elementen gehörten, so dass das bandkeramische Haus integraler Teil der Genese der Kultur war.

5.2. Die Expansion nach Westen

Das Modell einer großflächigen Neolithisierung des Kerngebietes auf der Basis einer Akkulturation hat gegenüber dem einer punktuellen Genese nur am Plattensee den Vorteil, besser zu der sehr rasch erfolgenden weiträumigen Expansion zu passen. Damit stellt sich zugleich die Frage nach dem Ausbreitungsmechanismus – Akkulturation oder Kolonisation – neu, denn die Grenzen der frühen Neolithisierung und damit dessen, was wir als Entstehungsgebiet der äLBK wahrnehmen, müssen nicht zwangsläufig die Grenzen des Akkulturationsprozesses gewesen sein. Dieser könnte sehr viel weiter gereicht, in den anderen Gebieten aber ähnlich wie bei den westlichen Keramikgruppen nicht in eine volle Neolithisierung gemündet haben. In diesem Falle hätte es westlich, nördlich und

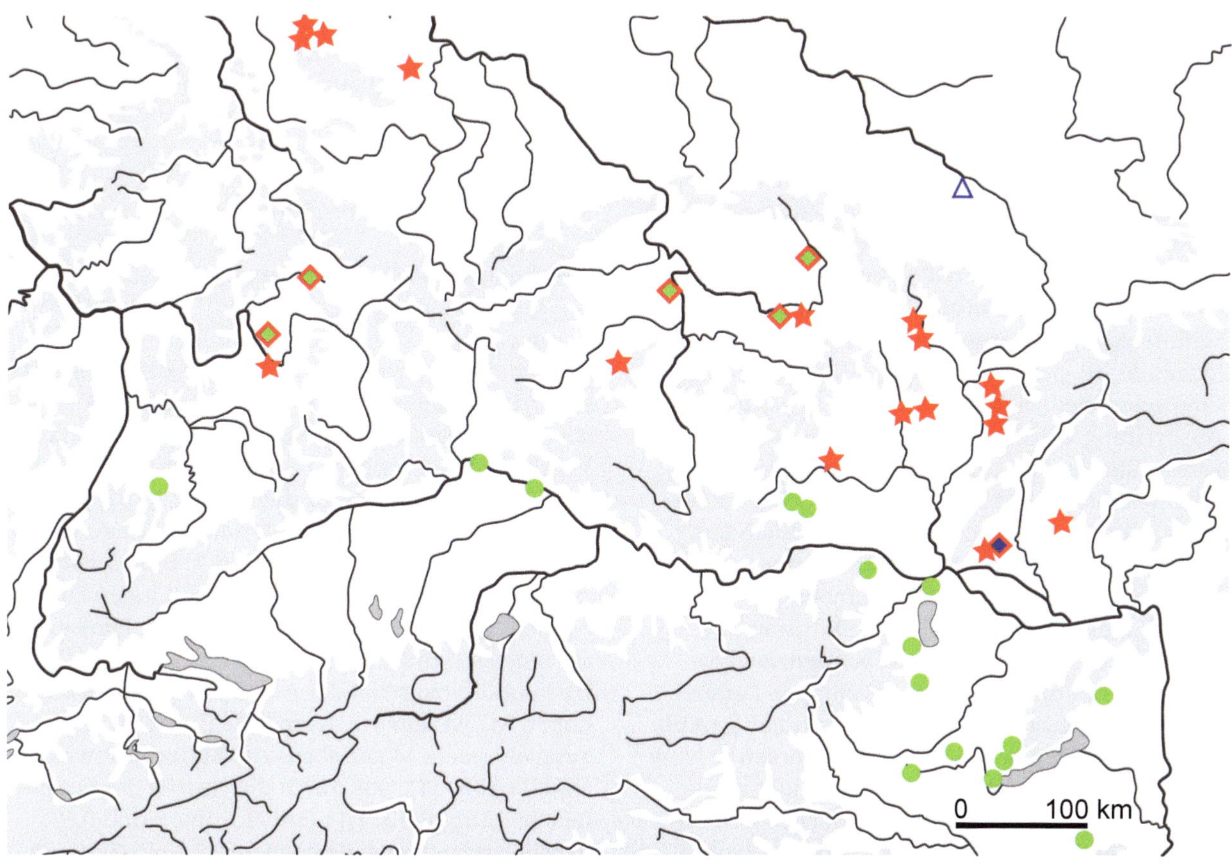

Abb. 10 Lage der frühesten Siedlungen (Gründung bis HG 4) der Balaton- (grün), March- (rot) und Balaton- oder March-äLBK (grün/rot). Zur Identifizierung der Fundstellen s. Abb. B5-8.

nordöstlich des Kerngebietes weitere wohl sämtlich „bandkeramische" Gruppen gegeben, die bisher unerkannt geblieben, weil vor der eigenständigen Sesshaftwerdung von der expandierenden äLBK integriert worden wären – ein Modell, bei dem die Grenzen zwischen Migration und Diffusion verschwimmen.

Für die Rekonstruktion des zeitlichen Ablaufs der Expansion liefern die Daten für den Beginn der Siedlungen wichtige Hinweise. Zwar sind in nahezu allen Siedlungsgebieten einzelne sehr frühe Gründungen festzustellen, doch gibt es klare Schwerpunkte. Dies zeigt die Verteilung der Gründungsdaten pro Region (**Abb. 8**). Bemerkenswert ist vor allem, dass die dem Kerngebiet nächstgelegenen Regionen (Böhmen, Bayern, südliches Mitteldeutschland) niedrigere Anteile früher Gründungen haben als Ries, Unterfranken und Nordharz. Erst der äußerste Südwesten hat noch deutlich mehr späte Gründungen. Die Gebiete am mittleren und unteren Neckar wurden offensichtlich besonders spät aufgesiedelt, gibt es hier doch nur eine frühe Gründung unter 18 datierbaren Fundstellen, und selbst diese Datierung ist wegen der relativ geringen Materialmenge nicht ganz sicher. Daneben bestätigen auch diese Daten, dass die Balaton-äLBK keinesfalls früher als die Donau-äLBK beginnt; der sich abzeichnende geringfügig spätere Beginn der March-äLBK passt zu den Datierungen der ältesten Befunde.

Die ältesten Fundstellen, die weit außerhalb des bisherigen Verbreitungsgebietes liegen (Enkingen, Eilsleben, Eitzum), gehören sämtlich der Donau-äLBK an. Wahrscheinlich wird gleichzeitig die erste Siedlung bei Hofheim i. Ufr. angelegt. Bemerkenswerter Weise liegen diese ältesten Kolonien zwischen 640 km und 830 km (moderne Wanderwege, ermittelt mit Routenplanern im Internet) vom NW-Rand des bisherigen Verbreitungsgebietes der Donau-äLBK entfernt. Vielleicht gleichzeitig, wahrscheinlicher eine Generation später erfolgen die ersten Gründungen von March- und Balaton-äLBK, die am weitesten entfernten immerhin 550 km (Gerlingen) bzw. 570 km (Klein Denkte) jenseits der bisherigen Verbreitungsgrenze. Die unterschiedliche Vorgehensweise zeigen die **Abb. 9-10** (chronologisch aufgelöst **Abb. B5-B12**). Sehr deutlich wird, dass die neuen Siedlungsgebiete der Donau-äLBK längerfristig vom Mutterland durch eine Lücke von mehreren hundert km getrennt blieben, während Balaton- und March-äLBK das gesamte Verbreitungsgebiet relativ gleichmäßig aufsiedelten.

Aus dem Verbreitungsbild der Siedlungen der Donau-äLBK sowie dem in vielen Regionen zu beobachtenden Auftreten von zumindest zwei der drei Traditionen in enger Nähe kann nur der Schluss gezogen werden, dass zumindest die Donau-äLBK sich durch Kolonisation ausbreitete. Eine ausschließlich auf Akkulturation beruhende Ausbreitung würde ähnlich wie im Entstehungsgebiet räumlich geschlossene regionale Einheiten erwarten lassen und nicht das beobachtete Muster eines mitunter eng verzahnten Nebeneinanders zweier deutlich unterscheidbarer Gruppen (s. Kap. 6.3.1.). Auch die relative Homogenität der Verzierungen spricht gegen eine Diffusion der Donau-äLBK, liefert die Korrespondenzanalyse allein ihrer Befunde doch eine recht gute Parabel, ganz im Gegensatz zur Balaton-March-äLBK (**Abb. B3**). Schließlich passt die extrem konservative Note der weiteren Entwicklung, der oben aufgezeigte „Diaspora-Effekt", der durch die Lücke zwischen Kerngebiet und Kolonien sicher verstärkt wurde, zu einer Landnahme durch die Träger der Donau-äLBK.

Für die Balaton- und March-äLBK ist in manchen Regionen das Bild noch nicht recht klar. Insbesondere in Mittel- und Westböhmen ist auch die Akkulturation einer weiteren Gruppe denkbar. Ein Indiz dafür könnte die nach heutigem Forschungsstand nur vereinzelt und eher spät erfolgte Gründung von Siedlungen der Donau-äLBK sein. Bei ihrer Expansion hätte die Donau-äLBK dieses Gebiet dann auch deshalb „übersprungen", weil es bereits von einer bandkeramischen Gruppe besetzt war. Diese Frage wird daher zukünftig bei breiterer Materialbasis verstärkt unter dem Aspekt möglicher regionaler Eigenheiten zu untersuchen sein.

Ungeklärt muss weiterhin die Ursache der Landnahme sein. Der häufig vermutete Populationsdruck kann allenfalls eine untergeordnete Rolle gespielt haben, denn der Vorteil der produzierenden Wirtschaftsweise besteht ja nicht zuletzt darin, dass eine viel höhere Zahl von Menschen pro Flächeneinheit ernährt werden kann. Durch die Umstellung kann also über mehrere Generationen die Bevölkerung deutlich anwachsen, ohne dass kritische Grenzen erreicht würden. Allenfalls ein subjektives Gefühl einer zu dichten Bevölkerung könnte zu den Ursachen gehören. Deshalb sollte die Überlegung, dass die wirtschaftlich weder notwendige noch besonders sinnvolle Gründung weit entfernter Kolonien vor allem als Mittel zum Prestigegewinn diente (Frirdich 2005), nicht aus dem Blick verloren werden.

5.2.1. Zur Herkunft der Siedler

Eine konkrete Verbindung zu einem bestimmten Teil des Entstehungsgebietes der äLBK lässt sich nur in wenigen Fällen wahrscheinlich machen. Das liegt vor allem daran, dass dort ganz überwiegend sehr frühes Material bekannt ist, die Keramik sich aber relativ rasch weiterentwickelt. Damit fehlt die Vergleichsbasis für alle Gründungen nach der frühen äLBK. Zumindest für die Balaton-äLBK wird hier die Vorlage des Materials aus den jüngeren Bereichen von Brunn am Gebirge Abhilfe schaffen.

Für die Donau-äLBK ist zuerst Enkingen zu nennen. Wenig M3 und viel M7 sind ein Hinweis auf eine Herkunft aus Ungarn. Am Nordharz (Eilsleben und Eitzum) ist der Anteil von M3 deutlich höher, M7 ist seltener, womit die Zusammensetzung eher dem Material aus der Südwestslowakei ähnelt (**Abb. 11**), was durch die Anteile der Fußgefäße bestätigt wird: 1,1% am Nordharz und 0,6% in Milanovce (Bíňa ist wegen der unvollständigen Überlieferung nicht auswertbar) gegenüber 4,6% in Enkingen und 5,6% in Ungarn. Die zwei Scherben aus Nördlingen mit Einglättmuster, mindestens eines davon wohl als gegenständige Dreiecksmuster ausgeführt (s. Kap. 6.2.2.), dazu eine Fingertupfenleiste und zumindest unter dem abgebildeten Material keine Regenmotive M3 würden gut zu einer Herkunft vom Ostende des Balaton passen. Allerdings sind die Stichprobenumfänge z.T. recht klein, weshalb diese Verbindungen zwar wahrscheinlich, aber statistisch nicht gesichert sind.

Die ersten Siedler in Gerlingen dürften aus dem Bereich der Balaton-äLBK gekommen sein, wegen des Gefäßes mit M93 in dem Grab und M83 in Bef. 4/134. Nach dem gegenwärtigen Stand müssen die Gründer von Irlbach vom Westende des Balaton stammen, die Kombination von Fingertupfenleiste in der Halskehle mit einer Spirale auf dem Körper einer Flasche (Quitta 1960, Abb. 22c) ist sonst nur von dort bekannt. Auch in Burgweinting sind M52 und M7 vorhanden, aber weder das Regenmotiv noch kannelierte Barbotine, was ebenfalls auf die Balaton-äLBK verweist In allen drei Fällen spricht allenfalls das Fehlen von Fußgefäßen gegen diese Herkunft, was aber auch an den kleinen Stichproben liegen könnte. Schließlich könnte noch in Unterfranken Hausen hinzukommen, die Bestimmung des Stückes Taf. 3, 1 als M93 ist jedoch wegen der unsicheren Orientierung sehr zweifelhaft, weshalb die Fundstelle vorläufig nur als Balaton-March-äLBK geführt wird.

Bei dem Material aus Lochovice ist wegen M7, M52 und mehreren M3 die Herkunft aus Mähren zumindest sehr wahrscheinlich. Auch Gnetsch sollte von dort besiedelt worden sein, wegen der Belege für Fingerkniffverzierungen M97 und „Regenmotive" M3. Die wenigen Streufunde von Karsdorf (Behnke 2011, Abb. 5-6) zeigen in die gleiche Richtung. Auch Klein Denkte mit seinem hohen Anteil an M3 und Fingertupfenleisten, aber ohne kannelierte Barbotine ist am ehesten mit Mähren in Verbindung zu bringen. Den beiden Fundstellen bei Esbeck fehlt zwar M7, beide haben aber relativ viel M3, einmal auch M97, weshalb eine Verbindung mit Mähren am wahrscheinlichsten ist; allenfalls der Norden der Donau-äLBK kommt auch in Frage. Schließlich kann in Unterfranken wahrscheinlich Ochsenfurt-Tückelhausen (zwei Fingertupfenleisten und vier M3, aber keine kannelierte Barbotine) zur March-äLBK gezählt werden.

Damit sind wahrscheinlich der Balaton-äLBK zugehörige Fundpunkte bisher auf Süddeutschland, solche der March-äLBK auf Böhmen, Mitteldeutschland und eine Fundstelle in Unterfranken beschränkt. Wegen der geringen Zahl und der wegen geringer Materialmengen meist nicht ganz sicheren Zuweisung der einzelnen Inventare ist diese Aussage zwar statistisch nicht belastbar, gibt aber doch einen ersten Fingerzeig auf die jeweilige Ausbreitungsrichtung. Ähnlich das Bild für die Donau-äLBK: Aus dem Süden des Gebietes ging man ins Nördlinger Ries, aus dem Norden an den Harz. Grob gesagt scheint der Weg der Kolonisten aus den Gebieten südlich der Donau entlang des Flusses geführt zu haben, derer vom Norden nach Böhmen und dann elbabwärts (**Abb. 10**). Leider noch weitgehend unklar ist die genaue Herkunft der offenbar relativ zahlreichen Einwanderer entlang des Mains, da hier frühe Grubeninventare bisher weitgehend fehlen. Rein geographisch kommt sowohl der Weg vom Nördlinger Ries und damit aus dem Süden des Kerngebietes als auch aus dem Norden via Böhmen (was die Isotopenanalyse des Mannes von Schwanfeld nahelegt und zu dem Inventar aus Ochsenfurt-Tückelhausen passen würde) oder Thüringen in Frage. Es wird noch gezeigt, dass Verzierungstypen mit regional begrenzter Verbreitung hier auch nicht weiterhelfen, da sie alle Möglichkeiten offen halten. Vielleicht handelt es sich nicht um entweder – oder, sondern um sowohl – als auch. Sollte sich dieses Bild jedoch auch für Franken bestätigen, stellt sich die Frage der beiden „Ökologiekreise" (Sielmann 1972, kritisch dazu Kreuz 1990, 162) neu, denn der nördliche Ausbreitungsweg deckt sich mit Ökologiekreis A, der südliche mit B.

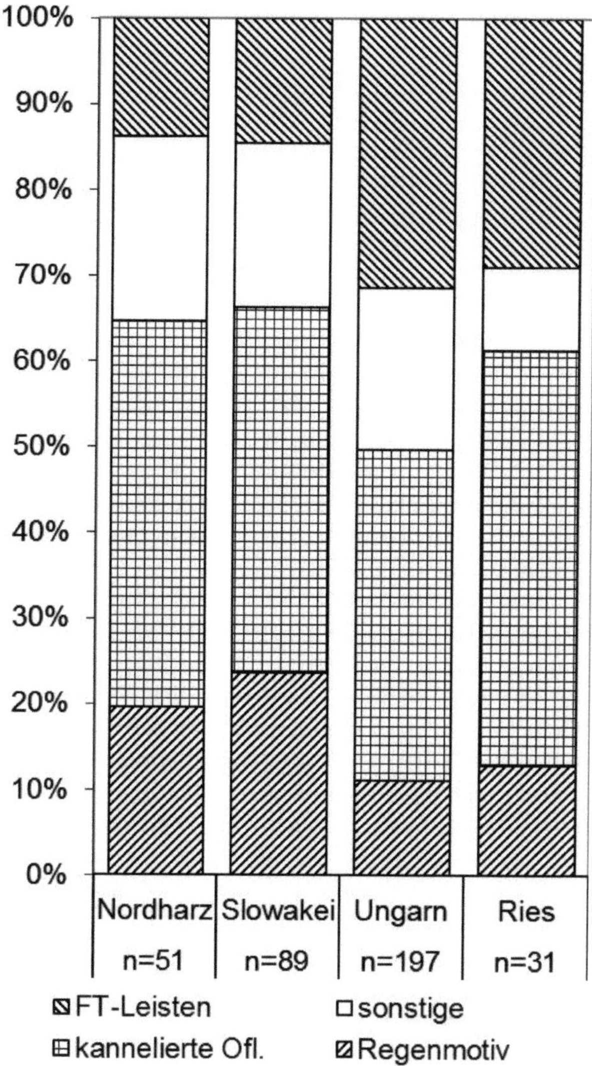

Abb. 11 Anteile grobkeramischer Verzierungen: Vergleich früher Kolonien der Donau-äLBK mit den potenziellen Herkunftsgebieten.

Alle weiterführenden Aussagen wären bei der momentanen Datenlage rein spekulativ. Daher ist es auf diesem Wege auch nicht möglich festzustellen, inwieweit Kolonisten aus dem Ursprungsgebiet über längere Zeit nach Westen abwanderten, oder ob die weitere Ausbreitung nach der Gründung der ersten Siedlungen allein aus dem Bevölkerungsüberschuß der Kolonien und der Eingliederung der Autochthonen bzw. ihrer Akkulturation bestritten wurde.

5.2.2. Exkurs: Die Ostexpansion

Das Gegenstück zu den Siedlungen am Rhein sind im Osten des Verbreitungsgebietes die wenigen derzeit bekannten ältestbandkeramischen Fundstellen Wolhyniens (Debiec & Saile 2015). Die Methode des „mittleren Datums" zeigt, dass die Expansion der Donau-äLBK auch nach Osten sehr rasch, wohl ebenfalls in einem Zuge, erfolgt sein muss, liegt dieses Datum für das abgebildete Material aus Rivne doch im gleichen Bereich wie das der frühen Siedlungen am Main. Selbst wenn das gesamte Material zeitlich homogen sein sollte – in diesem Fall ergibt sich eine Datierung in Generation 5 oder 6 – wäre die östliche Verbreitungsgrenze bereits zu diesem Zeitpunkt erreicht worden. Wahrscheinlicher ist aber insbesondere im Hinblick auf die offenbar vorhandene echte kannelierte Barbotine ein Siedlungsbeginn in HG 2 oder 3. Die Siedlung von Mezhirich datiert nach diesem Verfahren in HG 7, beginnt wegen der Scherbe mit Oberflächenkannelur aber wohl in HG 5 oder früher. Beide Fundstellen gehören wegen der Oberflächenkannelierung sicher der Donau-äLBK an. Möglicherweise hat jedoch auch die Balaton-March-äLBK an der Ostexpansion teilgenommen, denn von Josipivka liegt zumindest eine Schale mit einer Spiegelachse, also wahrscheinlich einer Verzierung nach Kumpfschema, vor (Debiec & Saile 2015 Abb. 2, 5)

5.3. Die Anderen

5.3.1. Die Autochthonen: Spätmesolithikum

Das Verhältnis der Bandkeramik zum Spätmesolithikum der von ihr besiedelten Gebiete ist seit langem Gegenstand kontroverser Diskussionen. Von praktisch fehlenden Kontakten der Kolonisten zur Vorbevölkerung bis zu autochthoner Genese der äLBK aus dem Spätmesolithikum heraus reichen die Modelle. War in den 90er Jahren des letzten Jahrhunderts noch letzteres Modell populär (Tillmann 1993), scheint heute die Paläogenetik ersteres zu bestätigen (s.o.). Dennoch wird momentan von archäologischer Seite wohl mehrheitlich ein Modell vertreten, das im Wesentlichen der Darstellung bei Gronenborn 1997, Abb. 4.3 entspricht und zumindest im Westen des Verbreitungsgebietes die Integration der Autochthonen in die Gesellschaft der eingewanderten LBK postuliert. Für eine solche Erklärung spricht, dass zwar wie oben ausgeführt einerseits die äLBK durch Einwanderung ins westliche Mitteleuropa gelangt sein muss, es andererseits aber keinen Zweifel daran geben kann, dass die autochthone Bevölkerung dort deutliche Spuren in der Silexindustrie der äLBK hinterlassen hat (z. B. Gronenborn 1997, 77-80; Strien 2000, 73; s. a. Kap. 6.4.4), von den Importen von La Hoguette-Keramik ganz zu schweigen. Es ist kaum vorstellbar, dass die offenbar regen Kontakte keinerlei genetische Auswirkungen hatten. Wie oben dargelegt, dürften diese allenfalls ganz im Westen, vor allem im Neckarland, fassbar sein, wo die äLBK auf den nordwesteuropäischen Kulturkreis traf, zu dessen Trägern die wenigen paläogenetisch analysierten spätmesolithischen Individuen mit ihren von der LBK völlig abweichenden Haplotypen gehören dürften. Zur Klärung dieser Frage ist daher die Analyse einer größeren Zahl bandkeramischer Individuen aus dem Neckarland erforderlich.

Auch demographische Argumente stützen die Annahme, dass die autochthone Bevölkerung in der äLBK aufging. So führten Schätzungen anhand theoretischer Modelle zu dem Ergebnis, dass eine reine Kolonisation demographisch ausgeschlossen werden kann (Galeta & Bruzek 2009). Die vorliegenden archäologischen Daten zeigen dies ebenfalls: ermittelt man anhand der Zahl der Häuser pro Generation das Bevölkerungswachstum, ergeben sich bei verschiedenen Ansätzen (äLBK gesamt, Balaton/Donau getrennt, ab HG 2 oder 3) bis HG 8, also über 125-150 Jahre, auch bei einer Nutzungsdauer der Häuser von nur 25 Jahren stets Wachstumsraten von über 1% p.a. Diese Rate ist jedoch für eine prähistorische Gesellschaft extrem hoch – vergleichbare Berechnungen für spätere Phasen der LBK ergaben maximal 1% p.a als kurzfristige Spitze; dieser Wert wurde nur für eine Generation erreicht. Nimmt man HG 4 als Basis, so ergeben sich 0,6% p.a., eine immer noch hohe, aber nicht völlig unmögliche Rate. Allerdings ergibt sich dieser Wert nur bei Betrachtung des gesamten Verbreitungsgebietes. Schaut man auf Teilgebiete, zeigt die zeitliche Verteilung der datierbaren Hausgrundrisse sehr unterschiedliche Trends. So ist die Zahl der Häuser im Kerngebiet sowie Böhmen in der jüngeren äLBK stark rückläufig (**Abb. A1-A2**). Sollte sich diese Entwicklung bestätigen, würde sie eine massive Abwanderung nach Westen bedeuten. Plausibler scheint wegen der bisher noch recht schmalen Datenbasis, dass der relativ schlechte Forschungsstand mit gerade einmal 44 datierten Häusern, davon allein 19 in Bylany, den Rückgang nur vortäuscht.

Ohne kontinuierlichen Nachzug ist die demographische Entwicklung nur mit der Integration von Autochthonen erklärbar. Beschränkt man die Berechnungen nämlich auf die derzeit am besten erforschten Regionen im äußersten Südwesten des

Verbreitungsgebietes – Unterfranken, Südhessen, Neckarland (**Abb. 12**) –, von wo fast zwei Drittel aller genau datierbaren Hausgrundrisse (98 von 156) stammen, ergibt sich von HG 3 bis HG 8 eine Zuwachsrate von 1,7% p.a., was definitiv ohne externen Zuwachs nicht möglich ist. Dabei wird ein ausgeprägter Sprung am Beginn von HG 7 deutlich. Bei aller Vorsicht gegenüber der schmalen Datenbasis und den Unsicherheiten der Datierung könnte sich darin eine verstärkte Integration der Einheimischen gegen Ende der äLBK zeigen. Berechnet man bei Annahme eines internen Wachstums durch Geburtenüberschuss von 0,5% p.a. in jeder Generation die zusätzlich notwendige Zahl an integrierten Einheimischen und daraus ihren genetischen Anteil an der Gesamtbevölkerung, steigt dieser bis HG 8 auf über 60% an. Selbst wenn man bis HG 4 einschließlich nur Zuwanderer ohne Integration annähme und anschließend ein unrealistisch hohes internes Wachstum von 0,8% p.a. stünden am Ende noch 30% autochthoner Bevölkerungsanteil. Zumindest im Neckarland mit seiner kulturell westlich geprägten einheimischen Bevölkerung müsste deshalb die autochthone Komponente bei zukünftigen paläogenetischen Untersuchungen sichtbar werden. Es sei noch angemerkt, dass der generelle Rückgang der Häuserzahlen in HG 9 wohl ein Artefakt des Forschungsstandes ist, weil Material der späten äLBK oftmals bereits für Flomborn gehalten wird, Siedlungen mit sehr spätem Gründungsdatum deshalb teilweise unerkannt geblieben sind.

Bei der Annahme längerer Nutzungszeiten der Häuser, die wie besprochen zunächst nicht ausgeschlossen werden können, und daraus resultierend bei gleicher Dauer der äLBK höheren Zahlen gleichzeitiger Häuser, steigen die Raten für das gesamte Gebiet der äLBK auf bis zu 2% p.a. über 150 Jahre hinweg, ein offensichtlich zu hoher Wert. Bei einer Nutzungsdauer von 75 Jahren erreicht das Bevölkerungswachstum des eben herangezogenen südwestlichen Raumes sogar 2,3% p.a., was auch mit Integration kaum zu erreichen sein dürfte. Selbst bei der optimistischen Annahme, dass 5% aller jemals vorhandenen Häuser ausgegraben und datiert seien, und der ebenfalls optimistischen Schätzung eines internen Wachstums von dauerhaft 0,5% p.a. hätte es dafür von HG 4 bis HG 8 über 6000 Personen bedurft (bei 8-9 Bewohnern pro Haus). Bei 25 Bewohnern (oder einer immer noch optimistischen Schätzung des Erfassungsgrades der Hausgrundrisse auf 1/60) wären es sogar fast 20000 Personen, durchschnittlich 160 pro Jahr. Dass eine überwiegend wildbeuterisch lebende autochthone Bevölkerung erst nach 125 Jahren eines derartigen kontinuierlichen Aderlasses verschwunden wäre,

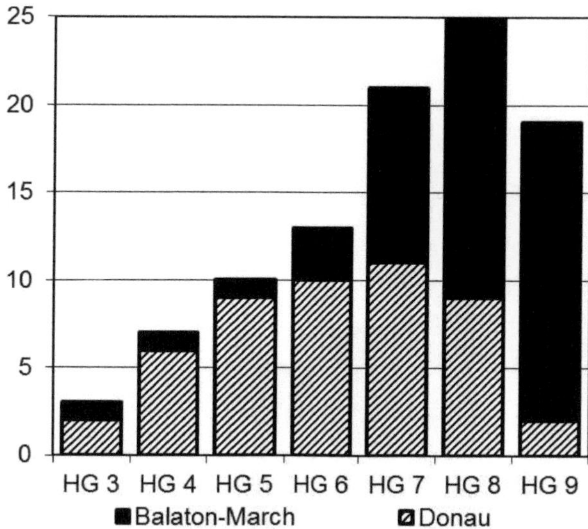

Abb. 12 Anzahl gleichzeitiger Häuser je Hausgeneration im Südwesten des Verbreitungsgebietes (Unterfranken, Hessen, Neckarland).

kann wohl ausgeschlossen werden. Daher spricht die Demographie nicht nur für einen erheblichen Anteil der Autochthonen an der Bevölkerung, sondern auch für die kurze Nutzungsdauer der Häuser von einer Generation.

5.3.2. Die Autochthonen: La Hoguette

La Hoguette ist die einzige Gruppe der westmediterranen Neolithisierungswelle, die eindeutige keramische Spuren in äLBK-Kontext hinterlassen hat. Das hat allerdings wohl nichts mit einer besonders frühen Datierung zu tun, sondern liegt allein daran, dass die äLBK das Verbreitungsgebiet der anderen Gruppen nicht erreichte.

Bei La Hoguette verschwimmt die Grenze zwischen Autochthonen und Nachbarn: die Untergruppe A am oberen und mittleren Neckar ist zwar weitestgehend auf das Gebiet der (ältest-)bandkeramischen Regionalgruppen Oberer Neckar/Gäue und Mittlerer Neckar beschränkt, das Verbreitungsgebiet der Variante B dagegen überschneidet sich nur am unteren Neckar und im Rhein-Main-Gebiet mit dem der äLBK (Lefranc 2008, fig. 5). Die Trennung der beiden Untergruppen zeigt sich im Übrigen auch an den Randlippenverzierungen: lediglich Gruppe A kennt die seichte Randkerbung durch auf den Rand gesetzte Doppelstiche (z.B. Lüning et al 1989, Abb. 13, 7.10; 17, 1-3.5).

Die Ostgrenze der Verbreitung von La Hoguette erscheint zunehmend scharf, denn jenseits von

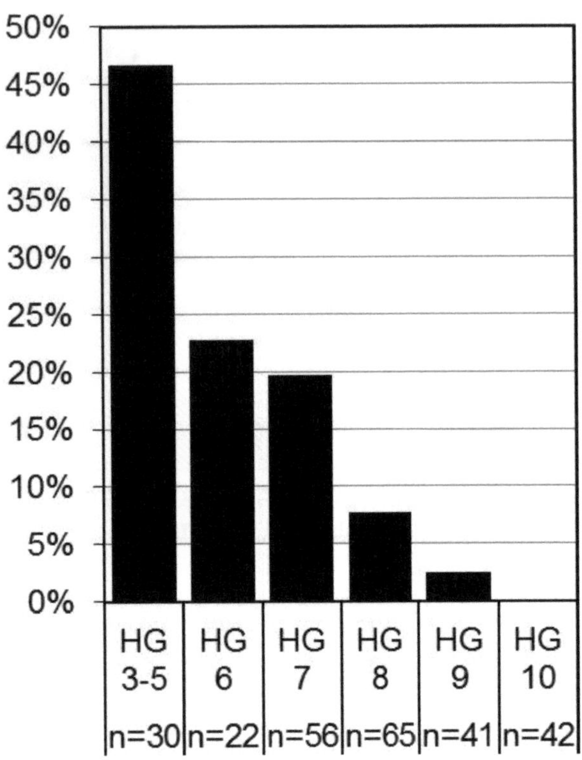

Abb. 13 Anteil der Inventare in Hessen und dem Neckarland, die auch La Hoguette-Keramik enthalten.

Wetterau und Neckarland treten nur sporadisch Funde auf. Aus Franken wurden bisher nur drei Fundpunkte bekannt, neben dem eher als Imitation zu interpretierenden Stück aus Zilgendorf (Lüning et al. 1989, Abb. 13, 5) die Scherben aus Wallmersbach (Nadler 2011, Abb. 4) sowie ein Lesefund aus Estenfeld-Mühlhausen (Taf. 3, 3), bei dem die Verzierung zwar typisch ist, der Ton jedoch ältestbandkeramisch, weshalb die Datierung trotz der auch jüngerbandkeramischen Besiedlung des Platzes gesichert ist. Auch die Scherbe aus Nördlingen (Lüning et al. 1989, Abb. 13, 4) ist aus in ältestbandkeramischer Technik aufbereitetem Ton hergestellt. Noch weiter östlich kommen nur noch vereinzelt mögliche Imitationen vor. Hier ist das in ältestbandkeramischem Kontext absolut fremdartig wirkende Gefäß aus Strögen anzusprechen, dessen girlandoide Stichverzierung deutlich an La Hoguette erinnert (Lenneis & Lüning 2001, Taf. 23). Zwei weitere mögliche Imitationen wurden in Eilsleben festgestellt. Die große Entfernung ist nicht wirklich problematisch, lässt doch die rasche Expansion eben solche weiträumigen Verbindungen zumindest für einige Generationen noch erwarten. Sie werden auch durch die Radiolarite transdanubischer Herkunft in Schwanfeld belegt (Gronenborn 1997, 35-36).

La Hoguette tritt bereits in den ältesten Gruben der äLBK in seinem Verbreitungsgebiet auf (**Abb. 13**). In fast 50% der Befunde der HG 3-5 sind Scherben belegt. In HG 6 sinkt die prozentuale Häufigkeit zwar ab, die absolute Zahl pro Zeiteinheit bleibt jedoch in etwa gleich (14 Befunde in HG 3-5, fünf in HG 6). In HG 7 steigt die Zahl ältestbandkeramischer Befunde steil an, weil nun aber La Hoguette-Keramik in 11 Befunden auftaucht, sinkt ihre prozentuale Häufigkeit nur leicht. In HG 8 sinkt sie dann stark ab, in HG 9 ist La Hoguette nahezu verschwunden. Das könnte andeuten, dass die Integration der Autochthonen nicht kontinuierlich ablief, sondern sich in HG 7 plötzlich beschleunigte – der Anstieg der Bevölkerung, der sich auch in den Häuserzahlen manifestiert (**Abb. 12**), könnte teilweise auf verstärkte Assimilation zurückgehen, der Anstieg der absoluten Zahl der Befunde mit La Hoguette-Keramik wäre dann der unmittelbare Ausdruck der Zuwanderung aus dem Nahbereich. Dieser Vorgang hätte demnach noch in HG 9 angedauert, an seinem Ende hätte die vollständige Integration der Einheimischen gestanden.

5.3.3. Westliche Nachbarn

Kontakte zu den Bewohnern von Gebieten jenseits der westlichen Verbreitungsgrenze sind nicht zu übersehen. Die Gewinnungsplätze des in Hessen in teilweise hohen Prozentsätzen verwendeten Maasfeuersteins lagen etwa 200 km von der nächsten äLBK-Siedlung entfernt, der „pseudobaltische" Feuerstein vieler württembergischer Siedlungen stammt zumindest weitgehend aus der Champagne, 300 km jenseits der Grenze. Da beide Abbauregionen auch außerhalb des eigentlichen Verbreitungsgebietes von La Hoguette liegen, ist es eher überraschend, dass sich bislang keine sicheren Importe von Keramik anderer nichtbandkeramischer Gruppen fanden, sollten diese doch spätestens gegen Ende der äLBK bereits existieren (Heinen & Strien in Vorb.). Allerdings gibt es aus Südwestdeutschland einzelne Scherben, die möglicherweise auf Westkontakte hinweisen. Neben wenigen Stücken mit untypischer Leistenzier aus Vaihingen, die in HG 9 oder 10 datieren, sind besonders zwei Stücke aus Hailfingen zu bemerken (Bofinger 2005, Taf. 127, 2; 140, 4). Die Randkerbung und die Machart sind zwar ganz ältestbandkeramisch, das Fischgrätmuster jedoch ist in diesem Kontext höchst ungewöhnlich, dagegen im Umfeld des westmediterranen Frühneolithikums recht gebräuchlich (z. B.

van Willigen 2015, Abb. 1-3; Lanchon 2003, Fig. 99, 1-13). Ob diese Stücke – falls sie tatsächlich von westlichen Vorbildern abzuleiten sind – auf Beziehungen zu einem sehr frühen Blicquy/Villeneuve-Saint Germain (das wie oben gezeigt spätestens zu Flomborner Zeit bereits existiert) oder etwa zum Cardial franco-ibérique im Rhônetal zurückgehen, ist freilich nicht zu entscheiden.

5.3.4. Bis hierher und nicht weiter: Die Westgrenze der Verbreitung

Angesichts des immensen Verbreitungsgebietes der äLBK stellt sich die Frage, ob die Lage der westlichen Grenze mehr oder weniger zufällig ist, oder ob die äLBK dort an nicht ohne weiteres zu überwindende Barrieren stieß.

Eine topographische Grenze, etwa die Mittelgebirge entlang des Rheines oder der Fluss selbst, ist nicht erkennbar, wurde doch zuvor bereits eine Reihe von Mittelgebirgen überwunden, und mit Nackenheim existiert auch mindestens eine linksrheinische Siedlung. Also kommt nur eine kulturelle, quasi politische Grenze in Betracht. Die Kontakte zur autochthonen Bevölkerung liefern hier einen Fingerzeig: nur im Neckarland ist wie gesehen eine starke westliche Komponente nachweisbar, und dort beginnt die äLBK auch recht spät. Dabei ist innerhalb des Neckarlandes auch ein chronologisches Gefälle zu erkennen, denn die Regionalgruppe Oberer Neckar/Gäue mit ihrer mitteleuropäisch-balkanischen Basis beginnt offenbar früher als die äLBK im Raum Stuttgart und Heilbronn (**Abb. 8**). Auch im Rheintal und der Wetterau werden die Grenzen zum westlich geprägten Spätmesolithikum offenbar nicht wesentlich überschritten, sind doch allein in Bruchenbrücken mit seinem hohen Anteil an La Hoguette-Keramik westliche Einflüsse in der Schlagtechnik der Silices erkennbar (Gronenborn 1997, 77-80).

Ein Nachweis ist einstweilen nicht möglich, doch ist es eine plausible Annahme, dass die Westexpansion dort endete, wo die Vorbevölkerung nicht mehr zum eigenen Kulturkreis gehörte. Ein einfacher Grund könnte sein, dass Erkundungsmissionen zur Festlegung des neuen Siedlungsplatzes an schlichten Verständigungsschwierigkeiten mit den Angehörigen des anderen Kulturkreises scheiterten, ist eine Landnahme gegen den Willen der Vorbevölkerung doch kaum anzunehmen (Strien 2017b). Die Silex-Importe über die Grenze hinweg sind kein echtes Gegenargument, stellt eine Tauschtransaktion für bewegliche Güter doch weit geringere Anforderungen an die Kommunikationsfähigkeit als Vereinbarungen über die dauerhafte Nutzung von Land. Diese Grenze wurde dann erst bei der nächsten Expansionswelle am Beginn von Flomborn überwunden, nachdem man lange genug benachbart gelebt hatte, um sich gegenseitig verständlich zu machen. Lediglich im Neckarland hatte das Nebeneinander schon ausgereicht, um noch während der äLBK an diesen Punkt zu kommen.

6. Regionale und lokale Differenzierung

6.1. Großräumige Unterschiede

6.1.1. Technische Unterschiede

Bei der Magerung der Keramik gibt es zum einen lokale Unterschiede, die teilweise offensichtlich vom verwendeten Rohstoff abhängen. Besonders deutlich wird das in Rottenburg, wo statt des üblichen Lößlehms wohl der lokale Auelehm verarbeitet wurde, wodurch die Keramik durchgängig stark sandig ist. Mitunter tritt die organische Magerung insbesondere bei Grobkeramik zurück, während bereits in eindeutig ältestbandkeramischen Gefäßen Schamotte eine größere Rolle spielt. Dies erschwert die Identifikation der äLBK-Scherben in Lesefundkomplexen nicht unwesentlich und führt möglicherweise auch zu Verzerrungen bei den Gefäßanteilen, werden grobkeramische Kümpfe doch oft anhand der (in vielen Regionen gut datierbaren) Knubben erkannt, während zumindest unverzierte Flaschen und Schalen keine so eindeutigen Merkmale aufweisen. Dieses Problem tritt im Süden Unterfrankens nicht nur an einzelnen Fundstellen, sondern flächendeckend auf. Ohne ein gegrabenes Inventar müssen deshalb Zahlenangaben zu den Gefäßformen aus diesem Raum mit Vorsicht betrachtet werden. Festzuhalten ist jedoch, dass hier selbst innerhalb Unterfrankens ein regionaler Unterschied fassbar wird. Allerdings ist seine Entstehung nicht genau datierbar, da gegrabenes Material fehlt.

6.1.2. Häufigkeiten der Gefäßformen

Die auffälligste Abweichung zeigen die Inventare im nördlichen Harzvorland. Dort erreichen die grobkeramischen Kümpfe generell die gleiche Häufigkeit wie die Schalen. Zwar zeigen die Fundstellen im südlichen Unter- und nördlichen Mittelfranken ähnliche Verhältnisse, doch könnte hier die Erklärung wie eben gesehen in der schlechteren Erkennbarkeit der Schalen in den ausschließlich verfügbaren Lesefunden liegen, während das Material vom Nordharz zu großen Teilen aus modernen Grabungen stammt und zudem wenig Abgrenzungsprobleme zu jüngerem Material bestehen.

Daneben sind Unterschiede bei den Fußgefäßen erkennbar. Zum einen hat (außerhalb des Kerngebietes) generell die Donau-äLBK höhere Anteile dieser Gefäßform. Besonders häufig ist sie in Bayern und Unterfranken mit jeweils knapp 4%, während sie ansonsten um 1% schwankt. Innerhalb der Balaton-March-äLBK dagegen gibt es nur geringe regionale Unterschiede.

6.1.3. Profilverlauf bei feinkeramischen Kümpfen

Bei den doppelkonischen Profilen sind regionale Unterschiede nicht immer eindeutig zu beurteilen, da sie von chronologischen Unterschieden überlagert werden (s.o.), weshalb die Regionen des Entstehungsgebietes mit ihrem überwiegend früh datierten Material hier außer Betracht bleiben müssen. Wegen der unterschiedlichen Grenzziehung kann zudem nur der Datenbestand der neuen Aufnahme herangezogen werden. In der Donau-äLBK insgesamt liegt der durchschnittliche Anteil doppelkonischer Profile an allen feinkeramischen Kümpfen bei 17,5%. Dabei fallen die württembergischen Regionalgruppen und Ostböhmen mit ihren sehr niedrigen Anteilen von 6-11%, Thüringen mit hohen 38% (vgl. auch Einicke 2014, Abb. 14) auf. Für die Balaton-March-äLBK wurden 8,5% ermittelt, hier ist neben dem wiederum sehr niedrigen Anteil in Ostböhmen (2%) der signifikante Unterschied (χ^2=4,72) zwischen den württembergischen Regionen Unterland/Kraichgau (2%) und Mittlerer Neckar (9%) zu bemerken. Dieser Unterschied findet sich auch innerhalb der Siedlung in Vaihingen wieder (s.u.), wo er wegen des zu kleinen Stichprobenumfanges für die Unterland-Kraichgau-Gruppe allerdings nicht signifikant ist.

Der Anteil ausgestellter Ränder liegt in der Donau-äLBK doppelt so hoch wie in der Balaton-March-äLBK (63% bzw. 32%). Bemerkenswert ist dabei die gegenläufige Entwicklung: in der Donau-äLBK liegt der Anteil früh bei 58%, in der mittleren äLBK bei 59%, spät bei 79%, während sich bei der Balaton-March-äLBK bei allerdings sehr niedrigen Stückzahlen eine fallende Reihe zeigt, von 65% über 31% zu 25%. Signifikante regionale Unterschiede sind dabei nicht zu erkennen, bei allerdings schmaler Datenbasis wegen der unvollständigen Erfassung dieses Merkmals. Dagegen wird noch gezeigt, dass es lokale Unterschiede bei der Randgestaltung gibt.

6.2. Verbreitung einzelner Zierelemente

6.2.1. Rosettenknubben

Große, dabei flache Knubben, die als spiralig aufgerollte Leisten oder flächig fingergetupft ausgebildet sein können, gehören zum normalen Repertoire von Starčevo-Keramik (z.B. Kalicz 2010, Abb. 8; Kalicz et al. 1998, Abb. 9a). Lediglich die flächige Variante fand Eingang in den Typenschatz der frühen äLBK. Die Verbreitung fast ausschließlich im Südosten zeigt die direkte Verbindung dieses

Typs zu den Kulturen des Balkans. Lediglich zwei Exemplare wurden im westlichen Verbreitungsgebiet bekannt, einmal aus Nördlingen (Krippner 1991, Abb. 25,1) einmal aus Lochovice (unpubl., eigene Aufnahme). Angesichts dieser Verbreitung wird man auch die Möglichkeit in Betracht ziehen müssen, dass es sich bei diesen Stücken nicht um originär bandkeramische Scherben handelt, sondern um Kontaktbelege.

6.2.2. Einglättmuster

Bei dieser Ziertechnik unterscheidet sich die Verbreitung in Abhängigkeit von der Datierung. Im frühen Abschnitt der Seriation kommt sie ganz überwiegend in den dem balkanischen Frühneolithikum benachbarten Gebieten, der Donau-äLBK und dem Süden der Balaton-äLBK, vor. Die mit Abstand höchsten Anteile erreicht diese Ziertechnik in den am Ostende des Balaton gelegenen Fundstellen von Liter und Balatonalmadi. Die Stücke aus dem mittleren Abschnitt dagegen konzentrieren sich weitgehend auf das Maintal. Zumindest teilweise wird das allerdings daran liegen, dass in Transdanubien Inventare dieser Zeitstellung kaum bekannt sind. Nichtsdestoweniger ist der Unterschied zum Nordharzgebiet auffällig, wo diese Stücke im mittleren Bereich der Seriation erheblich seltener sind.

Leider wurde zu spät erkannt, dass auch die unterschiedlichen Motive regionale Schwerpunkte haben. Deshalb wurden Details zur Gestaltung nur bei einem Teil der Stücke dokumentiert, auch weil kleine Fragmente oft keine nähere Aussage zulassen. Auffällig und deshalb weitgehend vollständig erfasst sind die Stücke mit einem Gitter sich kreuzender Linien. Besonders häufig kommen sie entlang des Mains vor, sind aber auch in Bicske (Makkay 1978, pl. XII, 1-3; XIII, 4; XIV, 3) vorhanden, fehlen jedoch unter dem relativ umfangreichen Material von Liter und Balatonalmadi weitestgehend. Dort treten dafür wiederholt gegenständige schraffierte Dreiecke auf (Regenye 2008, Taf. 9, 1.4; 11, 1), die sonst in äLBK-Kontext selten beobachtet wurden (Makkay 1978, pl. IX, 1; XI, 5). Sie sind jedoch von Vinča A-Keramik wohlbekannt (Schier 1996, Fig. 6, M463, 464), und zwar auch im Verbund mit Funden früher äLBK (Marton & Oross 2012, 227 u. Abb. 6, 2.5), dort allerdings auf der Außenseite von Kümpfen und technisch etwas anders ausgeführt (als Politurmuster), während in der Bandkeramik Einglättmuster ganz überwiegend als Innenverzierung von Schalen eingesetzt wurden. Daher wird man in dieser speziellen Gestaltung den oben postulierten Einfluss von Vinča A auf die frühe äLBK sehen dürfen: die Motive wurden übernommen, im Detail aber anders verwendet.

6.2.3. Reihen kleiner runder Einstiche (Motiv 55, 58, S1)

Dieses Motiv, das sowohl als horizontale Gliederungsachse auf Kümpfen und Schalen als auch für die horizontal-vertikale Verzierung der Fußgefäße zur Anwendung kam, hat eine sehr bemerkenswerte Verteilung (**Abb. 14**). Von einigen wenigen Einzelstücken abgesehen, findet es sich ausschließlich in Thüringen, am Nordharz und entlang des Mains. Dabei zeigt sich ein deutliches Gefälle: in den meist schwach besetzten Inventaren Thüringens tritt es regelmäßig auch mehrmals auf, nach Westen und Norden fällt die Zahl dann steil ab. In Böhmen und Südwestdeutschland gibt es nur wenige Belege, in Bayern keinen einzigen. Ob die dort beobachteten Reihen länglicher Kerben die gleiche Bedeutung haben, ist nicht sicher; außer an mehreren bayerischen Fundstellen wurde diese Variante je einmal in Galgahévíz (Kalicz & Kalicz-Schreiber 2002, Abb. 2, 17) und Eilsleben festgestellt.

6.2.4. Flaschenspiralen mit 4 Linien

Die typischen Spiralen und Mäander der Flaschenverzierung sind in der überwiegenden Zahl der Fälle dreilinig ausgeführt. Eine oder zwei Linien kommen vor; sie streuen nicht besonders auffällig. Vier oder (nur ein oder zweimal nachweisbar) fünf Linien kommen dagegen fast ausschließlich in Nordostböhmen vor, insgesamt 14 oder 15 Beispiele von fünf oder sechs Fundstellen (**Abb. 14**). Sie machen in diesem Raum 29% aller auswertbaren Stücke aus, gegenüber gut 1% in allen restlichen Regionen. Lediglich aus Bruchenbrücken (Cladders 2001, Taf. 8, 2ab, dort kombiniert mit einer einlinigen Spirale, Taf. 8, 2c), Schwanfeld (Cladders 2001, Taf. 57, 6), Sé (Gläser 1993, Taf. 210, 13-16), Wiesloch (Heide 2001, Taf. 105B, 16) und Gaimersheim ist je ein weiterer Fall bekannt, aus Eilsleben zwei. Allerdings gibt es natürlich auch außerhalb dieses begrenzten Gebietes Fragmente, bei denen mehr als drei Linien nicht ausgeschlossen werden können.

6.2.5. Linienzahl bei Spiralen auf Kümpfen und Schalen

Die Zahl der Linien (eine bis drei) bei Spiralen und Mäandern auf Kümpfen und Schalen hat zum

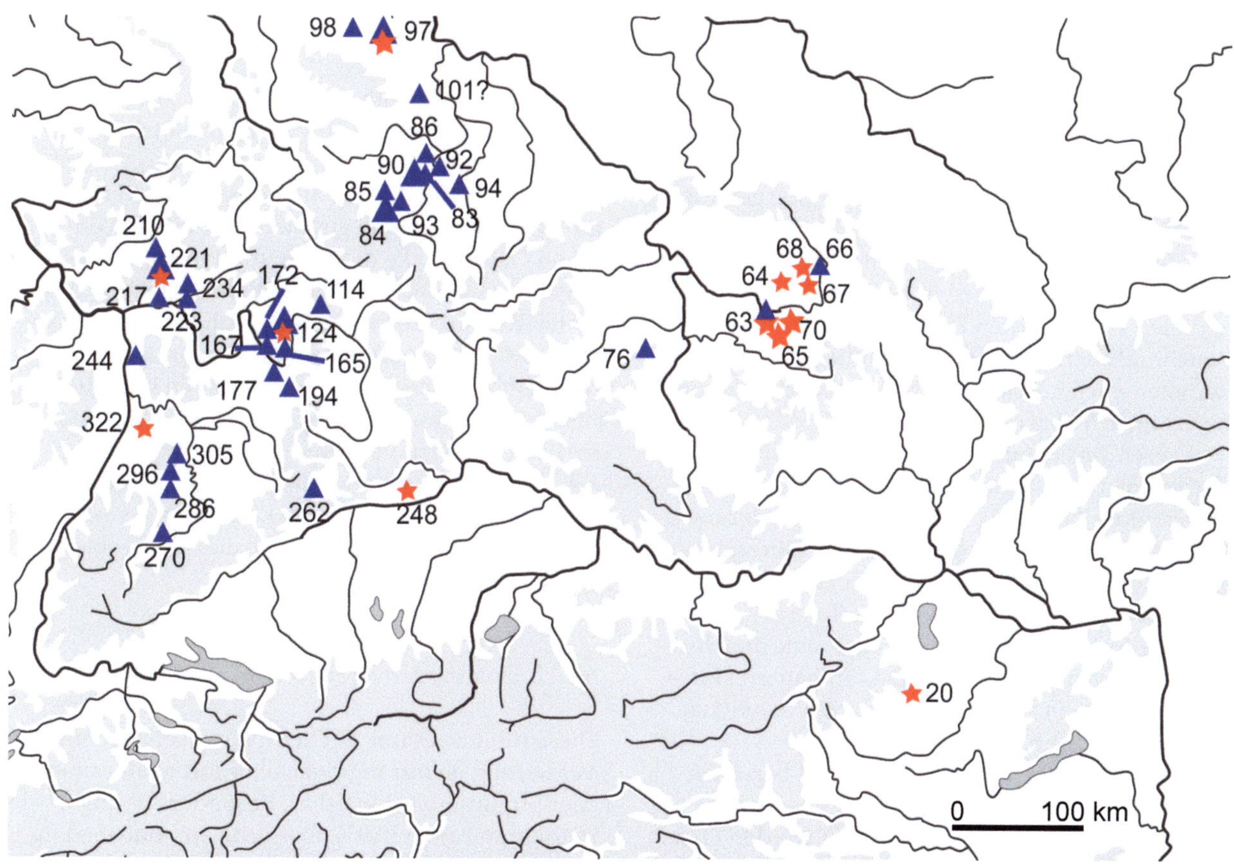

Abb. 14 Verteilung der Punktreihen (M55, M58, S1; blaues Dreieck – kleines Symbol 1-3 Belege, großes Symbol 5-11 Belege) und der Flaschenspiralen mit 4 oder 5 Linien (roter Stern – klein 1 Beleg, groß 2-8 Belege).

einen wie gesehen chronologische Bedeutung und unterscheidet auch die Traditionen (Kap. 3.3.3., **Abb. 3**) zeigt jedoch auch regionale Unterschiede. Völlig abweichend vom Rest der äLBK verhält sich der Nordharz, wobei das Material fast ausschließlich aus Eilsleben stammt. Dort dominieren einlinige Spiralen bei weitem, und zwar auch noch in der späten äLBK, so dass chronologische Gründe ausscheiden. Vielmehr vergrößert sich der Unterschied zu den anderen Regionen im Laufe der Zeit, weil sich die Zahlenverhältnisse in Eilsleben anders als sonst bis zum Schluss kaum verändern (Strien in Vorb. c).

6.2.6. Kombination grob- und feinkeramischer Verzierungen

Kombinationen von Fingertupfenleisten (meist in der Halskehle von Flaschen) mit meist zweilinigen Spiralmotiven kommen v.a. am westlichen Plattensee vor, lediglich ein Stück stammt aus Irlbach. Nur aus Böhmen sind dagegen feinkeramisch verzierte Kümpfe mit einer Fingertupfenreihe unter dem Rand (MR2) bekannt.

6.2.7. flächendeckende Knubben (M5)

Dieses Motiv konzentriert sich auf das Umfeld des Kinzigtales in Südhessen, wo es auf 34% aller grobkeramischen Kümpfe mit verziertem Gefäßkörper festgestellt wurde. Ein ähnlich hoher Wert wird bei sehr schmaler statistischer Basis in Thüringen erreicht (31%). Im mittleren Unterfranken sind es immerhin noch 24%, im nördlichen Unter- und in Oberfranken sowie in Böhmen 14%. In allen anderen Regionen ist dieses Motiv seltener oder überhaupt nicht vorhanden, selbst in den dem Kinzigtal benachbarten Siedlungen der Wetterau kommt es lediglich auf drei von 40 Kümpfen (8%) vor. Allein in Brunn am Gebirge scheint es nach den verfügbaren Abbildungen mit etwa 25% ähnlich häufig wie um den Spessart herum aufzutreten.

6.2.8. Varianten des Kreuzmotivs

Die regionale Verbreitung verschiedener Varianten dieses Motivs wurde bereits dargestellt (Strien 2014, Abb. 10). Wegen der breiteren Datenbasis kann nunmehr eine weitere Untergruppe gebildet werden:

– Kreuzmotiv mit „Ohren" an den vertikalen Elementen, wobei die Ohren immer an dem der Horizontalen zugewandten Ende liegen. Diese auf den Bauchumbruch des Gefäßes orientierten „Ohren" kommen auch an Linienbündeln ohne erkennbare horizontale Verzierung vor

Dieser Typ kommt viermal in Langenbach-Niederhummel (Neumair 1991, Taf. II, 1, VIII, 1, ohne Horizontale Taf. III, 8), in Burgweinting (Quitta 1960, Abb. 21q, das Stück ist leicht im Uhrzeigersinn zu drehen), in Altdorf (Reinecke 1983, Abb. 17, 1), in Schwanfeld (Cladders 2001, Taf. 51, 7 – letztere beide wohl nur als Linienbündel ohne die Horizontale), zweimal in Estenfeld-Mühlhausen (Taf. 4, 3) und einmal in Nördlingen (Bayer. Vorgeschbl. Beih. 1, 1987, Abb. 18, 12) vor.

Die württembergische Variante mit Bandwinkeln als vertikalem Element konnte zweimal im nördlichen Unterfranken beobachtet werden (Taf. 2, 1; Bayer. Vorgeschbl. Beih. 18, 2006, 231 Nr. 2, Abb. 114), wobei das Stück aus Lendershausen „Mühle" wahrscheinlich bereits flombornzeitlich ist.

6.2.9. Zick-Zack-Linie als Spiegelachse

Diese Variante wurde fast ausschließlich im Neckarland und in Südhessen festgestellt, Einzelstücke stammen aus Bayern und Unterfranken.

6.2.10. MR103 bei grobkeramischen Kümpfen

Auch die Randverzierung aus einzelnen vertikalen Schnitten kommt ganz überwiegend aus dem Neckarland. Sie ist auch noch in Flomborner Befunden nachweisbar, aber auch dort in geringer Zahl.

6.2.11. anthropomorphe Darstellungen

Bei den Darstellungen vom Typ Stuttgart-Bad Cannstatt ist kein geographischer Schwerpunkt festzustellen. Anders beim Typ Taimering sein Verbreitungsschwerpunkt liegt eindeutig in Bayern. Selbst wenn man alle zweifelhaften Stücke aus den anderen Regionen mitzählt, stammt gut ein Viertel (7 von 26) aller Belege von dort, gegenüber nur drei der insgesamt etwa 75 Darstellungen vom Typ Stuttgart-Bad Cannstatt.

Die ebenfalls anthropomorphen Linienbündel mit „Ohren" (Strien 2014, 149) konzentrieren sich auf die Region Mittlerer Neckar, wo die „Ohren" bei knapp einem Viertel aller derartigen Motive auftreten. Wie gerade gesehen sind ihre bayerischen Gegenstücke die Kreuzmotive mit innen liegenden „Ohren", die dort ebenfalls knapp 25% Anteil der horizontal/vertikal gegliederten Motive (M21, M22, M23) erreichen; in allen anderen Regionen liegt der Anteil an diesen Motiven bei 0-10%. Insbesondere im Ursprungsgebiet der äLBK fehlen sie bisher nahezu vollständig. Allerdings zeigen sie außerhalb des Neckarlandes lokale Häufungen, so dass dieses Bild täuschen kann: vier der sechs bayerischen Beispiele stammen aus Langenbach - Niederhummel.

6.2.12. Unterbodenverzierungen an Schalen

Diese mit insgesamt 27 Exemplaren sehr seltene Verzierung ist nur regional, aber mit weiter räumlicher Streuung nachweisbar. Besonders häufig ist sie in Mähren belegt (0,9% aller Schalen), daneben in Südhessen und Württemberg. Unter den fast 2000 Schalen vom Nordharz fehlt sie dagegen vollständig und ist auch in Unterfranken nur ein einziges Mal vorhanden.

Wegen der sehr geringen Stückzahlen gibt es lediglich zwei Varianten, die mehr als dreimal belegt sind: einzelne Fingertupfen und geritzte Kreuze. Beide haben klare geographische Schwerpunkte: Fingertupfen sind vier Mal an drei Fundstellen des Neckarlandes vorhanden, daneben je einmal in Ostheim und Bylany, Kreuze finden sich in Mähren (6 Belege von drei Fundstellen), einmal in Bruchenbrücken (Cladders 2001, Taf. 10, 9) und je einmal abweichend nicht rechtwinklig in Vaihingen und Szigetszentmiklos (Virág 1992, Taf. 10, 10) Daneben ist noch das ungewöhnliche Malteserkreuz aus Ostheim zu erwähnen (Ramminger 2003, Taf. 25, 5). Die meisten anderen Stücke sind zu fragmentiert, um mehr als das Faktum einer Ritzverzierung erkennen zu lassen.

6.2.13. Innenverzierungen bei Schalen

Mit 44 Vertretern ebenfalls selten sind Innenverzierungen bei Schalen bzw. in einem Fall aus Mohelnice bei einem Fußgefäß. Nicht berücksichtigt sind dabei die 47 Einglättverzierungen, v.a. im frühen Material der Donau-äLBK des Ursprungsgebietes, die bereits besprochen wurden. Wiederum sind deutliche regionale Schwerpunkte zu bemerken, die sich teilweise mit der Verbreitung der Unterbodenverzierungen decken. Insbesondere Südhessen und Württemberg sind zu erwähnen, hinzu kommen wohl, wenn auch auf sehr schwacher statistischer Basis, Mähren und das Nördlinger Ries. In ganz Böhmen dagegen ist kein Beispiel bekannt.

Auch hier sind die meisten Stücke zu fragmentiert, als dass man Motive bestimmen könnte. Betrachtungen zu ihrer Verbreitung verbieten sich deshalb. Es ist lediglich zu bemerken, dass von den 32 diesbezüglich bestimmbaren linienverzierten Stücken nur 8 gebogene Linien aufweisen. Im Raum Heilbronn sind es jedoch drei von fünf ansprechbaren Exemplaren, ein weiteres Stück stammt aus Vaihingen, keine 30 km entfernt.

6.2.14. „Zeichen" an Schalen

Quer durch alle Regionen sind die Zeichen in der Donau-äLBK häufiger als in der Balaton-March-äLBK. Regional ist wieder eine besondere Häufung in Mähren und in Südhessen feststellbar; hinzu kommen Unterfranken und das Obere Gäu. Auch für diese Verzierungsart an Schalen sind besonders geringe Anteile in Ostböhmen und am Nordharz festzustellen. Am mittleren und unteren Neckar sind sie scheinbar ebenfalls leicht unterrepräsentiert, was allerdings allein an ihrem geringeren Anteil in der Balaton-March-äLBK liegt, die dort besonders stark vertreten ist.

Entgegen der ursprünglichen Erwartung sind bei den einzelnen Typen weniger regionale als lokale Schwerpunkte erkennbar, wobei teilweise weit voneinander entfernte Siedlungen denselben, andernorts nicht vertretenen Typ z.T. sogar in nur einem Befund gleich mehrfach aufweisen. Diese Motive zeigen also möglicherweise großräumige Kontakte an. Die scheinbar begrenzte Verbreitung seltener Typen kann auch auf Zufall beruhen. Z6, dreieckig angeordnete Dellen, wurde bisher zwar nur in Hessen und dem Neckarland nachgewiesen. Aus diesem Gebiet stammt jedoch fast die Hälfte aller ansprechbaren Zeichen, so dass ein Zufall nicht ausgeschlossen ist, denn andere Typen streuen sehr gleichmäßig. Genannt seien kleine geritzte Mäander (Z42); die 10 Beispiele stammen aus ebenso vielen Fundstellen in 9 Regionen. Auch wenn man die drei in gleicher Position als Innenverzierung angebrachten Motive hinzunimmt, ändert sich an dieser diffusen Streuung nichts. Es gibt auch keine eindeutigen Unterschiede zwischen den Traditionen, alle mehrfach belegten Typen kommen sowohl in der Donau- als auch in der Balaton-March-äLBK vor. Selbst chronologische Unterschiede sind nicht auszumachen, das eben genannte Z42 beispielsweise ist sowohl in HG 1 wie in HG 9 belegt.

6.2.15. umlaufende Ritzlinien als Randverzierung

Diese Zierweise kommt in zwei Varianten vor: unter dem Rand feinkeramischer Kümpfe (MR101) und in der Halskehle von Flaschen (MR146). Beide Verzierungen gewinnen nach dem Ende der äLBK an Bedeutung. In später äLBK kommt die erste fast ausschließlich im Kerngebiet vor, die zweite dort und im Neckarland. In der Korrespondenzanalyse wurden sie wegen ihrer geringen Zahl und ähnlichen Laufzeit zusammengefasst.

6.2.16. Datierung

Die Datierung der ältesten Belege nur regional verbreiteter Typen ist ein Hinweis auf den Zeitpunkt, zu dem die regionale Differenzierung der äLBK einsetzte.

- Flaschenspiralen mit 4 Linien: die ältesten Belege stammen aus Nové Dvorý, Bef. 3 und Bef. 14. Beide Befunde gehören zu Haus 11, das durch sie in HG 3 datiert wird.
- Stichreihen: zu den ältesten Belegen gehören die Stücke aus Bruchenbrücken Bef. 38 und Eitzum Bef. 14 der Altgrabung. Sie werden durch den Kontext mit Haus 8 bzw. Haus 3 recht zuverlässig datiert in HG 4. Damit machen sie auch deutlich, dass die bisher fehlenden Belege für sehr frühe Siedlungen in Thüringen lediglich den Forschungsstand spiegeln, muss dort doch wegen der anzunehmenden Herkunft des Typs die Besiedlung spätestens zu diesem Zeitpunkt begonnen haben.
- flächendeckende Knubben: in dem Bereich um den Spessart sind nur sehr wenige schwach besetzte frühe Befunde vorhanden, deshalb sind sehr hohe Anteile dieses Typs dort erst ab HG 6 eindeutig nachweisbar. In Brunn am Gebirge dagegen datieren die Stücke sehr früh, so dass ein Zusammenhang zweifelhaft ist; das unabhängige Auftreten dieses Typs zu etwas verschiedenen Zeiten in unterschiedlichen Regionen ist ebenfalls gut möglich.
- württembergische Kreuzmotive: ab HG 7
- bayerische Kreuzmotive: etwa ab HG 6 und damit zu einem regional frühen Zeitpunkt belegt
- Zick-Zack-Linien als Spiegelachse: der älteste Beleg stammt aus einem Befund der HG 6 in Vaihingen, ungewöhnlicherweise auf einer Flasche. Ab HG 7 kommt der Typ regelmäßig vor und läuft

noch in Flomborn weiter
– Kreuze als Unterbodenverzierung: vier der sechs mährischen Belege stammen aus Žopy und damit aus dem frühen Abschnitt (HG 3). Bemerkenswerterweise fand sich das jüngste Stück in Vedrovice Grab 79 (Podborský et al. 2002, Abb. 79, 1) und damit bereits in frühem post-äLBK-Kontext.
– MR103: beschränkt sich weitgehend auf die HG 9-11, einzelne ältere Stücke etwa aus Žopy möglicherweise intrusiv
– MR101/MR146: nur vereinzelte Belege ab HG 7 bzw. HG 8

Trotz der nicht allzu großen Stückzahlen sind die Typen mit klarem regionalem Schwerpunkt meist sehr früh nachweisbar. Lediglich die Randverzierungen beginnen erst gegen Ende der äLBK. Eine regionale Sonderentwicklung ist also bereits kurz nach der Genese bzw. Landnahme festzustellen. Das zeigen auch die Anteile der Gefäßformen; für den erhöhten Anteil grobkeramischer Kümpfe ist in Eilsleben kein chronologischer Trend erkennbar, diese regionale Eigenheit bestand also von Beginn an. Damit scheint sich auf breiterer Datenbasis zu bestätigen, dass die Entstehung regionaler Gruppen zeitlich eng mit der Landnahme zusammenhing. Folgt man der Interpretation der Regionalisierung als Instrument zur Integration der Autochthonen (Strien 2009), bestätigt sich auch hier, dass ein demographisch relevanter Teil des Bevölkerungswachstums der äLBK durch Aufnahme Gruppenfremder zustande gekommen sein muss.

6.3. Lokale Unterschiede

Von der Regionalisierung zu trennen sind Abweichungen einzelner Fundstellen. Hier fällt insbesondere der Kerbrand (MR1) auf. In Eilsleben wie in der gesamten frühen äLBK (ohne Eitzum) erscheint er an weniger als 4% aller grobkeramischen Kümpfe, in Eitzum dagegen an fast 40% (26 von 70 Stück). In der mittleren äLBK geht der Anteil in Eitzum auf knapp 25% (26 von 110) zurück, steigt aber im Gesamtmaterial (ohne Eitzum) auf knapp 9%, in Eilsleben auf 7%. Solche lokalen Unterschiede, die bei kleineren Inventaren ggf. schwer zu erkennen sind, stören u. U. auch das Seriationsergebnis – im vorliegenden Fall ist der Einfluss allerdings eher gering. Weitere Beispiele für kleinräumige Sonderentwicklungen werden in Kap. 6.5. aufgezeigt.

Selbst auf der Ebene der Wohnplätze lassen sich Unterschiede fassen, besonders markant in Schwanfeld, aber auch in Bylany (s. Kat.). Anscheinend entwickelten sich also sehr rasch lokale und haushaltsspezifische Traditionen; in Eitzum sind sie bereits in der frühen äLBK fassbar, in Schwanfeld spätestens in HG 5.

6.4. Regionale Besiedlungsgeschichte

Für einige gut erforschte Regionen kann die Geschichte der ältestbandkeramischen Besiedlung zumindest ansatzweise rekonstruiert werden. In anderen Gebieten dagegen sind z.T. noch erhebliche Lücken in der Belegung festzustellen.

6.4.1. Mitteldeutschland

Dies gilt insbesondere für Mitteldeutschland, wo mit Eilsleben nur eine Siedlung großflächig gegraben ist. Alle anderen Grabungen erfassten nur wenige datierbare Befunde, so dass der gesamte jüngere Abschnitt bisher nur aus Eilsleben bekannt ist. Dieses Manko kann nicht wie in Unterfranken durch reichlich vorhandene Lesefunde ausgeglichen werden, so dass ganz wesentliche Fragen etwa zum Übergang zur älteren Bandkeramik offen bleiben müssen. Allerdings deuten bisher nur aus knappen Vorberichten bekannte Grabungsbefunde an (Autze 2005, Nestmann 2012), dass zumindest am Nordharz mit Siedlungen zu rechnen ist, die sowohl in äLBK wie älterer Bandkeramik besiedelt sind.

Mit Eilsleben, Eitzum und Gnetsch liegen einige der frühesten außerhalb des Kerngebietes bekannten äLBK-Fundstellen im nördlichen Mitteldeutschland. Sowohl Donau- als auch March-äLBK sind also bereits sehr früh vertreten. Die Balaton-äLBK dagegen ist bisher nicht fassbar.

6.4.2. Unterfranken

Naturräumlich besteht die Region Unterfranken neben den Lößflächen des gleichnamigen bayerischen Regierungsbezirks aus den angrenzenden kleinen Bereichen des Kreises Tauberbischofsheim und ganz im Norden Mittelfrankens (Lkr. Neustadt a.d.Aisch-Bad Windsheim). In diesem Areal (ohne den Grabfeldkreis, der nicht aufgenommen wurde) sind gegen 500 bandkeramische Siedlungen bekannt; von fast 90 wurde bislang ältestbandkeramisches Material identifiziert. Damit ist der Anteil bereits während der äLBK belegter Siedlungen mehr als doppelt so hoch wie im Neckarland, das vergleichbar umfassend aufgenommen wurde. Die Donau-äLBK überwiegt, jedoch machen Siedlungen der Balaton-March-äLBK immerhin ein Drittel

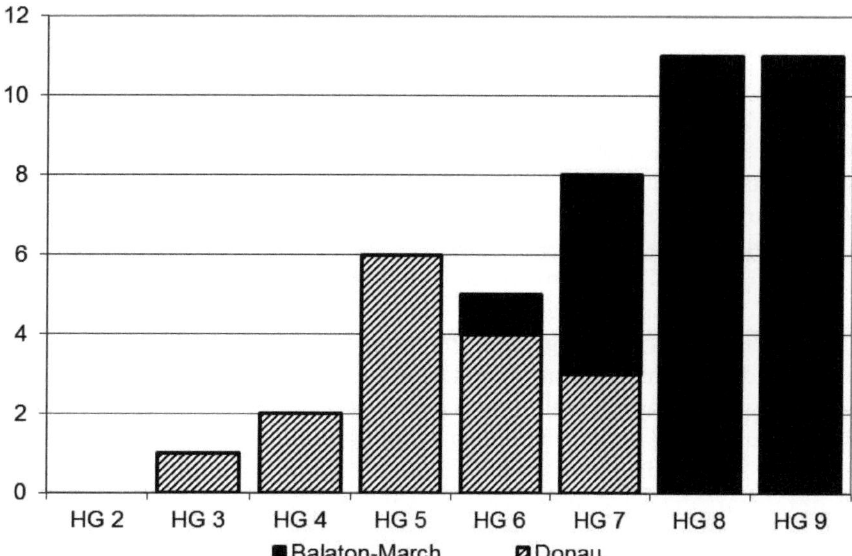

Abb. 15 Anzahl gleichzeitiger Häuser je Hausgeneration in Südhessen.

der bestimmbaren Inventare aus, bei deutlichen Schwerpunkten im Nordosten und Südwesten.

Abgesehen von Schwanfeld und Estenfeld liegen ausschließlich Lesefunde bzw. alt geborgene Funde vor. Daher ist die Besiedlungsgeschichte nicht über datierbare Befunde nachvollziehbar. Einen ersten Fingerzeig liefert jedoch bereits die hohe Zahl der äLBK-Fundstellen. Sie ist am einfachsten mit einem sehr frühen Beginn der Besiedlung und einem dementsprechend lang andauernden Bevölkerungswachstum zu erklären. Etwas enger lässt sich dies im südlichen Grabfeld fassen, wo mit 15 von 30 LBK-Fundstellen der Anteil der äLBK-Siedlungen am höchsten ist. Dort gibt es auch Indizien für einen Beginn der Besiedlung bereits in HG 2 (s.u.). Jedoch hat auch die Siedlung bei Ochsenfurt-Tückelhausen eine „mittlere Datierung", die auf eine Gründung schon in HG 2 schließen lässt. Das älteste Haus von Schwanfeld könnte zudem bereits in HG 3 datieren, und da das unmittelbare Umfeld mit einer Reihe weiterer äLBK-Siedlungen belegt ist, könnte es sich auch hier um einen sehr frühen Siedlungskern handeln. Damit ist Unterfranken eines der drei frühesten Siedlungszentren (neben dem Nördlinger Ries und dem Nordharzgebiet).

6.4.3. Mittel- und Südhessen

Die ältesten sicher datierbaren Befunde gehören in HG 3; ob die Landnahme bereits mit der ersten Welle der Donau-äLBK in HG 2 begann, ist derzeit eher fraglich, hat das Gebiet doch einen auffallend niedrigen Anteil früher Gründungen (**Abb. 8**).

Das Amöneburger Becken wurde wohl erst sehr spät erreicht, für die beiden dortigen Siedlungen (Ebsdorfergrund-Wittelsberg und Großseelheim) ist eine Gründung vor HG 8 nicht nachweisbar.

Sehr auffällig ist das Fehlen später (HG 8-9) Belege der Donau-äLBK. Der Höchststand der Zahl datierbarer Häuser wird je nachdem welche Chronologie für die Häuser von Ostheim gewählt wird in HG 5 oder 6 erreicht und sinkt danach bereits ab. Die Balaton-March-äLBK dagegen ist erst ab HG 6 überhaupt nachweisbar. Zwar kann diese Beobachtung trotz einer Reihe gegrabener Siedlungen noch auf Zufall beruhen, wahrscheinlicher ist aber, dass die Donau-äLBK hier früh verschwindet. Dazu passt auch die ungewöhnlich hohe Zahl von Siedlungsabbrüchen (**Tab. C4**). Der gleichzeitige schnelle Anstieg der Häuserzahlen der Balaton-March-äLBK könnte anzeigen, dass die Träger der Donau-äLBK zur anderen Tradition überwechselten, wofür sie ihre bisherigen Siedlungen aufgaben (**Abb. 15**). Ein Hinweis auf eine gewisse Zuwanderung von Trägern der Balaton-March-äLBK ist das wiederholte Auftreten des ansonsten nur im Neckarland feststellbaren Motivs der vertikalen Zick-Zack-Linie als Spiegelachse (S11).

Der Vergleich der Siedlungen von Karben und Frankfurt-Niedereschbach veranschaulicht, dass der Übergang äLBK-Flomborn nicht überall genau synchron ablief: in Karben weisen Grundriss wie Inventar von Haus V bereits in HG 9 deutlich auf Flomborn, Niedereschbach dagegen trägt noch in HG 10 starke äLBK-Züge

6.4.4. Neckarland

Hier sind die Regionalgruppen Oberer Neckar/Gäue mit Schwerpunkt um Rottenburg, Mittlerer Neckar um Stuttgart und Unterer Neckar/Kraichgau um Heilbronn zu unterscheiden (zur Verbreitung der Gruppen: Boogard et al. 2011, fig. 5). Die älteste sicher belegte Siedlung ist Gerlingen (Balaton-äLBK), ganz im Norden der Region Oberer Neckar/Gäue gelegen. Wegen der schwachen Materialbasis ist eine genaue Datierung nicht möglich, der Beginn sollte aber um HG 3 liegen. Möglicherweise ähnlich früh datiert der Beginn der Siedlung von Hailfingen (Donau-äLBK). Am mittleren Neckar dagegen ist ein Beginn vor HG 6 nicht fassbar; angesichts einer Vielzahl datierbarer Befunde aus einer ganzen Reihe von Siedlungen dürfte dieses Bild im Wesentlichen zutreffend sein. Im Bereich der Region Unterland/Kraichgau liegt aus Brackenheim-Meimsheim ein Beleg eines Einglättmusters vor, so dass zumindest im Zabergäu bereits spätestens für HG 5 mit dem Beginn der Besiedlung durch die Donau-äLBK zu rechnen ist. Das mittlere Datum der Fundstelle spricht sogar für einen sehr frühen Beginn in HG 2, was aber wegen der geringen Scherbenzahl unsicher bleiben muß. Die Balaton- bzw. March-äLBK dürfte dort nicht viel später als die Donau-äLBK eintreffen, zumal auf zwei nicht genauer datierbaren Siedlungen jeweils einmal M7 belegt ist. Insgesamt wird das Gebiet der Gruppe aber nur schleppend besiedelt, nur bei 5 der 10 datierbaren Fundstellen ist eine Gründung vor HG 7 anzunehmen; von allen Regionen hat nur der Mittlere Neckar (2 von 8) einen noch niedrigeren Anteil.

Ein möglicher Grund für die verzögerte Aufsiedlung der eigentlich gut geeigneten Lössflächen am mittleren und unteren Neckar wurde bereits kurz angesprochen (s. Kap. 5.3.3.). Das große Silexinventar von Rottenburg steht mit seinem hohen Anteil von primär fazettierten Schlagflächenresten und ganz überwiegend gleichschenkligen Trapezen ganz in mitteleuropäischer spätmesolithisch-ältestbandkeramischer Tradition (Kind 2005, 267-272; 288-289). Die Silexindustrie am Mittleren Neckar und im Raum Heilbronn dagegen weist bei den Klingen ungewöhnlich niedrige Anteile von primär fazettierten Schlagflächenresten auf (Tab. C6). Wegen der kleinen Stichproben ist allerdings nur das Gesamtmaterial der Region aussagekräftig, so dass nicht gesichert ist, dass diese Beobachtung für jede Fundstelle zutreffend ist. Im überregionalen Vergleich ist der Unterschied selbst zu dem Inventar aus Bruchenbrücken (Fischer 2011, Tab. 26) signifikant (χ^2=6,25, FG=1, α<0,02), das seinerseits viel weniger primäre Fazettierung als alle anderen Inventare aufweist (Fischer 2011, Tab. 25). Auch das einzige spätmesolithische Inventar der Region aus Stuttgart-Degerloch (Strien 1996) sowie die wenigen La Hoguette-Klingen aus Stuttgart-Bad Cannstatt (Strien & Tillmann 2001) verhalten sich so. Zudem war schon aufgefallen, dass zumindest ab Flomborn in Württemberg asymmetrische Trapezspitzen in großer Zahl vorkommen (Strien 2000, 73), ein Typ, der ebenso wie die glatten Schlagflächen eher in westlicher Tradition steht (Gronenborn 1997, 77-80; 132-133). Deutet man diese regionalen technischen und typologischen Unterschiede als Indiz für enge Kontakte zur autochthonen Bevölkerung, folgt daraus, dass die spätmesolithischen Bewohner am oberen Neckar zum mitteleuropäischen Kulturkreis gehörten, diejenigen am mittleren und vermutlich auch unteren Neckar dagegen zum westeuropäischen. Wie bereits angesprochen, könnte die Kulturgrenze auch eine Sprach- und Kommunikationsgrenze gewesen sein, weshalb die äLBK im Oberen Gäu rasch Fuß fasste, mit den westeuropäischen Nachbarn aber zunächst in ausreichend enge Kommunikation treten musste, bevor eine Besiedlung ihrer Gebiete und ihre Integration in die bandkeramische Gesellschaft möglich war. Die besonders hohe Anzahl der La Hoguette-Importe in den Siedlungen am Oberen Neckar scheint dieser Interpretation zunächst zu widersprechen, gehören diese doch klar zum westlichen Kulturkreis. Sie könnte jedoch eben die Folge dieses grenznahen Nebeneinanders unterschiedlicher Gruppen sein, während im Raum Stuttgart mit Beginn der äLBK-Landnahme in diesem Gebiet La Hoguette durch Integration verschwand und deshalb nicht aus der unmittelbaren Nachbarschaft importiert werden konnte. Vielleicht steht auch eine bewusste Abgrenzung zu den Verwandten im nunmehr anderen Kulturkreis dahinter, die am oberen Neckar nicht nötig war, da dort keine Träger von La Hoguette integriert worden waren. Wie sich aktuell wieder zeigt, sind die frisch Bekehrten oft die strengsten Verfechter einer Abgrenzung zur anderen (ehemals eigenen) Kultur. Ganz deutlich wird hier wieder der erhebliche Anteil Autochthoner an der Bevölkerung, da sich die regional übliche Schlagtechnik bei der Silexverarbeitung gegen die Methode der Zuwanderer durchgesetzt hat.

In diesem Zusammenhang ist das auffällige Übergewicht der Balaton-March-äLBK im Raum Stuttgart bemerkenswert. Es passt zu der Vermutung, dass die Balaton-March-äLBK sich in stärkerem Maße als die Donau-äLBK durch Akkulturation der Einheimischen ausbreitete. Die Einheimischen lehnten vielleicht ein Eindringen von geschlossenen Siedlergemeinschaften ab, ließen sich aber nach 50-100 Jahren des Nebeneinanders auf gemeinsame Gründungen mit einzelnen fremden Familien ein. Auch Gerlingen passt in dieses Schema, denn die Siedlung gehörte zwar nach Ausweis der (flombornzeitlichen) Dechsel zur Region Oberer Neckar/Gäue, nach der Silexindustrie aber (bei allerdings sehr schmaler Basis) eher zum mittleren Neckar. Es gab also in Grenzlage bereits früh eine Siedlung der Balaton-äLBK, über die sich die Kenntnis der neuen Kultur ausbreiten konnte.

6.4.5. Altbayern

Ein weiteres Gebiet, für das ein späterer Siedlungsbeginn postuliert wird, ist Altbayern (Pechtl 2009b). Die Inventare mit der ältesten Datierung sind Irlbach (ein wahrscheinliches Grubeninventar in HG 4, mittleres Datum des restlichen Materials HG 2) und Burgweinting (selbst unter der Annahme, dass die drei nicht mehr zu trennenden Befunde gleichzeitig sind, ergibt sich die Datierung in HG 3-4). Angesichts der insgesamt recht überschaubaren Fundmengen ist deshalb eine Landnahme bereits in HG 2 zwar nicht sicher belegt, aber doch wahrscheinlich. Auch der Anteil früher Gründungen (**Abb. 8**) gibt keinen Hinweis auf eine späte Landnahme.

Die Frage der Zugehörigkeit einzelner Siedlungen zur Balaton-March- oder Donau-äLBK ist teilweise schwierig zu beantworten. In Irlbach weist die auffällige Flaschenverzierung (Quitta 1960, Abb. 22c) in Richtung westlicher Plattensee; auch Burgweinting muss zur Balaton-äLBK gehören (s.o.). Schließlich tritt in Wang S9 auf, das weitgehend auf die Balaton-March-äLBK beschränkt ist, bei geringem, mit 4,9% für die Donau-äLBK aber bereits überdurchschnittlichem Anteil im Kumpfschema verzierter Schalen. Es muss also auch die Möglichkeit in Betracht gezogen werden, dass in Bayern neben der Donau- vor allem die Balaton-äLBK siedelte, die wie oben gesehen vermutlich in Teilen des Verbreitungsgebietes nur einen leicht erhöhten Anteil verzierter Schalen kennt.

Hinweise zum Übergang äLBK/ältere Bandkeramik sind sehr spärlich. Wegen der kleinen Grabungsflächen sind sichere Aussagen zu Siedlungsabbrüchen problematisch. Lediglich in Langenbach-Niederhummel und in Kösching-Gradhof liegen auch an Lesefunden nur äLBK-Scherben vor. In Pfettrach, Wang und Murr ist eine Unterbrechung zwar möglich, aber nicht belegbar, in Irlbach ist ebenfalls Siedlungskontinuität wahrscheinlich.

6.4.6. Schlesien

Material aus den polnischen Siedlungsgebieten der äLBK wurde nicht im Original aufgenommen. Lediglich die publizierten Funde aus Schlesien wurden herangezogen, wenngleich auch sie eher im Kontext der Ostexpansion zu sehen sind. Trotz der geringen Zahl zudem meist schwach besetzter Befunde ist erkennbar, dass die Besiedlung auch hier bereits spätestens in HG 3 begann. Die deutliche Überzahl der kannelierten Oberflächen über die Fingertupfenleisten weist das Material aus Gniechowice und Stary Zamek der Donau-äLBK zu, womit eine Kolonisation wahrscheinlicher ist als eine Zugehörigkeit der Region zur primären Akkulturationszone.

6.5. Lokale Siedlungsgeschichte

6.5.1. Zabergäu

Die Besiedlungsgeschichte des Zabergäus, eines lößbedeckten Seitentales des Neckars südwestlich von Heilbronn, ist dank reicher Lesefunde recht gut rekonstruierbar (Strien 2013a). 9 ältestbandkeramische Fundstellen sind hier bekannt, wobei von der westlichsten bei Güglingen nur zwei äLBK-Scherben stammen, aber kein jüngeres LBK-Material. Die nordöstlichste Fundstelle bei Lauffen ist ebenfalls nur durch einzelne Lesefunde bekannt, darunter zwei stark sandige Flachböden. Eine weitere Siedlung, die durch Aufsammlungen bei Bauarbeiten reichlich Material erbracht hat, liegt bei Brackenheim-Hausen. Sie ist sicher erst kurz vor dem Ende der äLBK in HG 9 gegründet worden, für Lauffen ist wegen der Machart der wenigen Stücke ebenfalls eine späte Datierung wahrscheinlich. Die übrigen sechs Fundstellen liegen sehr dicht beieinander um Brackenheim-Meimsheim, maximal 2,5 km voneinander entfernt. Vier Siedlungen gehören zur Donau-äLBK, drei zur Balaton-March-äLBK, die beiden letzten sind wegen spärlichen Materials nicht bestimmbar (**Abb. 16**). Da es sich fast ausschließlich um Lesefunde handelt, ist eine genaue Datierung der Siedlungsgründungen nicht möglich. Allerdings legt der Kumpf mit Einglättmuster von Meimsheim 1 wie gesehen zumindest für diese Siedlung einen relativ frühen Beginn nahe, spätestens in HG 5. Die unmittelbar benachbarten Siedlungen Meimsheim 3 und 4 beginnen nach der Methode des mittleren Datums in HG 6. Hausen a. d. Zaber 2 hat nur zwei ansprechbare Verzierungen erbracht, die Datierung der Gründung in HG 8 ist also höchst unsicher. Es zeichnet sich als Tendenz

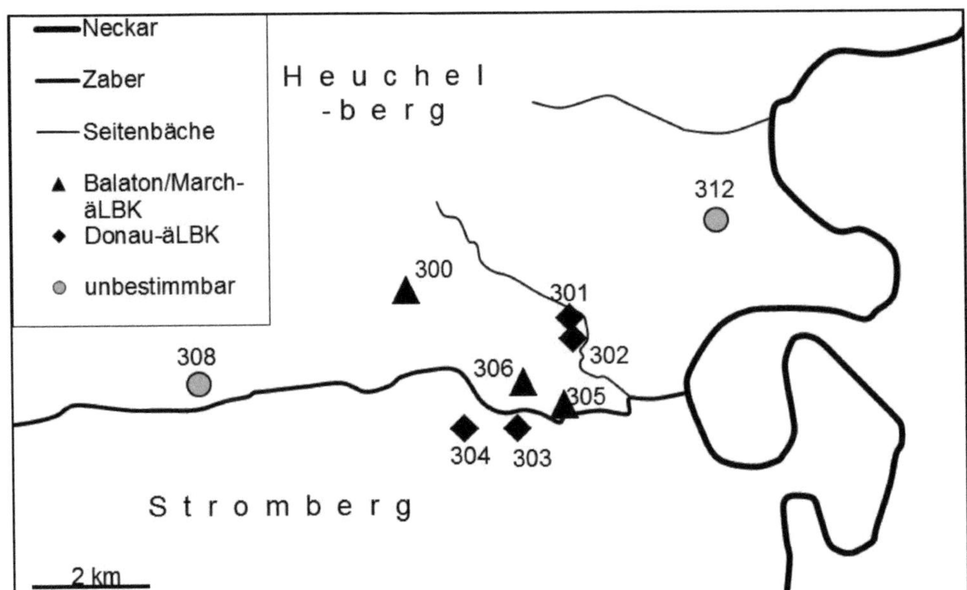

Abb. 16 Ältestbandkeramische Siedlungen im Zabergäu.

jedoch ab, dass der Kern der Siedlungskammer bei Meimsheim sukzessive erweitert wurde, wie dies auch für die späteren Phasen der LBK nachweisbar ist (Strien 2013b).

Das Material der beiden Traditionen unterscheidet sich hier nicht nur in den üblichen Merkmalen, insbesondere dem Anteil verzierter Schalen. Kleinräumige Besonderheit ist ein Unterschied zwischen den Formen der Knubben an grobkeramischen Kümpfen (**Tab. C9**). Sowohl der Unterschied beim Anteil ovaler Knubben als auch bei solchen mit gekerbtem bzw. eingedelltem Ende ist signifikant (χ^2=6,13, FG=1, α<0,02 bzw. χ^2=7,27, FG=2, α<0,05). Die Siedlungen der beiden Traditionen lagen also zwar ohne räumliche Trennung eng beieinander, aber das bedeutete keineswegs, dass die jeweilige Identität sich bereits während der äLBK in einer gemeinsamen auflöste. Andererseits deutet sich möglicherweise eine solche bereits an, denn beiden Traditionen ist gemeinsam, dass sie ungewöhnlich flache Schalen besitzen. Die Unterschiede zum nördlichen Nachbartal sind allerdings wegen der geringen Stückzahlen knapp nicht signifikant.

6.5.2. Südliches Grabfeld

Im Gebiet zwischen Haßfurt und Stadtlauringen wurden insgesamt 30 bandkeramische Siedlungen entdeckt. Allein 15 davon wurden bereits während der äLBK gegründet; sie fanden sämtlich eine Fortsetzung in Flomborn, in keinem Fall legt das Material eine Siedlungsunterbrechung nahe. Lediglich die Siedlung bei Kerbfeld hat überwiegend äLBK-Material geliefert. Die Funde der südöstlichsten Siedlung bei Hassfurt-Prappach, das nach dem wenigen publizierten Material der Balaton-March-äLBK angehörte, wurden nicht aufgenommen, von den anderen Inventaren gehören wahrscheinlich 8 der Donau- und vier der Balaton-March-äLBK an, bei zwei ist die Zuweisung nicht ganz eindeutig. Der Vergleich einiger Daten zeigt, dass trotz der teilweise sehr kleinen Inventare die Trennung der Gruppen wohl weitgehend gelungen ist: Die Balaton-March-äLBK hat erwartungsgemäß im Mittel etwas steilere Schalenränder, die Donau-äLBK mehr doppelkonische Kümpfe, wenngleich beide Unterschiede nicht signifikant sind. Als für den Kleinraum spezifischer Unterschied fällt auf, dass Schalen in den Inventaren der Balaton-March-äLBK häufiger sind als in denen der Donau-äLBK; dort kommen umgekehrt grobkeramische Kümpfe und wie üblich Fußgefäße häufiger vor (**Tab. C10**); die Unterschiede sind statistisch signifikant (χ^2=14,65; FG=4, α<0,01). In den meisten Regionen hat dagegen die Donau-äLBK geringfügig mehr Schalen und weniger grobkeramische Kümpfe. Weitere Unterschiede bei Linienzahl und –verlauf feinkeramischer Verzierungen deuten sich an, können aber bisher statistisch nicht abgesichert werden.

Anders als im vorhergehenden Beispiel liegen die beiden Gruppen räumlich weitgehend getrennt, die Donau-äLBK um Hofheim i. Ufr., die Balaton-March-äLBK südöstlich von Stadtlauringen. Bei Anwendung der Methode der „mittleren Datierung" zeichnen sich jedoch klare Tendenzen ab: die nordwestliche Gruppe begann in HG 3 mit der Siedlung bei Stadtlauringen (die – passend zu dieser Chronologie – auch die wenigsten verzierten Schalen sowie diejenigen mit der geringsten Wandneigung hat), von der sich vier weiter südöstlich gelegene Fundstellen – Wettringen 1 und 4 sowie Friesenhausen 2 und 1 (wobei letztere wahrscheinlich zur Donau-äLBK gehört) – zum Jüngeren absetzen (HG 5 und 6). Hier ist also eine deutliche Ausbreitungsrichtung erkennbar. Im Südosten werden von HG 2 bis 4 nacheinander Lendershausen 1, Rügheim 1 und Römershofen gegründet; Lendershausen Mühle wird zwar in HG 6 eingeordnet, wegen einer Scherbe mit Oberflächenkannelierung dürfte diese Datierung jedoch zu spät sein, HG 4 ist wahrscheinlicher. Kerbfeld und Rügheim „Windschutz" folgen in HG 5. Am jüngsten (HG 6/7) wird das sehr kleine Inventar von Oberlauringen eingeordnet, das als einziges sicheres der Donau-Tradition im Nordwesten liegt, und die ganz im Südosten gelegene Siedlung von Haßfurt-Prappach, die als einzige dort zur Balaton-March-äLBK gehört. In jedem Fall ist hier die Entwicklung anders als im Nordwesten, die Gruppe dehnt sich räumlich nicht sehr stark aus, sondern die neu gegründeten Siedlungen liegen unmittelbar neben den älteren.

Insgesamt ergibt sich folgende Skizze der Siedlungsgeschichte: sehr früh, vermutlich bereits mit der ersten Welle der Landnahme der Donau-äLBK in HG 2, wurden zwei Siedlungen um Hofheim i. Ufr. gegründet. Ebenfalls bereits in HG 3 wurde rund 10 km nordwestlich bei Stadtlauringen die erste Siedlung der zweiten Gruppe gegründet. Beide Gruppen wurden nach einiger Zeit um weitere Siedlungen vergrößert, die vermutlich vor allem das lokale Bevölkerungswachstum aufnahmen. Die zunächst scharfe territoriale Grenze zwischen Donau- und Balaton-March-äLBK begann sich erst ab HG 6 aufzulösen.

Im Übrigen scheint trotz der alleinigen Verwendung von Lesefunden auch die Trennung äLBK/ältere LBK im Wesentlichen gelungen zu sein, denn die Lücke der Wandneigungen um 90° ist sehr deutlich ausgeprägt und lässt deshalb keine Einbeziehung von älterbandkeramischem Material erkennen. Allenfalls wurde ein Teil der äLBK als jünger ausgesondert, jedoch ohne dass dies zu Auffälligkeiten in der Inventarzusammensetzung geführt hätte.

6.6. Netzwerke

In den jüngeren Abschnitten der Bandkeramik sind Familien, Siedlungen und Regionen durch ein komplexes Geflecht einander überlagernder und überschneidender Netzwerke verbunden (Strien 2010a). Daher stellt sich die Frage, inwieweit diese Netzwerke bereits in der äLBK entstanden und ob sie in Teilen den Ablauf der Landnahme widerspiegeln, wie es manche Fernverbindungen späterer Zeit vermuten lassen (Strien 2010b).

6.6.1. Silex-Rohmaterial

Zuvörderst liefern die Silices Hinweise auf die Art der regionalen und überregionalen Netzwerke. In Bruchenbrücken ergab die Bearbeitung der Funde der zweiten Grabung (Fischer 2011), dass die Rohmaterialversorgung innerhalb der Siedlung recht unterschiedlich war, und zwar sowohl beim Spektrum der Rohmaterialien als auch bei ihrer Verfügbarkeit. Trotz der geringen Fundmenge zeigt das Inventar von Niedereschbach eine vergleichbare Zweiteilung (Daten aus Zimmermann 1998, 23; **Tab. C11-12**): die beiden südlichen Wohnplätze haben fast ausschließlich baltischen Kreidefeuerstein erbracht, der überwiegend in Form von Abschlägen vorliegt, während der Rest der Siedlung ein viel bunteres Rohmaterialspektrum aufweist, dabei u. a. Rijckholt- und Vetschauer Feuerstein. Zudem liegt der baltische Feuerstein hier ganz überwiegend in Form von Klingen vor. Sowohl der Anteil des baltischen Feuersteins am Gesamtinventar als auch sein Klingenanteil unterscheiden sich signifikant (χ^2=6,58 bzw. χ^2=6,63, α<0,05). Damit ähnelt das Inventar der Wohnplätze 1-7 dem der Osthälfte von Bruchenbrücken – wenig baltischer Feuerstein, daraus viele Klingen – das der Wohnplätze 8 und 9 dem der Westhälfte von Bruchenbrücken, v. a. Haus 10 und Stelle 551 – viel baltischer Feuerstein, daraus weniger Klingen. Das könnte ein Hinweis auf zwei parallele Netzwerke sein, zumal sich Steinfurt und Ebsdorfergrund-Wittelsberg mit ihrem hohen Anteil an Maasfeuerstein an das erste anschließen lassen. Niedereschbach Nord wäre dann nur insgesamt deutlich schlechter versorgt als Bruchenbrücken, was den im Vergleich niedrigen Anteil von Maasfeuerstein erklären würde. Sollte diese Deutung zutreffen, würde es bedeuten, dass zu den dahinterstehenden Netzwerken sowohl Balaton-March- als auch Donau-äLBK gehörten, was ganz dem Bild späterer Zeiten mit den vielfältigen Überschneidungen unterschiedlicher Netzwerke entspräche (Strien 2010a).

Das gleiche Prinzip scheint sich auch im Neckarland anzudeuten. Dort tritt pseudobaltischer Kreidefeuerstein viel häufiger in Fundstellen bzw. (in Vaihingen, s. u.) in einem begrenzten Areal auf, die bei der Keramik Sekundärmuster S9, das V- oder U-Motiv aus einer Linie, aufweisen, während Bohnerzhornstein nur in Inventaren ohne dieses Ziermerkmal auftritt (**Tab. C7**). In Vaihingen kann es als Kennzeichen eines Familienverbandes gedeutet werden (Strien 2005, in Vorb.). Ob die hessischen Netzwerke ebenfalls auf Verwandtschaft basieren, muss vorläufig offen bleiben. Im Übrigen scheint sich am mittleren und unteren Neckar ein wesentliches Merkmal des späteren Versorgungssystems bereits in der äLBK etabliert zu haben. Der schlagartige Rückgang der Verfügbarkeit des Wittlinger Hornsteins jenseits einer Entfernung von 50 km vom Abbauplatz (Strien 2017a) ist bereits gut erkennbar, haben die beiden Teilinventare von Gerlingen, das als einzige auswertbare Fundstelle innerhalb des 50 km-Radius liegt, doch ein um mehr als den Faktor 10 kleineres Zahlenverhältnis zwischen den beiden fernimportierten Rohstoffen Kreidefeuerstein plus Bohnerzhornstein einerseits und Wittlinger Hornstein andererseits (5:158) als die anderen Inventare (38:85). Das Inventar von Rottenburg bleibt hier außer Betracht, da die Rohmaterialbestimmung nicht direkt vergleichbar ist.

Auffällig ist der hohe Anteil der Grundproduktion (Abschläge, Kerne, Trümmer) bei dem aus rund 350 km Entfernung stammenden Feuerstein, während der nur 50-80 km transportierte und überwiegend verwendete Wittlinger Hornstein v. a. in Form von Klingen vorkommt (**Tab. C8**; Gerlingen wird hier wegen der abweichenden Versorgungslage für Wittlinger Hornstein ausgeschlossen). Der Unterschied ist zwar nicht signifikant, besagt aber auf jeden Fall, dass das ferntransportierte Rohmaterial nicht schlechter verfügbar war als regionale Rohstoffe. Auch hierin deutet sich bereits das Versorgungssystem späterer Phasen an (Strien in Vorb.).

Die unterschiedlichen Richtungen, aus denen der westliche Kreidefeuerstein in die Siedlungen gelangte – in Südhessen aus dem Maasgebiet, in Südwestdeutschland aus der Champagne (unter der Voraussetzung, dass die Bestimmung des baltischen Feuersteins in Hessen zutrifft und sich dahinter kein größerer Anteil „pseudobaltischen" Materials aus der Champagne verbirgt) – lässt auf zwei unabhängige Netzwerke schließen. Bemerkenswert ist, dass die Verbreitung des Maas- bzw. Champagne-Feuersteins in der äLBK sich mit der Verbreitung von La Hoguette B bzw. A deckt. Das spricht dafür, dass hinter diesen Importen nicht genuin bandkeramische, sondern eher La Hoguette-Netzwerke stehen. Diese These wird durch die beiden „pseudobaltischen" Artefakte aus der La Hoguette-Kulturschicht von Stuttgart-Bad Cannstatt gestützt (Strien & Tillmann 2001)

Der transdanubische Radiolarit dagegen lässt beim gegenwärtigen Forschungsstand (Gronenborn 1997, Mateiciucova 2010) zwar weitreichende Fernverbindungen, aber kein vergleichbares familiäres Netzwerk erkennen, was sich freilich bei einer Verbreiterung der Materialbasis ändern mag.

6.6.2. Dechsel

Die Zahl ältestbandkeramischer Dechsel ist für eine Auswertung zu gering. Da aber wegen der Einheitlichkeit des Rohmaterials großräumige Netzwerke hinter der Verteilung stehen müssen, soll versucht werden, aus späteren Verhältnissen zurückzuschließen.

Die Querschnitte der Dechsel zeigen teils ausgeprägte regionale Unterschiede (Strien 2010b, 498-502, seither wurden zusätzliche Daten teils am Original, teils breitgestreut aus der Literatur erhoben). Dennoch scheint sich eine Dreiteilung anzudeuten, besonders gut an den großen hohen Dechseln sichtbar (**Abb. 17**). Die Dechsel vom Mittleren Neckar, der Region Ulm, aus Bayern und aus Österreich (Gruppe 1) haben die durchschnittlich schmalsten Vertreter dieses Typs; die Breite übersteigt nur bei einem Stück 40 mm, meist liegt sie unter 37 mm, der Median bei 30 mm. Bei den Stücken aus Böhmen sowie den Gräberfeldern Vedrovice und Nitra (Gruppe 2) liegt der Median bei 36 mm, bei jenen aus den meisten anderen Regionen innerhalb der Verbreitung der äLBK (Oberer Neckar/Gäue, Unterland/Kraichgau, allen hessischen Gruppen und Nordharz, Gruppe 3) misst die Mehrzahl 30-49 mm, der Median beträgt 39,5 mm und liegt damit im Bereich der breitesten Stücke der ersten Gruppe; zugleich ist die Abgrenzung zu den flachen Dechseln insbesondere bei den sehr breiten Stücken unschärfer. Die unterschiedlichen Breiten bei etwa gleichen Höhen führen zu hoch signifikant unterschiedlichen Höhen-Breiten-Indizes (HBI; Mediantest:χ^2=38,2, FG=2, α<<0,0001). Weniger offensichtlich ist der Unterschied bei den flachen Dechseln; dort fehlen der ersten und vor allem der zweiten Gruppe die relativ dicken Stücke, so dass der mittlere HBI bei 0,304 (erste Gruppe) bzw. 0,268 liegt, bei Gruppe 3 bei 0,327. Der Unterschied wirkt geringfügig, ist jedoch wiederum hoch signifikant (Mediantest:χ^2=19,5, FG=2, α<0,0001). Bei den kleinen hohen Dechseln schließlich fällt Gruppe 2 zwar durch ihre vielen Stücke mit einem HBI über 1,00 auf, jedoch ohne dass der Unterschied zu den anderen Gruppen signifikant wäre.

Da Dechsel in viele Regionen als Fertigprodukte transportiert wurden, müssen hinter diesen Un-

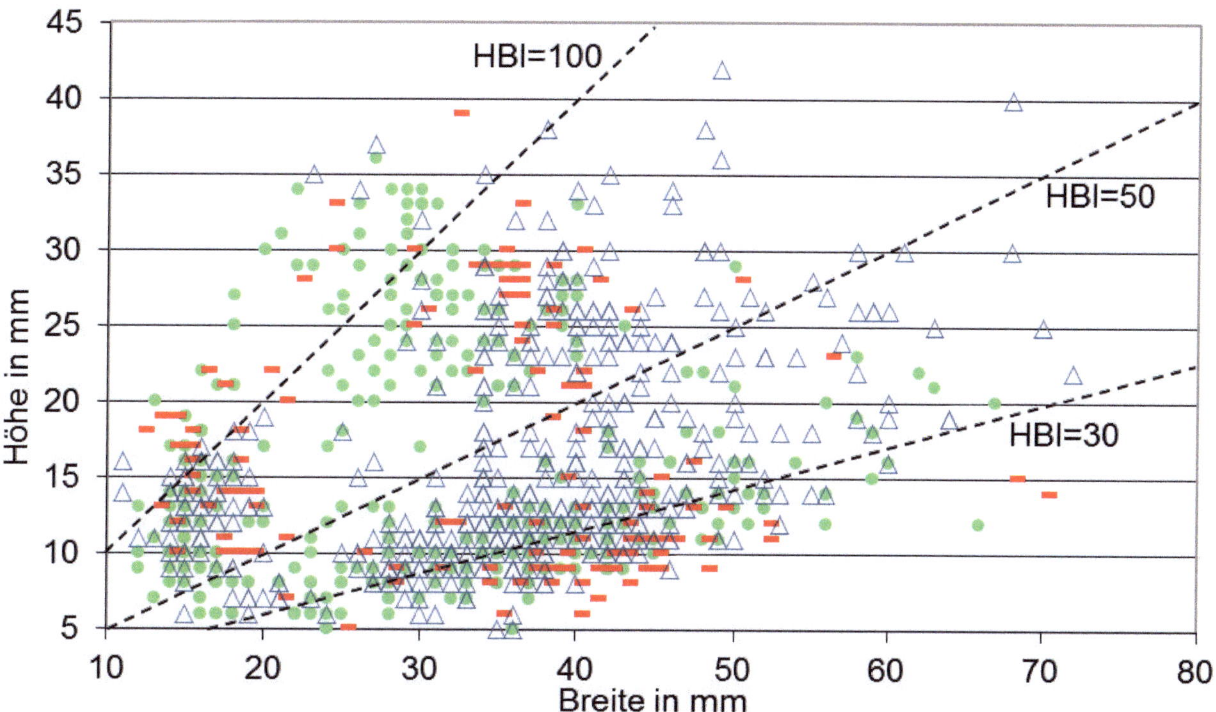

Abb. 17 Höhen-Breiten-Diagramm von Dechseln. Grün – Gruppe 1, Rot – Gruppe 2, Blau – Gruppe 3 (Näheres zu den Gruppen s. Text), HBI=Höhen-Breiten-Index.

terschieden separate Netzwerke stehen, die jeweils ihre Mitglieder mit Dechseln ihrer Form versorgten. In den anhand der Funde fassbaren späteren Phasen der LBK sind offenbar ganze Regionen diese Mitglieder. Damit ist jedoch ihre Entstehung nicht geklärt. Ein Blick auf die Karte spricht dafür, diese in den Netzwerken der drei ursprünglichen geographischen Gruppen und deren Ausbreitung zu suchen: die zweite Gruppe deckt sich weitgehend mit der Verbreitung der March-äLBK, die erste findet sich in Gebieten, in denen die Balaton-äLBK nachweisbar ist, die dritte müsste demnach auf dem Netzwerk der Donau-äLBK basieren. Diese Verbindung muss vorläufig eine Vermutung bleiben, solange zu wenig ältestbandkeramische Dechsel und insgesamt kaum Maße von solchen aus dem Entstehungsgebiet von Donau- und Balaton-äLBK bekannt sind.

Eine gewisse Bestätigung liefern allerdings die Funde aus den Gräberfeldern von Stuttgart-Mühlhausen „Viesenhäuser Hof". Die Dechsel des jüngerbandkeramischen Areals I (Maße aus Ramminger 2007) gehören metrisch eindeutig zur Region Mittlerer Neckar und damit zur ersten Gruppe, die des flomborner Areals II (eigene Aufnahme) dagegen sind klar der dritten Gruppe und damit mutmaßlich dem Netzwerk der Donau-äLBK zuzuordnen. Da die ältestbandkeramische Siedlung sicher dieser Gruppe angehört, ist hier tatsächlich eine Verbindung gegeben. Interessant ist dabei, dass die tradierten Beziehungen noch eine Weile fortbestanden; nachweisbar ist im Gräberfeld zwar nur die ältere Hälfte von Flomborn, aber das heißt dennoch, dass der Umbau der auf der Einwanderung basierenden ältestbandkeramischen Netzwerke zu den regional ausgerichteten der späteren Zeit erst mindestens 100 Jahre nach dem Übergang zu Flomborn abgeschlossen war. Welches der Netzwerke aus welchen Gründen in den jeweiligen Regionen die beiden anderen verdrängte, ist nicht immer ganz klar. Zwar dominierte am Mittleren Neckar die Balaton-March-äLBK (wobei der Anteil der March-äLBK zwar nicht abschätzbar, aber nach den Ergebnissen von Kap. 5.2.1. vermutlich unbedeutend ist) und in Südhessen die Donau-äLBK, was den späteren Zuordnungen durchaus entspricht. Für die Region Unterland/Kraichgau und für Bayern ist dagegen nicht klar, ob sich stets die regional am stärksten vertretene Tradition durchsetzte oder weitere Gründe hineinspielten. Bemerkenswert ist dabei, dass stilistisch eng verwandte Regionen im Neckarland zu verschiedenen Netzwerken gehörten, der Prozess der regionalen Vereinheitlichung des Distributionssystems also nicht mit der Genese der stilistischen Großgruppen zusammenhängt – hier der Südwestlichen Bandkeramik, deren Keramik sich von den Schraffurstilen des Nordwestens und dem Notenkopfkreis sehr deutlich absetzt, aber je nach Regionalgruppe mit Teilen der einen oder anderen Großgruppe die Dechseltypologie teilt.

6.6.3. Vaihingen

Die Siedlung von Vaihingen a. d. Enz liefert in mehrfacher Hinsicht Daten zu Netzwerken. Dort siedelten zwar nur Angehörige der Balaton - March-äLBK, aber sie gehörten zu zwei Regionalgruppen, die sich zudem aus mehreren Familienverbänden zusammensetzten.

Zunächst fällt ein deutlicher Unterschied zwischen den Regionalgruppen auf. Die Differenz zwischen den Wandneigungen von Kümpfen und Schalen ist beim Material der Gruppe Mittlerer Neckar viel geringer als bei der Unterland-Kraichgau-Gruppe (36,2° zu 44,3°). Dadurch ist am Übergang zu Flomborn auch kein ausgeprägter Sprung vorhanden. Dieser Unterschied ist allerdings nur lokal nachweisbar. Daneben ist wie oben gezeigt die regional unterschiedliche Profilierung der Kümpfe auch in Vaihingen wahrscheinlich vorhanden.

Die beiden Familienverbände der Region Mittlerer Neckar unterscheiden sich bereits in der äLBK in einer Reihe von Merkmalen, so dass sie sicher nicht erst mit dem Umbruch zu Beginn von Flomborn etwa durch Aufspaltung einer größeren Einheit entstanden. Dabei zeigen die Fernkontakte, dass sie Teil ganz unterschiedlicher Netzwerke waren: in äLBK beschränken sich die Importe von Kreidefeuerstein aus dem Pariser Becken weitgehend auf Clan A, dem andererseits Bohnerzhornstein gänzlich fehlt. Umgekehrt hat Clan D kaum Kreidefeuerstein, aber viel Bohnerzhornstein (**Tab. C7**). Dies setzt sich auch noch in älterem Flomborn (Phase 2B1/2B2) fort; erst in jüngerem Flomborn gleichen sich die Anteile der Rohmaterialien stärker an (Strien in Vorb.). Diese Netzwerke werden also zwar in jüngerer Zeit weniger wichtig, bestehen aber zumindest eine Zeitlang weiter.

Bewohner von Vaihingen waren also Mitglieder von lokalen und regionalen Netzwerken auf Basis der Zugehörigkeit zu einer Regionalgruppe sowie zu lokalen und überregionalen Familiennetzwerken.

6.6.4. Estenfeld-Mühlhausen

Diese reiche Lesefundstelle zeichnet sich durch eine Reihe von Fremdformen aus. An ältestbandkeramischen Funden sind hier die beiden bayerischen Kreuzmotive (**Taf. 4, 3**) und die La Hoguette B-Scherbe (**Taf. 3, 3**) zu nennen, die auf früh bestehende Fernbeziehungen hinweisen. Auffällig ist, dass trotz der nur kursorischen Durchsicht des jüngeren Materials auch dort ungewöhnlich viele Fremdformen erkannt werden konnten, wie es bei keinem anderen unterfränkischen Inventar der Fall war. Die in äLBK nachweisbaren Kontakte bleiben auch in späterer Zeit bestehen. So sind Imitationen von Blicquy-Villeneuve-Saint Germain (zwischen horizontal umlaufenden Tremolierstichbändern eine Zone gleichartiger vertikaler Bänder) sowie möglicherweise von Limburger Keramik, ein wahrscheinlich bayerisches Zierelement (horizontale Gliederungsachse aus Stichreihen) und eines aus Thüringen (bandkeramik online R268) erkennbar; neu hinzu kommen Beziehungen zum Mittleren Neckar (bandkeramik online R163 und R166).

6.6.5. Bruchenbrücken

Eine lokale Häufung der Stichreihen (S1 etc.) zeigt sich in dem bisher publizierten Material aus der Grabung 1983/84 in Bruchenbrücken. Dort erscheint der Typ auf 16% der verzierten Gefäße (Schalen, feinkeramische Kümpfe, Fußgefäße), während er ansonsten in Hessen bei 2% liegt. Es liegt nahe, dahinter eine Verbindung nach Thüringen anzunehmen, da nur dort vergleichbare bzw. noch größere Anteile dieses Typs auftreten (s. o.). Umso auffälliger ist der Kontrast zum Silexrohmaterial, hat dieser Teilbereich der Siedlung doch niedrigere Anteile an baltischem Kreidefeuerstein, der am ehesten aus Mitteldeutschland kommen sollte. Damit deuten sich ähnlich komplexe Verhältnisse wie in jüngeren Phasen an, da Keramik und Silices der gleichen Häuser wahrscheinlich ganz unterschiedliche überregionale Netzwerke belegen. Man wird allerdings abwarten müssen, wie das keramische Material aus der neuen Grabungsfläche aussieht, ob die Häuser mit dem abweichenden Rohmaterialspektrum also auch Abweichungen bei den Verzierungen zeigen.

6.6.6. Spiegel der Landnahme?

Eine eindeutige Verbindung mit der Ausbreitungsrichtung der äLBK ist nur dann herzustellen, wenn sich ein Netzwerk aus dem Entstehungsgebiet bis in den Westen verfolgen lässt. Einzig die einfachen V-/U-Motive als Kennzeichen eines Familienverbandes sind Teil eines größeren Netzwerks, sie treten jedoch zumindest in der Balaton-March-äLBK in allen Regionen auf. Die Familie sollte also zwar aus dem Entstehungsgebiet stammen, aber überall an der Landnahme beteiligt gewesen sein, weshalb ihr Symbol keine Hinweise auf Einzelheiten des Ausbreitungsvorganges liefern kann. Das gehäufte Vorkommen dieses Typs auf Keszthely-Keramik ist vielleicht ein Hinweis darauf, dass es sich ursprünglich nicht um das Symbol eines von mehreren Familienverbänden handelte, sondern er erst im Expansionsgebiet zur Kennzeichnung der Einwanderer in Abgrenzung zu aus den Autochthonen hervorgegangenen Verbänden diente.

Die einzige klare Fernverbindung aus dem Ursprungsgebiet in den Westen ist die wiederholt erwähnte Kombination von Fingertupfenleisten mit Spiralen auf Flaschen, die für Niederbayern die Herkunft zumindest eines Teils der Siedler aus dem Bereich um den westlichen Plattensee wahrscheinlich macht. In diesem Falle wäre an einen Weg entlang der Donau zu denken.

Die Verbreitung der Zick-Zack-Linien als Spiegelachsen verbindet das Neckarland mit Südhessen und Unterfranken. Hier ist ein Zusammenhang durchaus denkbar, denn die Balaton-March-äLBK erscheint in Südhessen sehr spät. Sie könnte dorthin im Zuge einer sekundären Wanderung, aber auch durch reine Beeinflussung entlang bestehender Verbindungen gekommen sein. Im letzteren Falle könnte es sich um die Spiegelung einer Wanderung in Gegenrichtung handeln, denn nach den Datierungen der Fundstellen am Neckar könnte sich die Donau-äLBK von Norden her nach Württemberg ausgebreitet haben, was engere familiäre Verbindungen zwischen beiden Regionen zur Folge gehabt hätte

Bei anderen im Expansionsgebiet regional nachweisbaren Merkmalen ist eine Bindung an eine auch nur mutmaßliche Ausbreitungsrichtung nicht zu erkennen. Vielmehr zeichnen sich eher Netzwerke quer dazu ab. Hier ist insbesondere die Verbreitung der Stichreihen zu nennen, die von Thüringen ausgehend eine deutliche Konzentration auf den Main zeigen (s. o.). Jedoch spricht nichts dafür, dass zunächst Thüringen besiedelt wurde und von dort aus die Regionen am Main. Vielmehr dürfte die Wetterau bereits sehr früh erreicht worden sein. Es verbleibt lediglich die Möglichkeit, dass dahinter einzelne sekundäre Wanderungsbewegungen stehen, wie sie an den Sr-Isotopenwerten des Mannes aus Schwanfeld sichtbar werden. Diese Erklärung muss aber zunächst spekulativ bleiben.

6.6.7. Komplexität von Anfang an

Ganz offensichtlich waren Regionen und lokale Einheiten vom jeweiligen Beginn der Landnahme an in ganz unterschiedliche Netzwerke eingebunden, ähnlich wie sie sich auch später noch beobachten lassen. Diese Komplexität der inneren wie äußeren Beziehungen scheint also ein wesentliches kulturelles Merkmal der Bandkeramik zu sein. Dabei ist kaum feststellbar, welche der überregionalen Netzwerke der Landnahme ihre Entstehung verdanken und welche schon zuvor bestanden, womöglich sogar Voraussetzung für die Landnahme waren. Bei den regionalen und lokalen Netzwerken dagegen ist anzunehmen, dass sie in der uns erkennbaren Form erst durch die erhebliche Bevölkerungsverdichtung im Gefolge der Neolithisierung entstanden.

7. Das Ende der ältesten Bandkeramik

7.1. Zum zeitlichen Verhältnis zur älteren LBK

Seit einiger Zeit wird ein chronologisches Modell diskutiert, das eine weitreichende Überschneidung zwischen ältester und älterer Bandkeramik postuliert (Cladders 2001, Cladders & Stäuble 2003). Es beruht vor allem auf drei Argumenten: ^{14}C-Daten, dem fehlenden stilistischen Übergang zwischen den beiden Einheiten und dem angenommenen Abbruch eines Großteils der äLBK-Siedlungen.

7.1.1. ^{14}C-Datierungen

Beleg für eine länger dauernde Parallelentwicklung von äLBK und Flomborn sollen die ^{14}C-Daten sein (Stäuble 2005, Cladders & Stäuble 2003). Einer näheren Betrachtung hält dieses Argument jedoch nicht Stand. Wie bereits gezeigt wurde, ist die dabei zugrunde liegende gemeinsame Betrachtung von Knochen- und Getreidedatierungen nicht statthaft. Ebenso gravierend ist, dass in Bruchenbrücken zwar einige sehr junge Daten als spätbandkeramisch ausgesondert wurden, die gut als Intrusionen zu erklären sind, da sich nur wenige Meter neben den äLBK-Befunden solche mit Material der Stufe V befanden (Kloos 1997, 244-245), jedoch nicht berücksichtigt wurde, dass im gleichen Areal auch einige Gruben mit jüngerem Flomborn (Stufe III früh) geborgen wurden, also in gleichem Maße mit flomborner Intrusionen zu rechnen wäre. Stattdessen wurden methodisch höchst fragwürdig die entsprechenden Daten kurzerhand als Belege für die Überlappung von äLBK und Flomborn herangezogen, was dann teilweise erhebliche Altersunterschiede zwischen den Daten aus demselben Befund zeitigte.

Es sei noch angemerkt, dass sich aus den derzeit verfügbaren Daten für die LBK beim gleichen Vorgehen wie bei Stäuble 2005 – Selektion von Daten nach „passend" und „Intrusion" – bei etwas anderen Selektionskriterien und einer nach Probenmaterial (Holzkohle, kurzlebig pflanzlich, Knochen) getrennten Untersuchung ebenso gut die strikte Abfolge äLBK-Flomborn und eine deutliche Überschneidung Flomborn-jüngere LBK ableiten ließe, wie eigene Versuche ergaben. Eine Methode, bei der mehr oder weniger willkürliche Kriterien des Bearbeiters über das Ergebnis entscheiden, ist aber für belastbare wissenschaftliche Aussagen denkbar ungeeignet.

7.1.2. Stilistischer Bruch

Die vermeintlich fehlenden stilistischen Übergänge von äLBK zu Flomborn werden ebenfalls als Argument für eine parallele Existenz zweier unterschiedlicher kultureller Einheiten herangezogen. Jedoch ist die eigenständige Entstehung von Flomborn neben weiter bestehender äLBK, quasi aus dem Nichts, in keiner Weise verständlicher als ein scharfer Stilbruch beim Übergang. Weiter kommen relativ ausgeprägte stilistische Brüche auch in späterer Zeit vor, so insbesondere in Südwestdeutschland und dem Elsaß am Übergang Flomborn/jüngere LBK und nicht zuletzt am Beginn von Hinkelstein und Stichbandkeramik; selbst in letzterem Fall wird dennoch Kontinuität sogar einzelner Hofplätze angenommen (Link 2012, 280-281; Herren 2003, 138-144). Schließlich wurde oben gezeigt, dass bei der Balaton-March-äLBK in vieler Hinsicht Tendenzen hin zu Flomborn erkennbar sind und sich beim eigentlichen Übergang eine Vielfalt von leicht unterschiedlichen Varianten feststellen lässt. Bei den Gefäßformen ist zwar oft ein deutlicher Schnitt feststellbar, mit dem sich das Hauptgewicht von Schalen zu Kümpfen verschiebt, doch ist das keineswegs überall gleichzeitig; soweit feststellbar, ist es jedoch stets zwischen HG 10 und HG 12 der Fall, also frühestens mit dem Ende der äLBK. Unterschiedlich ist auch der Zeitpunkt, zu dem Schalen und Kümpfe zu einer Gefäßform verschmelzen, so gibt es auch Beispiele dafür, dass die Zweiteilung noch mehrere Generationen beibehalten wurde (z. B. Bylany, Strien 2014, Abb. 12). In Bylany spielt auch Flachbodigkeit noch längere Zeit eine Rolle. Bei der Tonaufbereitung setzt einerseits vielerorts bereits in äLBK die Veränderung ein, andererseits ist stellenweise noch für längere Zeit eine spürbare Beimengung organischen Materials erkennbar.

Auch bei der Architektur und der Siedlungsstruktur zeichnen sich zunehmend kontinuierliche Veränderungen ab. So wurde bereits gezeigt (Kap. 4.1.1.1.), dass sich die Position der W-Gruben relativ zum Haus ab HG 7 an Flomborner Verhältnisse annähert. Zudem sind Hausgrundrisse, die typologisch jünger erscheinen, dennoch durch die Inventare ihrer Längsgruben eindeutig in die äLBK zu datieren. So sind in Südhessen bereits in HG 8 und 9 mehrfach Y-Pfostenstellungen nachweisbar (in Karben und Ebsdorfergrund-Wittelsberg). Noch früher datiert Haus 2197 in Bylany (HG 6), das aufgrund seiner Bauweise bereits als jünger angesprochen wurde (Cladders & Stäuble 2003, Abb. 2). Überhaupt scheinen in Bylany die Konstruktionen eher „jünger" zu sein, wie etwa die Seltenheit erhaltener Außengräben zeigt. Da das ebenfalls zur

March-äLBK gehörende Haus XII (18 in der Nummerierung Stäuble 2005) von Mohelnice, das sogar in HG 5 datiert, nicht dem „äLBK-Schema" entspricht, ist zu überlegen, ob sich nicht auch in der Architektur Unterschiede zwischen den verschiedenen Traditionen zeigen. Auf jeden Fall stellt sich der Bruch also auch hier als weniger scharf heraus als mitunter postuliert.

7.1.3. Siedlungskontinuität oder -abbruch?

Nicht nur soll ein erheblicher Teil der äLBK-Siedlungen ohne bandkeramische Fortsetzung bleiben, vor allem soll Kontinuität äLBK-Flomborn fehlen und allenfalls eine direkte Fortsetzung zu spätem Flomborn bzw. Phase III der hessischen Chronologie (in Bruchenbrücken) vorkommen, was als Beleg für das weitgehende Nebeneinander von äLBK und Flomborn herangezogen wird. Zwar scheint in Südhessen tatsächlich ein erheblicher Teil der äLBK-Fundstellen zumindest in Flomborn, meist aber während der gesamten LBK nicht mehr besiedelt zu sein, im Neckarland und in Franken ist dies jedoch nicht der Fall. Hier wurden vielmehr nur einzelne Fundstellen ausschließlich mit äLBK festgestellt, überdies bei den meisten Grabungen auch ein älteres Flomborn nachgewiesen, und zwar mehrfach kleinräumig neben äLBK-Befunden, was ein zeitliches Nebeneinander ausschließen dürfte. Selbst wenn ein Nachweis für Flomborn fehlt, heißt dies je nach Größe des gegrabenen Ausschnittes noch nicht zwangsläufig, dass die Besiedlung tatsächlich abgebrochen ist, vielmehr kann dahinter auch eine kleinräumige Verlagerung der Siedlungsaktivitäten stehen. So suggerieren die württembergischen Grabungen einen regelmäßigen Siedlungsabbruch meist kurz nach dem Beginn von Flomborn, der jedoch, wie der Vergleich einer Teilfläche in Vaihingen mit der Gesamtfläche ebenso wie bei den anderen Fundstellen die Lesefunde zeigen, in vielen Fällen durch solche Umstrukturierungsvorgänge nur in kleinen Ausschnitten erfasster Siedlungen vorgetäuscht wird. Von den 14 äLBK-Fundstellen des Neckarlandes, an denen über die Bergung einzelner Grubeninhalte hinausgehende Grabungen stattfanden, ist bei 8 im gegrabenen Ausschnitt, bei einer weiteren durch Lesefunde Kontinuität nachweisbar. Im Falle von Gerlingen-„Papstäcker" ist die gegrabene Fläche, im Areal Gerlingen-„Rossbaum" die geborgene Fundmenge so klein, dass der scheinbare Siedlungsabbruch eher unwahrscheinlich ist. In Kraichtal-Münzesheim und Ditzingen fehlt zwar unter den Lesefunden Flomborn, doch sind diese in beiden Fällen so spärlich, dass ein Fortbestand der Siedlung nicht ausgeschlossen werden kann. Verbleiben also einzig Rottenburg-Fröbelweg und Stuttgart-Mühlhausen. Selbst letztere Fundstelle lässt eine fortdauernde Nutzung des Areals erkennen, denn die Siedlung wird zwar verlegt, aber der um einen großen Flomborner Grubenkomplex gruppierte Friedhof geht bruchlos aus einzelnen Siedlungsbestattungen der äLBK hervor (Strien in Vorb. b).

Bei Lesefunden ist eine kontinuierliche Besiedlung zwar nur bei sehr umfangreichem Fundmaterial einigermaßen zu belegen, doch bedeutet dies eben nur, dass in den meisten anderen Fällen Siedlungsunterbrechungen nicht sicher ausgeschlossen werden können und ist keineswegs ein positives Indiz für ihr regelhaftes Auftreten. Da im Grabungsbefund Kontinuität überwiegt, ist deshalb beim Vorliegen von Flomborner Verzierungen im Lesefundmaterial ein Fortbestand der Siedlung anzunehmen, dies umso mehr, da bisher kein Fall einer nur kurzen Siedlungsunterbrechung mit einer Wiederbesiedlung noch in Flomborner Zeit sicher belegt ist. Dies gilt auch für Bruchenbrücken; das Bild dort mit zwei scheinbaren Unterbrechungen zwischen äLBK und spätem Flomborn (Beginn der Phase III) und dann nochmals zwischen Flomborn und jüngster LBK ähnelt sehr demjenigen von Oedheim, wo nach frühem Flomborn eine kurze Belegung mit jüngerer LBK und dann wieder ab spätem Hinkelstein erfasst ist, was aber sehr wahrscheinlich allein der peripheren Lage der Grabungsfläche geschuldet ist. Da auch Bruchenbrücken nur ausschnittsweise ergraben wurde, ist eine kontinuierliche Besiedlung nicht auszuschließen.

Für den Eindruck einer hohen Zahl von Siedlungsabbrüchen dürften zwei Faktoren verantwortlich sein. Einerseits sollte das DFG-Projekt „Ausgrabungen zum Beginn des Neolithikums" möglichst ungestörte äLBK-Befundzusammenhänge liefern, weshalb Fundstellen ohne spätere Fortsetzung verständlicherweise überrepräsentiert sind. Andererseits wird Material der äLBK in mehrphasigen Lesefundinventaren oft nicht erkannt (so zählt Pfister 2012 im Bereich zwischen Hassfurt und Stadtlauringen 8 äLBK-Fundstellen, die hier zu Grunde liegende Aufnahme ergab jedoch 15), weshalb auch bei publizierten Angaben zu Oberflächenaufsammlungen reine äLBK-Siedlungen übergewichtet sind.

Letztlich dürften etwa 20% aller äLBK-Siedlungen abbrechen (**Tab. C4**), wobei ein Teil davon bereits vor dem Ende der äLBK verlassen worden ist. Allerdings zeigen sich dabei deutliche regionale Unterschiede. In Mittelhessen und am Oberrhein mit etwa 60% spätestens in frühem Flomborn ganz oder zeitweilig verlassenen Siedlungen scheint

Kontinuität erheblich seltener zu sein als in Franken und Württemberg, wo um 90% der Siedlungen weiterbestehen (mit der Einschränkung, dass dort wegen der Verwendung von Lesefunden einige kurzfristige Unterbrechungen unerkannt geblieben sein dürften), oft bis ans Ende der LBK oder gar bis ins Mittelneolithikum. Daher kann man im Rhein-Main-Gebiet tatsächlich von einem Wüstungshorizont am Ende der äLBK sprechen. Der Unterschied zwischen den Traditionen (**Tab. C5**) ist nicht signifikant: brechen 16% der auswertbaren Balaton-March-Siedlungen im Südwesten des Verbreitungsgebietes ab, sind es 28% der Donau-Siedlungen. Deutlicher sieht es aus, wenn man nur die gegrabenen Fundstellen berücksichtigt, denn dort brechen überwiegend Fundstellen der Donau-äLBK ab. Es gibt jedoch auch hier eindeutige Fälle von Kontinuität; Oedheim und Großseelheim haben beide ein frühes Flomborn erbracht, im Falle von Oedheim nur wenige Meter von Befunden der HG 8 und 9 entfernt.

7.2. Kontinuität, nicht Nebeneinander

Für ein länger dauerndes Nebeneinander von ältester und älterer LBK fehlt also jedes stichhaltige Argument. Das heißt nun freilich nicht, dass der Übergang überall im Verbreitungsgebiet gewissermaßen taggleich erfolgte. Auch wenn die Entwicklung sich stark beschleunigte, muss sie doch einen wenn auch kurzen Zeitraum in Anspruch genommen haben. Die Frage ist nun, welche Veränderungen Teil der Transformation waren, wann dieser Prozess begann und endete, welche Rolle die einzelnen Veränderungen spielten, und letztlich, wieso es überhaupt zu einem spürbaren kulturellen Umbruch kam.

Rein technischen Veränderungen wird man dabei einen geringeren Stellenwert zuschreiben als solchen, die sozialen und ideologischen Wandel anzeigen. Zuerst muss man daher die Verzierungen der Keramik betrachten. Allein ihre starke Kanonisierung zeigt schon, dass sie bedeutsame Informationen trugen. Auch ohne den Inhalt zu kennen, kann deshalb allein aus der Tatsache struktureller Änderungen der Verzierungen abgeleitet werden, dass sie Ausdruck von Änderungen im ideologischen Bereich sind. Bei der Keramik der äLBK ist relativ deutlich, dass bei den Verzierungen der Kümpfe die Hauptmotive der wichtigste Informationsträger sind, spielen die Sekundärmotive doch zahlenmäßig wie von der Typenvielfalt her eine deutlich kleinere Rolle. Bei den Flaschen mit ihrer äußerst stereotypen Verzierung dagegen sind, zumindest soweit dies für uns erkennbar ist, eher die Sekundärmotive aussagekräftig – mit der Einschränkung, dass die besonders auffälligen Motive vom Typ Stuttgart-Bad Cannstatt von der Größe her mitunter die gesamte Verzierung dominieren und deshalb nur insofern als Sekundärmuster angesprochen werden können, als sie zwischen den Spiralen bzw. Mäandern angeordnet sind. In Flomborn nimmt die Vielfalt der Sekundärmotive stark zu, während die Hauptmotive oft nicht mehr eindeutig zu erkennen und allem Anschein nach auch weniger variabel sind als zuvor. Interessant ist dabei, dass die bereits zuvor in größerer Zahl vorhandenen S2 und S3, bei denen weder in ältestbandkeramischem noch in jüngerem Zusammenhang ein eindeutiger Bedeutungsgehalt feststellbar ist, zwar einerseits auch vielfältig abgewandelt werden, andererseits aber als älteste Bandfüllungen (B45, B68) aus den Zwickeln in die Hauptmotive „einwandern". Die zumindest in Vaihingen bereits am Ende der äLBK als Kennzeichen eines Familienverbandes erkennbaren, aber noch seltenen S9 dagegen verbleiben allein in ihrer bisherigen Position. Da in Flomborn mit der Typengruppe ST3 mindestens ein weiteres Familienkennzeichen hinzutritt, scheint der wesentliche Unterschied der Ziersysteme zu sein, dass in der äLBK das Hauptmotiv der zentrale Informationsträger war, während in Flomborn die Sekundärmotive diese Rolle übernahmen. Zudem ist die Art der Information zumindest teilweise eine andere, denn die Hauptmotive lassen bisher nicht erkennen, dass in ihnen Aussagen zur Familienzugehörigkeit ihrer Benutzer stecken, während das offenbar eine wesentliche Aufgabe der Flomborner Zwickel ist. Auch die Zahlenverhältnisse lassen die Bedeutungsverschiebung erkennen: kommen in der äLBK in Vaihingen auf 100 bestimmbare Bänder (Typen nach Bandkeramik online) 18 bestimmbare Sekundärmotive, sind es ab frühem Flomborn 36. Dabei ist noch zu berücksichtigen, dass gefüllte Bänder oft an kleineren Fragmenten eindeutig zu identifizieren sind als die breiten ungefüllten B82/B83, weshalb der relative Anstieg der Sekundärmuster in der Realität noch stärker ausfiel.

Mit den anthropomorphen Darstellungen der Typen Stuttgart-Bad Cannstatt und Taimering verschwinden am Ende der äLBK auch diejenigen Flaschenverzierungen, die offensichtlich Informationen beinhalten. Gleiches gilt für die „Zeichen" an Schalen; hier ist allerdings die Bedeutung völlig unklar, sie könnte auch funktionaler Natur sein.

Eine solch einschneidende Verschiebung bzw. gar den Verlust der Aussage von wesentlichen Informationsträgern kann man sich kaum als isolierte rein stilistische Änderung vorstellen. Vielmehr wird man dahinter weiterreichende Strukturveränderungen vermuten dürfen, und wegen der erkennbaren Bedeutung der neuen Symbolik müssen diese im Bereich der Sozialgliederung zu suchen sein. Einige weitere neue Elemente unterstreichen dies nachdrücklich. Insbesondere ist hier der geänderte Stellenwert der Bestattungen anzuführen. Kannte die äLBK allenfalls einzelne Siedlungsbestattungen, treten mit dem Beginn der älteren Bandkeramik Gräberfelder extra muros auf. Die Belegung von Flomborn, Viesenhäuser Hof II, Klein-Hadersdorf und Vedrovice-„Siroka u Lesa" beginnt allem Anschein nach mit HG 10, besonders deutlich am Viesenhäuser Hof, wo das Gräberfeld wahrscheinlich aus einzelnen äLBK-Siedlungsbestattungen hervorgeht. Zusätzlich sind auch bei fortbestehenden Siedlungen Verschiebungen der bebauten Areale festzustellen. In Vaihingen schließlich deuten die Sr-Isotopenanalysen auf eine gleichzeitige Verlagerung der Weidegründe, also wirtschaftlich wirksame Veränderungen hin. In Südhessen gar wird offenbar das gesamte Siedlungsnetz instabil, denn viele der älteren Gründungen werden aufgegeben oder zumindest kleinräumig verlagert, wobei ein Teil der Neugründungen wie Niedereschbach und Karben nach kurzer Zeit ebenfalls wieder aufgegeben wird. Erst mit dem Übergang zu Flomborn scheint neue Stabilität einzukehren. Dadurch kommt es zu einem bemerkenswerten Kontrast zum Neckarland, wo alle bisher ausreichend untersuchten großen Siedlungen wie Vaihingen a. d. Enz, Bietigheim-Bissingen, Oedheim und Gerlingen von der äLBK bis ans Ende der Bandkeramik durchgehend besiedelt waren, während die mindestens ebenso bedeutende Siedlung Niedermörlen offenbar eine Neugründung aus der Übergangsphase äLBK/Flomborn ist.

Die tieferen Ursachen des Umbruchs liegen auf der Hand, denn die immense flächenmäßige Expansion der vorangegangenen eineinhalb bis zwei Jahrhunderte verbunden mit starkem Bevölkerungswachstum musste zwangsläufig zu Verwerfungen im Sozialsystem einer ursprünglich sehr viel kleineren Gesellschaft führen. Bedenkt man noch, dass dabei auch Angehörige der autochthonen Gruppen integriert, neue Kommunikationsnetze etwa mit den nunmehr eng benachbart siedelnden Angehörigen der jeweils anderen Tradition aufgebaut und bestehende Kontakte zu Verwandten aus der alten Heimat aus Gründen der Entfernung nicht mehr im bisherigen Umfang gepflegt wurden, wäre es eher überraschend, wenn die notwendigen Anpassungen allein im Rahmen der bestehenden Regeln und Netzwerke möglich gewesen wären. Es gab also starken internen Veränderungsdruck, weshalb externe Einflüsse zwar nicht ausgeschlossen, aber für eine Erklärung nicht notwendig sind.

Betrachtet man den Prozess von seinem Ende her, beinhaltet er offenbar auch das Verschwinden der alten Identitäten, denn eigenständige Balaton-, March- und Donau-Netzwerke sind danach ebenso wenig erkennbar (mit einer möglichen Ausnahme, s. Kap. 6.5.1.) wie eine separate autochthone Komponente. Das gegen Ende der äLBK vorübergehend möglicherweise wieder höhere Bevölkerungswachstum könnte wie gesehen (Kap. 5.3.1.2.) eine Folge der raschen Integration der bisher verbliebenen autochthonen Bevölkerung sein. Die Verschmelzung der drei oder gar vier bisher unterscheidbaren Bevölkerungsgruppen – Donau-äLBK, March- und/oder Balaton-äLBK, Autochthone – zu einer zumindest regionalen Einheit scheint also Teil der Transformation äLBK/Flomborn gewesen zu sein. Wenn diese Überlegung zutrifft, kann weiter gefolgert werden, dass zwar die Regionalisierung bereits mit der jeweiligen Landnahme begann, sich aber am Ende der LBK mit der Formierung der neuen regionalen Einheiten verstärkte und für das Siedlungsgebiet der äLBK wahrscheinlich bereits weitgehend abgeschlossen wurde.

Bis zu diesem Punkt ergibt sich die Interpretation weitgehend aus den Fakten, danach wird sie notwendigerweise spekulativ. Wahrscheinlich ging als Folge der größeren Bevölkerung und der weiten räumlichen Verbreitung eine einstmals genaue Kenntnis der Verwandtschaftsverhältnisse verloren. Wusste im Ursprungsgebiet im Prinzip jeder über jeden, von wem er abstammte, war dies nun nicht mehr der Fall. Die Bedeutung der Abstammung, von der sehr viel abhing bis hin zur Lage der Anbauflächen, wurde also nicht unbedingt größer als während der äLBK, sie musste aber jetzt explizit dargestellt werden. Außerdem ließ die Bedeutung der überregionalen Familiennetzwerke nach, sichtbar am Rückgang der ferntransportierten Silices, während die lokale und regionale Kommunikation mit Angehörigen anderer Familienverbände an Bedeutung gewann. Damit wurden mögliche Statusunterschiede zwischen den Familien wichtiger und zudem neu austariert, was es wiederum erforderlich machte, die eigene Familienzugehörigkeit zu dokumentieren.

Der zeitliche Rahmen für den Transformationsprozess lässt sich recht gut eingrenzen. Den Beginn der Verschmelzung der ursprünglichen Gesellschaften kann man wohl auf HG 8 datieren. In dieser Generation geht wie oben gesehen sowohl die Menge der La Hoguette-Importe als auch die Anzahl der datierbaren Häuser der Donau-äLBK stark zurück. Hierbei mag es regionale Unterschiede gegeben haben; betrachtet man die Entwicklung der Häuserzahlen der beiden Traditionen, scheint in Südhessen die Donau-äLBK bereits in HG 7 weitgehend zu verschwinden (**Abb. 15**). Falls das nicht allein auf Zufällen bei der Auswahl der gegrabenen Siedlungen beruht, würde es auf einen etwas früheren Beginn des Übergangs hinweisen. Das könnte bedeuten, dass dort die sozialen Verwerfungen besonders stark waren, was sich ja auch in dem regionalen Wüstungshorizont der HG 8-10 andeutet.

Das Ende des Transformationsprozesses wird durch die jüngsten Befunde von Niedereschbach markiert. Sie datieren zwar schon in HG 10, die eigentlich bereits flombornzeitlich ist, in allen anderen Punkten gehören sie aber eindeutig noch zur äLBK. Noch jüngere Befunde, bei denen der Gesamteindruck ältestbandkeramisch ist, sind bisher nicht bekannt geworden. Zwar laufen einzelne Elemente in manchen Fundstellen durchaus noch weiter, aber es besteht beispielsweise in Bietigheim-Bissingen trotz ältestbandkeramischer Wandneigungen und erheblicher Anteile organischer Magerung aufgrund der Verzierungen kein Zweifel daran, dass die entsprechenden Befunde nicht nur chronologisch sondern auch kulturell bereits zu Flomborn gehören. In den meisten Fällen liegt der eigentliche Umbruch in HG 9, wobei die lokalen und sogar familienspezifischen Unterschiede bei dieser Entwicklung dazu führen, dass das zeitliche Verhältnis der Befunde und Fundstellen nicht immer ganz zuverlässig zu klären ist. Zwar legen die Ergebnisse etwa aus Vaihingen nahe, dass der Übergang jeweils innerhalb *einer* Generation ablief, doch macht schon der Fall Niedereschbach deutlich, dass der uns erkennbare Schnitt keineswegs überall innerhalb der *gleichen* Generation stattfand. Am wahrscheinlichsten erscheint momentan die Annahme, dass dieser Vorgang insgesamt etwa drei, in Südhessen vielleicht vier Generationen (die HG 8 bzw. 7 bis 10) in Anspruch nahm.

Es sind jedoch auch großräumige Unterschiede feststellbar; so bleibt in Mähren zwar die bimodale Verteilung der Wandneigungen, also die deutliche Zweiteilung in Kümpfe und Schalen, bis HG 9 erhalten, die Zahlenverhältnisse zwischen den beiden Formen verschieben sich aber bereits in HG 8 zugunsten der Kümpfe; gleichzeitig treten erste Notenköpfe auf. Dennoch datieren die Inventare in der Seriation tendenziell zu alt, da M3 immer noch eine relativ große Rolle spielt. Da ähnlich wie in vielen württembergischen Inventaren bereits früh Ritzlinien mit V-Querschnitt und stark sandige Magerung auftreten, ist der Habitus bereits älterbandkeramisch, was auch durch die wenigen bestimmbaren Motive der Feinkeramik unterstrichen wird, die meist jüngere Typen repräsentieren. Hier könnte der inhaltliche Bedeutungswechsel und damit der ideologische Bruch bereits mit HG 8 vollzogen sein, lediglich die Formen entsprechen noch für zwei Generationen dem in der äLBK üblichen. In Mähren scheint die äLBK also früher zu enden als im Westen. Für die Ursprungsgebiete von Donau- und Balaton-äLBK fehlen bisher die Daten; ein ähnlich früher Beginn der älteren LBK würde die Lücke im Fundniederschlag nach der frühen äLBK etwas verkleinern, weshalb die Möglichkeit in Betracht gezogen werden muss, dass auch der Beginn von Keszthely bereits in HG 8 liegt (s. a. **Tab. 1**).

Schließlich wird deutlich, dass selbst innerhalb einer Siedlung der Umbruch äLBK/Flomborn unterschiedlich ablaufen konnte, zeigen sich in Vaihingen doch leichte Unterschiede in der Entwicklungsgeschwindigkeit einzelner Merkmale hin zu Flomborner Verhältnissen (s. Katalog; Strien in Vorb. A).

7.3. Zur Abgrenzung älteste / ältere LBK im Material

Hier stellt sich nun die Frage neu, wie äLBK und Flomborn im Material voneinander abzugrenzen sind. Als ein bereits bei kleinen Inventaren meist eindeutig bestimmbares Element ist der Modalwert der Wandneigung um 100° zu nennen. Er wurde niemals bei aufgrund anderer Kriterien als äLBK zu bestimmenden Inventaren angetroffen und kann deshalb als diagnostisch für ein frühes Flomborn gelten; der Umkehrschluss – bimodale Verteilung gleich äLBK – ist allerdings nicht zulässig. Bei allen anderen Merkmalen gibt es zumindest Einzelfälle, die einer eindeutigen Einordnung widersprechen. Je weniger Daten zur Verfügung stehen, desto unsicherer wird daher naturgemäß die Entscheidung, aber auch desto geringer die Bedeutung einer Fehlentscheidung. Die angestrebte Orientierung an kulturellen Merkmalen führt dazu, dass die technischen Merkmale eher unzuverlässig werden, weil eindeutig ältestbandkeramische Ornamente auf Gefäßen ältestbandkeramischer Profilierung in Längsgruben von Häusern mit ältestbandkeramischen Grundrissen durchaus in Ritzlinientechnik ausgeführt sein können, auf dünnwandigen hart gebrannten Gefäßen mit wenig organischen Beimengungen. Letztlich liegt – wie immer bei der Zerlegung einer kontinuierlichen Entwicklung – die Entscheidung in Grenzfällen beim jeweiligen

Bearbeiter. Das dürfte aber durchaus der historischen Realität entsprechen, da bereits die handelnden Personen selbst bei einem raschen Wandel nicht strikt zwischen „altväterlich" und „neumodisch" unterschieden haben dürften.

Zu den unverzichtbaren ältestbandkeramischen Elementen gehört offenbar:

- Hauptmotive auf Kümpfen und Schalen sind zentraler Informationsträger
- die eindeutige Unterscheidung von Kümpfen und Schalen
- Verzierungen auf Flaschen folgen einem eigenen Schema
- eine bestimmte Organisation der Hofplätze, mit unmittelbar an den Häusern liegenden „Distanz"-Gruben und einem sehr kleinen Umfeld.

Dagegen ist essenziell für Flomborn:

- auf Kümpfen (und Schalen, falls als eigenständige Gefäßform vorhanden) sind die Sekundärmotive zentraler Informationsträger

Ein zuverlässiges technisches Kriterium ist offenbar die „seifige" Oberfläche vieler äLBK-Scherben, insbesondere wenn sie mit hell- bis mittelgrauen Oberflächen kombiniert ist, solche Stücke wurden in jüngerem Kontext nicht beobachtet. Gleiches gilt für breite, U-förmige Rillen (>2mm); in geringerer Breite kommen sie jedoch auch später noch vor.

Sicher auf Flomborn weisen stark ausgezogene langovale Knubben („Grifflappen").

Datierbare Befunde werden beim Fehlen eindeutiger Kriterien bis zu einer Datierung in HG 9 der äLBK, ab HG 10 Flomborn zugerechnet.

8. Zusammenfassung

Ausgewertet wurden Daten von etwa 32000 ältestbandkeramischen Gefäßen mit dem Ziel, eine chronologische und räumliche Gliederung des Materials zu erreichen. Grundlage war der Merkmalskatalog von M. Cladders (2001).

Es gelang die Erarbeitung einer detaillierten relativen Chronologie. Zusammen mit der Datierung des Brunnens von Mohelnice und der Rekonstruktion von Hausabfolgen ergab sich daraus eine Dauer der ältesten Bandkeramik außerhalb des Entstehungsgebietes von etwa 200 Jahren (acht Generationen). Wahrscheinlich entstand die äLBK nur etwa zwei Generationen früher um 5600 v. Chr. Diese Ergebnisse führten zu einer Revision der bisherigen Vorstellungen zur Genese, aber auch zum Ende der äLBK und zu neuen Einsichten in die Entwicklung der inneren Struktur bandkeramischer Siedlungen.

Ab etwa 6000 v. Chr. erreichten zunehmend neolithische Einflüsse die nördlich des balkanischen und des westmediterranen Frühneolithikums lebenden mesolithischen Gruppen. Zunächst blieben sie über mehrere Jahrhunderte ohne erkennbare Wirkung, sieht man einmal von den umstrittenen Hinweisen auf möglichen frühen Getreideanbau ab. Gegen 5600 v. Chr. setzte dann auf breiter Front, von Gibraltar bis zur Schwarzmeerküste, eine Akkulturationswelle ein, die zahlreiche Gruppen in unterschiedlich starkem Ausmaß neolithische Kulturelemente übernehmen ließ.

Bei den im Vorfeld des westmediterranen Frühneolithikums siedelnden Gruppen des nordwesteuropäischen Spätmesolithikums setzte sich dabei zunächst nirgends eine produzierende Wirtschaftsweise vollständig durch. Anders bei Teilen des mitteleuropäischen Mesolithikums. Dort wurde im nordwestlichen Vorfeld des balkanischen Frühneolithikums in kurzer Zeit das gesamte neolithische Paket übernommen, wobei sich aus mesolithischen Gruppen eigenständige bandkeramische Einheiten formierten – Szatmár, Balaton-, March- und Donau-äLBK (**Abb. 7**). Drei der vier derzeit fassbaren Gruppen begannen bereits nach nur etwa zwei Generationen, sich weiter nach Westen, Norden und Osten auszubreiten; lediglich die Szatmár-Gruppe hatte an dieser Bewegung keinen Anteil. Dabei spielte neben einer Kolonisation möglicherweise in Böhmen auch die Fortsetzung der Akkulturation eine Rolle. Im Norden und Westen endete die Expansionsbewegung jeweils etwa an den Grenzen zum nordwesteuropäischen bzw. nordischen Mesolithikum, wobei dies im Norden zugleich auch die Grenze der Lößverbreitung ist. Zumindest die Donau-äLBK erreichte bereits innerhalb einer Generation die Westgrenze der Verbreitung (**Abb. B6**). Die drei Gruppen siedelten mitunter in enger räumlicher Nähe (**Abb. 16**), blieben aber bis zum Ende der äLBK unterscheidbar, was nur mit einer Kolonisation und nicht durch eine lokale Entwicklung zur äLBK erklärt werden kann.

Im Westen wurde in der ersten Hälfte des 55. Jahrhunderts v. Chr. erstmals die Grenze zum nordwesteuropäischen Kulturkreis überschritten, als die an Mittel- und Unterlauf des Neckars gelegenen Lößflächen neu besiedelt wurden. Die dort lebenden Angehörigen der Südostgruppe von La Hoguette wurden offenbar nicht nach Westen verdrängt, sondern gingen vollständig in der LBK-Bevölkerung auf, denn die charakteristischen Ziermerkmale ihrer Keramik tauchen später nirgends mehr auf. Ihre Schlagtechnik und Pfeilspitzentypen wurden von der äLBK übernommen, was auf eine erhebliche autochthone Komponente an der Gesamtbevölkerung deutet. Auch demographische Berechnungen machen eine Ausbreitung allein durch Kolonisation ohne Beteiligung der Einheimischen unwahrscheinlich.

Die Sozialstruktur wurde von weiträumig verbreiteten Familienverbänden geprägt, die durch eigenständige Netzwerke verbunden blieben, die sich vor allem an der Rohmaterialversorgung zeigen (**Tab. C7**). Diese Verbände wohnten zunächst auf großen Wohnplätzen mit mehreren gleichzeitigen Häusern, erst gegen Ende der äLBK und möglicherweise nur im Westen des Verbreitungsgebietes entwickelten sich daraus Einzelhaushalte entsprechend dem Hofplatzmodell.

Infolge der Überdehnung der familiären Netzwerke, des starken Bevölkerungszuwachses und der Integration der Autochthonen in den Expansionsgebieten erwies sich das bisherige Sozialsystem irgendwann als nicht mehr ausreichend funktionsfähig. Daher setzte gegen Ende des 55. Jahrhunderts die Verschmelzung der ältestbandkeramischen Traditionen und der Umbau der Kommunikationsnetze von einem auf Zugehörigkeit zur einen oder anderen Tradition basierenden System zu einer stärker regional ausgerichteten Struktur ein. Zwar hatte die Regionalisierung bereits unmittelbar nach der Landnahme begonnen, sie beschleunigte sich jetzt aber erheblich. Dabei blieben die Familienverbände jedoch weiterhin zentrales Element. Da jetzt auch die La Hoguette-Funde östlich des Rheins verschwanden (**Abb. 13**), muss die Integration der verbliebenen autochthonen Bevölkerung ebenfalls zu dieser Zeit stattgefunden haben. Die bereits in Flomborn sehr deutliche Abgrenzung zwischen den Regionen spricht dafür, dass Integration und Regionalisierung zwei Seiten einer Medaille sind. Zwar sind diese Vorgänge bisher nicht im Detail zu fassen, aber sie dürften die Basis der Genese von

Flomborn gewesen sein. Die Aufgabe der bisher bewahrten Balaton-, March- und Donau-Identität wäre dann nur ein Teil der Bereitschaft zur Aufgabe vieler balkanischer Traditionen gewesen. War die älteste Bandkeramik noch deutlich balkanisch geprägt, begann mit dem Flomborn-Frühnotenkopf-Horizont der älteren LBK erst eigentlich eine selbständige mitteleuropäische Kulturentwicklung. Der in vielen Punkten kontinuierliche Übergang von Balaton- und March-äLBK zu Flomborn lässt vermuten, dass diese Komponenten den stärksten Einfluss auf die weitere Entwicklung der LBK ausübten.

9. Summary

The data of around 32,000 Earliest LBK vessels were analysed with the aim of achieving a chronological and spatial order of the material. The investigation was based upon the characteristics listed by M. Cladders (2001), and only a few new types were added.

It proved possible to develop an elaborate relative chronology based on a correspondence analysis of about 600 ceramic assemblages (Tab. O3 – Online Material). Considering the date of the well at Mohelnice and the reconstruction of house sequences, a period of approximately 200 years (eight generations) could be estimated for the Earliest LBK outside the region of its origin. It seems likely that the Earliest LBK emerged only two generations earlier, at about 5600 BC, in the vast area between Lake Balaton and Central Moravia. These findings resulted in a revision of previous ideas about the genesis as well as the end of the Earliest LBK. Moreover, they gave new insights into the development of the inner structure of LBK settlements.

From about 6000 BC onwards, Mesolithic groups living north of the region of the Early Balkan and West Mediterranean Neolithic were increasingly influenced by the Neolithic way of life. At first, it did not show any significant impact over several centuries, apart from highly questionable indications of early cereal cultivation. Around 5600 BC, a wave of acculturation began along a wide front, from Gibraltar to the Black Sea coast, which resulted in numerous groups adopting cultural elements of the Neolithic to various degrees.

Within the groups of the north-west European Late Mesolithic settling beyond the region of the Early West Mediterranean Neolithic, a food producing economy could not gain ground straight away. Pottery decorations of these groups (La Hoguette, Limburg, Bliquy/VSG, Augy-Sainte Pallaye), in particular, show influences from the south whereas an agricultural economy was not fully adopted until the late LBK arrived in the Paris Basin. This was, in fact, different in parts of the Central European Mesolithic. In the north-western area bordering the region of the Early Balkan Neolithic, the whole range of Neolithic elements were adopted within a short period of time. Simultaneously, independent LBK units arose from Mesolithic groups, such as the Earliest Szatmár, Balaton, March and Donau LBK (**Fig. 7**). A chronological succession of these groups cannot be proved, due to obvious stylistic differences in the pottery decoration of the regional groups at the very beginning of their development. Moreover, an earlier dating of the sites north-west of Lake Balaton according to the model of Banffý (2006; 2015) could not be confirmed by the available data. After only two generations, three out of four groups that are currently identified started spreading further west, north and east; only the Szatmár group did not take part in this movement. As for surface collections, a relative date was estimated considering the ornaments on single vessels. Taken together with the ceramics from dated pits, the results allowed the mapping of 200 sites in chronological order, showing the expansion in detail (**Fig. B5-B12**, animated map: www.academia.edu/32803707/eLBK_expansion_-_a_map.ppt). Apart from colonisation, continued acculturation might have played a role in Bohemia, too. In the north and west, the expansion ended at the regional boundaries of the north-west European and northern Mesolithic respectively. In the north, this is identical to the boundary of loess distribution. In any case, the Earliest Danubian LBK already reached the western boundary of the expansion within one generation (**Fig. B6**). Although the three groups sometimes settled in close vicinity (**Fig. 16**), they all remain distinguishable until the end of the Earliest LBK, which can only be explained by a colonisation rather than a local development of the Earliest LBK.

Apart from pottery decoration and forms, there are certain differences between the three original groups in settlement layout (position of pits in relation to the houses) and, perhaps, in architecture. Moreover, in later LBK phases, there was a coexistence of three different distribution systems for adzes, which probably originated from the networks of the Earliest Donau, Balaton and March LBK (**Fig. 17**).

In the west, the boundary to the north-west European cultural region was crossed for the first time in the first half of the 55th century BC, when the loess areas along the middle and lower reaches of the Neckar were colonised. Apparently, the members of the south-east group of the La Hoguette culture (La Hoguette B) living in this region were not displaced to the west. On the contrary, they were fully assimilated into the LBK population, owing to the fact that the characteristic features of their pottery decoration did not appear anywhere else at a later stage. However, their lithic percussion technique and arrowhead types were adopted by the Earliest LBK, pointing to a considerable autochthonous component of the whole population. According to demographic calculations, an expansion exclusively driven by colonisation, without any involvement of the indigenous population, also seems unlikely.

The social structure was characterised by widespread family units or "clans" staying connected by means of independent networks, which can be seen from the raw material supply in particular (**Table C7**). First, these "clans" shared a commonly used village area with several contemporaneously occupied houses. Only late in the eLBK and probably only in the western part of the distribution area, this structure developed towards the well-known "Hofplatz model" with individual yards and clearly defined positions for succeeding houses.

Due to the overstretching of the family networks, rapid population growth and the integration of autochthonous people in the areas of expansion, the previous social system did not function any more. Thus, the merging process of the Earliest LBK traditions and the reorganisation of the communication networks, which belonged to a system that was based on the affiliation to one or the other tradition, both began by the end of the 55th century, and the latter developed towards a structure with a stronger regional orientation. Although the regionalisation already started immediately after initial settlement, it then accelerated considerably. The family units, however, remained a central element. As there were no more La Hoguette finds east of the Rhine after this point (**Fig. 13**), the integration of the remaining autochthonous population must have been completed at this particular time, too. The clear distinction between the regions, which was already visible in the Flomborn phase, suggests that integration and regionalisation are two sides of the same coin. Although these processes could not be shown in detail, there are good reasons for believing that they formed the basis for the genesis of Flomborn. As a consequence, the abandonment of the previous Balaton, March and Donau identities would have only represented one part of the willingness to give up a large part of the Balkan traditions. While the Earliest LBK was still clearly characterised by Balkan elements, an independent Central European cultural development only started with the horizon of the Flomborn-Frühnotenkopf-phase of the Early LBK. The transition from the Earliest Balaton and March LBK to the Flomborn phase, which was continuous in many respects, suggests that these components exerted the strongest influence on the further development of the LBK.

10. Katalog

Alle Fundstellen, von denen Material aufgenommen oder die in der Auswertung berücksichtigt wurden, werden aufgelistet. Nur für im Original neu aufgenommene Funde wird der aktuelle Aufbewahrungsort angegeben, v.a. bei Lesefunden befindet sich mitunter weiteres Material in weiteren, nicht besuchten Sammlungen. Die Fundumstände werden nur bei unpubliziertem Material genannt.

Die erste Zeile unter dem Ortsnamen gibt die Zugehörigkeit zu einer der drei Traditionen sowie den Grund für die Bestimmung an. Kürzel: L Lage (nur im Kerngebiet bei Fundstellen, die innerhalb der durch die Kartierung Abb. 1 gegebenen Grenzen liegen); M4/M7 Verhältnis kannelierter Barbotine (M4, M84) zu Fingertupfenleisten (M7, M52); S Anzahl rillenverzierter Schalen (in Klammern verzierte/Gesamtzahl).

Die Chronologietabellen führen alle datierbaren Häuser (mit ihrer Nummer) auf. Grau hinterlegte Zellen ohne Nummer zeigen an, dass dieser Abschnitt nur mit datierbaren Gruben belegt ist.

10.1. Ungarn

1 Aba
Donau-äLBK??; L
Der Befund ist offenbar vermischt und wurde deshalb aus der Korrespondenzanalyse herausgenommen. Wegen der unklaren Datierung sind auch die verzierten Schalen nicht zwingend für eine Zuweisung zur Balaton-äLBK heranzuziehen, die steilen Wandneigungen sprechen eher für eine jüngere Zeitstellung.
Lit: Gläser 1993

2 Baja
Donau-äLBK; M4/M7 (3/2), L
Lit: Kalicz 1995, Abb. 12-14

3 Balatonalmádi-Vörösberény
Donau-äLBK; zwar Übergewicht von M7, aber viel Einglättmuster, einmal M97, ein Kreisstempel sowie einmal (zweifelhafte) unstrukturierte Barbotine, sämtlich in Balaton-äLBK selten oder fehlend.
Lit: Regenye 2002
AO: Museum Veszprem

4 Balatonlelle
Balaton-äLBK; M4/M7 (0/1), S (1/1)
Lit: Gläser 1993

5 Balatonszarszo
Donau-äLBK, B (2)
Bisher nur aus knappen Vorberichten bekannt, Material war nicht zugänglich, weil Publikation in Vorbereitung. A45 ist offenbar das einzige ältestbandkeramische Haus, bei dem die Erhaltung Näheres zur Befundsituation erkennen lässt (Marton 2008, Abb. 3). Es hat sowohl eine W- als auch eine O-Grube, deren genaue Lage relativ zum Haus allerdings nicht bestimmbar ist, da weder Außengräbchen noch QR20 erkennbar sind.
Lit: Marton 2008, Marton & Oross 2012

6 Balatonszepezd
Donau-äLBK?; M4/M7 (1/0)
Lit: Gläser 1993

7 Barcs
Balaton- oder Donau-äLBK; M4/M7 (3/1), M93
Lit: Kalicz 1995, Abb. 9-11

8 Becsehely
Balaton-äLBK?; M4/M7 (0/1), S9 (1) Differenz der Wandneigung Schalen/Kümpfe von nur 44° spricht für Balaton-äLBK, aber verzierte Schalen fehlen.
Lit: Kalicz 1978/79, Gläser 1993

9 Bicske
Donau-äLBK; B (2), M4/M7 (16/9), M87 (4)
Lit: Makkay 1978, Gläser 1993

10 Budapest-Aranhegy út
Donau-äLBK; M4/M7 (15/0, ausgezählt in Kalicz & Kalicz-Schreiber 2002, 24/7 in Kalicz 1995)
Lit: Kalicz 1995, Kalicz & Kalicz-Schreiber 2002

11 Budapest-Szépvölgyi út
Donau-äLBK; L. Überzahl M7 gegenüber M4, aber keine weiteren Merkmale der Balaton-äLBK.
Lit: Virág 2011

12 Dunakeszi
Donau-äLBK; L
Wegen der geringen Materialmenge ist kein Befund datierbar. Der räumliche Bezug der beiden Häuser spricht aber für ihre enge zeitliche Nähe, das Fehlen weiterer Befunde N, W und S der Häuser dafür, dass die vorhandenen Befunde sämtlich zu diesen Häusern gehören. Da Befund 54 innerhalb von Haus 1 liegt, sollten sie nicht zeitgleich sein. Daher wird eine Abfolge postuliert. Das Gesamtmaterial datiert in der Seriation an die Grenze HG 5/6, weshalb die Häuser in HG

5 bzw. 6 datiert werden, ohne dass sich die zeitliche Reihenfolge erkennen ließe.
Lit: Horvath 2002

13 Galgahéviz
Donau-äLBK; L, M97. Zwar Überzahl M7 gegenüber M4, aber keine weiteren Merkmale der Balaton-äLBK.
Lit: Kalicz & Kalicz-Schreiber 2002

14 Fajsz-Garadomb
Donau-äLBK; M4/M7 (3/1)
Kalicz 1995, Abb. 8

15 Litér-Papvásár-Hegy
Donau-äLBK; M96 (1), M87 (1), aber M4/M7 (18/19)
Neben einer Reihe ältestbandkeramischer Befunde auch jüngere LBK. Als Intrusion auch eine Keszthely-Scherbe (Regenye & Biro 2008, 12, 1), eine Besiedlung in dieser Phase knapp außerhalb der Grabungsfläche ist also anzunehmen, weshalb eine mehrfache leichte Verlagerung der Siedlung vermutet werden kann. Kontinuität ist damit zwar plausibel, aber nicht belegt.
Lit: Regenye & Biro 2008
AO: Museum Veszprem

16 Medina
Donau-äLBK; M96 (1), M4/M7 (3/1)
Lit: Kalicz 1995, Gläser 1993

17 Nagykonyi
Donau-äLBK; B (1)
Lit: Gläser 1993

18 Revfülöp
Donau-äLBK; M4/M7 (3/0)
Lit: Gläser 1993

19 Sármellék
Balaton-äLBK?; L
Lit: Gläser 1993

20 Sé
Balaton-äLBK; M4/M7 (0/1), S (1/8), M93
Lit: Gläser 1993

21 Szentgyörgyvölgy-Pityerdomb
Balaton-äLBK; M4/M7 (4/16)
Das Material war leider nicht zugänglich und kann daher nur nach der Publikation beurteilt werden. Eine Aufnahme nach Abbildungen und Beschreibung war nur für die Verzierungen möglich, da ein Teil der Stücke offenbar falsch orientiert ist (z.B. Banffy 2004, fig. 29, 2; 63, 25), was noch durch die im Vergleich mit allen anderen Fundstellen sehr steilen Wandneigungen unterstrichen wird (z. B. Banffy 2004, fig. 95; 125). Zudem ist nicht ganz klar, ob alle ansprechbaren Stücke abgebildet wurden. Das Inventar kann daher nur begrenzt ausgewertet werden und fehlt in fast allen Statistiken.

Der Befund wurde als Beleg einer kurzfristigen Besiedlung mit zwei gleichzeitigen Häusern ältestbandkeramischen Typs gedeutet. Allein der Plan macht diese Interpretation bereits schwierig, würde sie doch eine ganze Reihe innerhalb der Gebäude liegender Gruben voraussetzen. So ist es zwar trotz der fehlenden Pfostengruben nicht ausgeschlossen, dass die Befunde 8, 9, 12, 11 und 16 bzw. 21, 27 und 29 die Längsgruben zweier Häuser sind, wobei das erste zwar leicht trapezoidal wäre, aber ungewöhnlicherweise den breiteren Giebel im Nordwesten hätte. Jedoch legen die zusätzlichen Befunde zumindest eine weitere frühere und/ oder spätere Nutzung des Geländes, evtl. auch Erosionsverluste im Bereich zwischen den und um die beiden ergrabenen Befundgruppen mit weiteren verlorenen Grundrissen nahe. Auch die Streuung der Befunde in der Seriation spricht für eine Besiedlungsdauer von mindestens zwei, eher drei HG (HG 1/2-3).
Lit: Bánffy 2004, Bánffy & Réti 2008, Bánffy 2015

22 Szentlörinc
Balaton-äLBK: M4/M7 (0/3)
Lit: Gläser 1993

23 Szigetszentmiklos
Donau-äLBK; M4/M7 (16/11)
Lit: Virág 1992
AO: Museum Gödöllö (außer Befund 13, dessen Verbleib unbekannt ist).

24 Sukoro
Balaton-äLBK?; S (1/3)
Lit: Gläser 1993

25 Tapolca
Balaton-äLBK; M4/M7 (0/1) M93 (1)
Lit: Bánffy 2004, Abb. 170-171

26 Tolna-Mözs
Donau-äLBK; B (Marton & Oross 2012, Abb. 10)
Nur aus knappen Vorberichten bekannt. Das Material konnte nicht aufgenommen werden, da Publikation in Vorbereitung, Lediglich die Häuser 11, 39 und 43 konnten anhand der wenigen

publizierten Scherben in die Korrespondenzanalyse aufgenommen werden.

Wahrscheinlich gibt es sowohl W- (z.B. bei H. 20 und H. 23) als auch O-Gruben (H. 22, H. 23) in der üblichen Position, wobei der Publikationsstand eine Ansprache problematisch macht (Marton & Oross 2012, Abb. 3). Dagegen fehlt jeder Hinweis auf N-Gruben.
Lit: Marton & Oross 2012

27 Vonyarcvashegy
Balaton-äLBK?; M4/M7 (1/1), L
Lit: Gläser 1993

28 Zalaegerszeg-Andrashida
Balaton-äLBK; M4/M7 (1/17)
Neben den beiden publizierten Befunden noch ein dritter deutlich reicherer. Daneben auch jüngere LBK, wobei wegen der kleinen Grabungsfläche die Frage der Kontinuität nicht beantwortet werden kann.
Lit: Simon 2002
AO: Museum Zalaegerszeg

29 Zalavár
Balaton-äLBK?; wegen Lage und der Kombination M7/Spirale auf einer Flasche trotz Überzahl von kannelierter Barbotine eher Balaton.

Vermischte Inventare äLBK/Keszthely, deshalb nur begrenzt auswertbar.
Lit: Gläser 1993

10.2. Slowakei

30 Bernolakovo
March-äLBK; M4/M7 (0/9). Die beiden (fraglichen) M96 sind wegen der fehlenden kannelierten Oberflächen als Kontaktbeleg zu deuten.
Lit: Pavúk & Farkaš 2013
AO: SNM Bratislava

31 Bíňa
Donau-äLBK; B (10), M4/M7 (31/3)
Leider konnten nur Teile des Materials aufgenommen werden, der Rest war nicht auffindbar. Von dem reichsten Befund 36 wurde nur ein Teil aufgefunden, Grube 68 fehlte ganz und kann daher nur nach der Publikation beurteilt werden, von Befund 56 fehlen zumindest die bei Pavúk 1980 abgebildeten Stücke, lediglich das kleine Inventar von Grube 94 scheint vollständig zu sein.
Lit: Pavúk 1980
AO: AU Nitra/SNM Bratislava. Nur Teile des Materials waren auffindbar.

32 Branč
Donau-äLBK; B (1), M4/M7 (1/0)
Funde aus kleinem Suchschnitt, Befundzusammenhang unklar, wegen früher Datierung aber plausibel.
Lit: Pavúk 1980

33 Čataj
Donau/March-äLBK; M4/M7 (4/3). Das Inventar ist keiner der beiden Traditionen eindeutig zuzuordnen, was mit der Grenzlage erklärt werden kann.
Lit: Pavúk & Farkaš 2013
AO: SNM Bratislava

34 Hurbanovo
Donau-äLBK; M4/M7 (10/2)
Lit: Pavúk 1980
AO: AU Nitra. Nur Teile des Materials waren auffindbar.

35 Milanovce
Donau-äLBK; B (1), M4/M7 (7/6), M87 (1)
Lit: Pavúk 1980
AO: AU Nitra

36 Nitra
March-äLBK; M4/M7 (0/1). Die Zuweisung beruht neben der Abwesenheit von M4 auf der starken Präsenz von M3 (3 Stück). Wie bei Bernolakovo, Čataj und Milanovce handelt es sich um ein grenznahes Inventar, was auch in einem Vertreter von M96 erkennbar wird

Angesichts der Herkunft aus mehreren größeren Baugruben ist es nicht überraschend, dass das Material offensichtlich chronologisch uneinheitlich ist, denn es wird zwischen die Parabelarme der Projektion 1./2. EV gezogen. Es kann typologisch in zwei Einheiten zerlegt werden, die dann beide in der Korrespondenzanalyse auf der Parabel 1./2. EV liegen. Da es hierfür jedoch mehrere mögliche Varianten gibt und zudem vollkommen unklar ist, aus wie vielen Befunden das Material stammt, kann mit diesem Verfahren lediglich eine grobe Schätzung der Laufzeit erreicht werden. Sicher ist ein sehr früher Beginn noch vor HG 2.
Lit: Pavúk 1980
AO: AU Nitra. Nur Teile des Materials waren auffindbar.

10.3. Österreich

37 Brunn am Gebirge
Balaton-äLBK; M4/M7 (3/9)
Das gesamte Material konnte durchgesehen, in Hinblick auf die laufende Bearbeitung und baldige Publikation allerdings nicht aufgenommen werden. Lediglich das wenige in diversen Vorberichten publizierte Material konnte daher in die Seriation einfließen, es stützt eine zumindest sehr frühe Datierung (ab HG 1). Ein noch früherer Beginn ist möglich, nach den publizierten Stücken und der Durchsicht jedoch vorläufig nicht zu belegen.

Wegen der bisher fehlenden internen Chronologie kann nur auf den publizierten Plan (Stadler 2005, Abb. 5) Bezug genommen werden. Berücksichtigt man die wahrscheinlich nur kurze Laufzeit von Fundstelle 2 – unter den wenigen bisher in die Seriation eingegangenen Befunden ist keiner, der zwingend jünger als HG 2 datiert werden müsste, was sich auch bei der Durchsicht des Materials bestätigte, mehr als drei bis maximal 5 Generationen (HG 0-2 vielleicht bis HG 4) sind also auszuschließen –, ist eine Organisation in einzelnen Wohnplätzen mit definierbarer Abfolge der Erbauung zwar möglich, etwa die Häuser 21-25 über 5 HG, 26, 27, 58 und 59 über 4 HG. Wegen des geringen Abstandes der beiden Häuserzeilen in Längsrichtung der Häuser ist diese Deutung aber weniger wahrscheinlich; eher dürfte es sich um einen Gruppenwohnplatz handeln, wobei zum gegenwärtigen Publikationsstand nur Spekulationen möglich sind. Nord-West- oder Ost-Gruben sind nicht zu erkennen, mögen allerdings vereinzelt in größeren Komplexen enthalten sein.
Lit: Stadler 2005, Stadler & Kotova 2010, 2013
AO: NHM Wien

38 Mold
Balaton-äLBK; M4/M7 (1/2), S (1/9)
Wegen der geringen Materialmenge sind nur begrenzt Aussagen zur inneren Chronologie möglich. Immerhin sind Haus 1 und 2 in HG 6 bzw. 8 datierbar. Die Annahme, dass die undatierten Häuser 3 und 4 dann in HG 7 bzw. 9 gehören, ist plausibel, aber nicht belegbar. Dabei zeigt schon die Position der Häuser zueinander, dass sie keinem bekannten Schema folgen. Die Interpretation als weitgehend gleichzeitige Häusergruppe (Lenneis 2012) dürfte nach dem Ergebnis der hier zugrunde liegenden Korrespondenzanalyse zu schließen dem schlechten Auflösungsvermögen einer auf schmaler Datenbasis beruhenden Lokalchronologie mit kurzer Laufzeit geschuldet sein. Am wahrscheinlichsten ist daher die Interpretation als Einzelhof, dessen Häuser regellos, d.h. nach dem Gruppenwohnplatzmodell, platziert wurden. Nach dem Ende der äLBK verlagerte sich die Besiedlung nach Osten, wo die Häuser 5-9 zu wenig Material erbracht haben. Lediglich das etwas jünger, an den Übergang Ib-IIa datierte Haus 10 (Schwarzäugl 2011) konnte in die Seriation einbezogen werden; sein Inventar wurde in den zusammenfassenden Auswertungen zu HG 12 geschlagen, was aber nur eine grobe Schätzung ist.
Lit: Kowarik 2010, Schwarzäugl 2011
AO: Niederöst. LM, Depot Zissersdorf

39 Neckenmarkt
Balaton-äLBK; S (58/180)
Das Material kann nicht in allen Aspekten verglichen werden, da es nicht neu aufgenommen, sondern nur die publizierten Daten (Lenneis & Lüning 2001) verwendet wurden.

Datierbar sind die Häuser 1, 2 und 5. Haus 5 wird durch die Längsgruben/Außengräbchen 1B, 100, 101 in HG 3 datiert, Haus 2 in HG 7, wobei nicht sicher ist, dass das Material aus Befund 16 komplett zu Haus 2 gehört, Haus 1 durch 1A, 1C, 1D, 14 und 102 in HG 8. Insbesondere die Lage von Haus 1 direkt neben Haus 5 spricht auch hier eher gegen das Modell des Einzelwohnplatzes.
Lit: Lenneis & Lüning 2001

40 Prellenkirchen
Balaton-äLBK; L, M93 (1)
Lit: Ruttkay 1976

41 Rosenburg
Balaton-äLBK; S (2/17)
Lit: Lenneis 2009

42 Strögen
Balaton-äLBK?; M4/M7 (0/5), M93 (1), aber M3 (5). Liegt an der Grenze Balaton/March, Zuweisung nicht ganz eindeutig.

Die Hauptschwierigkeit für eine interne Chronologie der Siedlung ist die unklare Befundzuordnung um Haus 3. Befund 6 und Befund 10 sollten nicht zeitgleich sein, zudem überschneidet sich der südliche Teil von Befund 6 mit dem (rekonstruierten) Grundriss. Andererseits ist der Abstand zu Haus 2 auch so groß, dass Befund 6 kaum seine Längsgrube sein kann, was das Seriationsergebnis eigentlich nahe legt. Daher wird hier der Interpretation als O-Grube zu Haus 2

der Vorzug gegeben, obwohl Lage und Form nicht ganz passend sind.
Lit: Lenneis & Lüning 2001
AO: Niederöst. LM, Depot Hainburg

43 Winden am See
Balaton-äLBK; L, M4/M7 (0/1)
Lit: Lenneis 2010

10.4. Mähren

44 Bojanovice
March-äLBK; M4/M7 (0/3), M3 (3). Fast nur verzierte Gefäße, dennoch sicher hoher Anteil verzierter Schalen (7 Stück ggü. 8 Kümpfen).

Altfunde von Gemarkung Bojanovice, die wohl von mehreren Fundstellen stammen.
Lit: Tichý 1960
AO: MZM Brünn

45 Boskovšteijn
March-äLBK; M4/M7 (0/6), M3 (7). Fast nur verzierte Gefäße, dennoch sicher hoher Anteil verzierter Schalen (29 Stück ggü. 30 Kümpfen).
Lit: Tichý 1960
AO: MZM Brünn

46 Brno-Ivanovice
March-äLBK; M4/M7 (1/4), L
Lit: Čižmař 1998
AO: Stadtmuseum Brünn

47 Horní Dunajovice
March-äLBK; M97 (1)
Lit: Tichý 1960

48 Mohelnice
March-äLBK; M4/M7 (0/2), M97 (1), M3 (6)
Das Material konnte nicht vollständig aufgenommen werden, weil die insgesamt etwa 500 Kisten, die nur mit dem Grabungsjahr beschriftet sind, unsortiert im Depot stehen und eine vollständige Durchsicht aus Zeitgründen nicht möglich war. Die äLBK kommt nur in mehr oder minder gestörten Befunden verstreut vor, ihr Anteil an dem sehr umfangreichen Inventar liegt deutlich unter 5%; neben Material späterer Perioden scheint auch die gesamte LBK vertreten zu sein. Zudem war nicht zu klären, ob das Material, das in den letzten 25 Jahren mindestens zweimal umgezogen wurde, komplett im aufgesuchten Depot steht. Deshalb wurde definitiv nicht das gesamte äLBK-Material gesehen, so konnten etwa die Funde aus dem Brunnen nicht aufgefunden werden.

Wegen der Überlieferungssituation und der geringen Materialmenge – nur etwa 200 äLBK-Gefäßeinheiten wurden erfasst – ist die Laufzeit der Siedlung nicht sicher zu bestimmen. Unter der Annahme, dass die Befunde mit einem nennenswerten äLBK-Anteil nicht komplett vermischtes Material, sondern jeweils die Funde nur einer später gestörten äLBK-Grube enthalten, lässt sich immerhin eine Mindestlaufzeit bestimmen; vier der fünf Befunde mit ausreichend verziertem Material, sämtlich Längsgruben, streuen über die HG 4 bis 8. Sie datieren jeweils ein Haus (O23 Haus 5 in HG 8, O31 Haus 8 in HG 6, O36 Haus 11 in HG 4, O53/55 Haus 18 in HG 5; Nummerierung der Häuser nach Stäuble 2005, Taf. 84-89 und Beil. 15). Allerdings ist ein früherer Siedlungsbeginn anzunehmen. Erstens ist es ausgesprochen unwahrscheinlich, dass eine so geringe Zahl von Befunden zufällig die gesamte Laufzeit abdeckt. Zweitens ist mit dem fünften Befund O51 ein vermischtes Inventar vorhanden, das offenbar Material sowohl einer sehr frühen als auch einer späten äLBK enthält. Einglättmuster und Fingerkniffrauhung einerseits, Winkelband M24, umlaufende Spiralhaken M25 und S3 andererseits passen nicht zusammen und ziehen den Befund in der 1./2.Ebene der Korrespondenzanalyse weit zwischen die Parabelarme. Man kann das Inventar jedoch versuchsweise in zwei Teilinventare zerlegen, die jeweils auf der Parabel liegen. Zwar gibt es dafür mehrere mögliche Lösungen, so dass die Datierung der Teilinventare nur eingegrenzt, aber nicht genau ermittelt werden kann, der ältere Teil kann aber in der Seriation nur in HG 1-3 liegen, der jüngere in HG 7-10.

Angesichts der unvollständigen Aufnahme ist auch kein Besiedlungsabbruch, sondern eine Belegung über das Ende der äLBK hinaus anzunehmen. Am wahrscheinlichsten ist ein Beginn spätestens in HG 3 mit anschließend kontinuierlicher Belegung bis in jüngeres Šarka, also über mindestens 20 Generationen.

Eine systematische Anordnung der Häuser ist nicht zu erkennen (Stäuble 2005, Beil. 15), so dass eher an das Gruppenwohnplatz-Modell zu denken ist.
AO: Depot Dolní Véstonice des AU Brno
Lit: Tichý 1972 (Brunnen), Stäuble 2005 (Pläne)

49 Nevojice
March-äLBK; M97 (1), M3 (1) – keine weiteren Stücke bekannt.
Lit: Tichý 1960, Abb. 22,4; 23,6

Kerngebiet	HG	Balaton-äLBK						March-äLBK				
		Pityerdomb	Brunn	Strögen	Mold	Rosenburg	Neckenmarkt	Nitra	Žopy	Mohelnice	Žadovice	diverse
Kat. Nr.		21	37	42	38	41	39	36	62	48	58	46, 50
ältere LBK	11											Vedrovice
	10											
frühe ältere LBK	9		I		3/4							
	8				2		1			5		
mittlere äLBK	7		IV		3/4		2					
	6				1					8		
	5		III			3				18		
	4			2		1				11		
frühe äLBK	3			4			5					Ivanovice
	2		II	3								Otrokovice
	1											
	0											
	undatiert			1		2	3, 4					

Abb. A1a Datierung von Siedlungsbefunden im Kerngebiet der äLBK.

50 Otrokovice-Kvitkovice
March-äLBK; M3 (6), M97 (1), L, aber M4/M7 (2/1)
Bei einer Notgrabung 1995 konnte neben zahlreichen jüngerbandkeramischen Befunden ein einzelner ältestbandkeramischer Hausgrundriss dokumentiert werden. Neben einzelnen Pfosten sind die Außengräbchen und Längsgrubenreste erhalten (Ortsakten des Museums Zlín). Die Keramik stammt aus diesen Befunden sowie aus einigen jüngeren Gruben, die die äLBK-Befunde überschneiden.

Eine Siedlungsunterbrechung zwischen der frühen äLBK und der Frühnotenkopf-Phase wird vom Material suggeriert, ist wegen des begrenzten Ausschnittes aber nicht gesichert.
Lit: Langová 2011, Tichý 1960
AO: Museum Zlín

51 Sivice
March-äLBK; L
Lit: Tichý 1960

52 Slavikovice
March-äLBK; L
Lit: Čižmař & Geislerova 1996

53 Spytihněv
March-äLBK; L
Lit: Tichý 1962
AO: Museum Zlín

54 Spytihněv
March-äLBK; L
Lit: Schenk et al. 2008

Kerngebiet	HG	Donau							
		Liter	Balaton-almadi	Szigetszent-miklos	Bicske	Duna-keszi	Hurba-novo	Bina	Mila-novce
Kat. Nr.		15	5	23	9	12	34	31	35
ältere LBK	11								
	10								
frühe ältere LBK	9								
	8								
mittlere äLBK	7								
	6					1/2			
	5					1/2			
	4								
frühe äLBK	3								
	2								
	1								
	0								
	undatiert								

Abb. A1b Datierung von Siedlungsbefunden im Kerngebiet der äLBK.

55 Ujezd-Žadlovice
March-äLBK; L, M97 (2?)
Lit: Tichý 1960

56 Vitovice
March-äLBK; L, M4/M7 (0/1), M97 (2)
Material und Dokumentation waren nicht mehr auffindbar.
Lit: Tichý 1964

57 Velatice
March-äLBK; L, M97 (1)
Lit: Tichý 1960

58 Žádovice
March-äLBK; S (68/173)
Der Übergang äLBK-Notenkopfphase ist mit einer Reihe teils relativ reicher Befundinventare belegt. Allerdings besteht nach HG 9 wohl eine Lücke in der Überlieferung. Das jüngere Material wird wegen der sehr späten Position in der Seriation als HG 12 angesprochen; tatsächlich dürfte der Bereich HG 11-14 in Frage kommen. Danach erst bricht die Besiedlung der (relativ kleinen) gegrabenen Fläche ab.
Lit: Čižmař & Geislerova 1997
AO: MZM Brünn (Bef. 142 war nicht zugänglich)

59 Želešice
March-äLBK; L, M97 (1)
Lit: Tichý 1960

60 Zlín-Malenovice 1
March-äLBK; L
Lit: Langová 2011
AO: Museum Zlín

61 Zlín-Malenovice 2
March-äLBK; L
AO: Museum Zlín

62 Žopy
March-äLBK; M4/M7 (5/14), M3 (7)
Das Fundmaterial von 1957 ist erheblich umfangreicher als die Beschreibung erwarten ließ (Tichý 1960). Neben dem dort präsentierten Material aus Grube 2 lieferten 8 weitere Befunde z.T. recht umfangreiche Inventare, die allerdings teilweise mit jüngerem Material vermischt waren. Ferner stammen die Funde von 1954 und 1959 jeweils aus einer Grube. Wegen des begrenzten Ausschnittes ist auch hier eine Besiedlungslücke zwischen früher äLBK und jüngerem Material plausibel, aber nicht gesichert.
Lit: Pavelčik 1955, Tichý 1960
AO: Museum Zlín (1954, 1959), Depot des UAPP Brno in Dolní Vestonice (1957), wobei Grube 2 nicht aufgefunden wurde und daher nur nach den Abbildungen (Tichý 1960, Abb. 7-12) beurteilt werden kann.

10.5. Böhmen

9.5.1. Ostböhmen
63 Bylany
Balaton-March-äLBK; S (102/532)
Befunde:
Eine Reihe von Befunden kann als N-Gruben angesprochen werden (Tab. C2). Trotz der im Plan scheinbar eindeutigen Bestimmung von Befund 2170 als Nordgrube von Haus 2197 ist diese jedoch zweifelhaft, da die Datierung des relativ gut besetzten Befundes stark von der der Längsgruben des Hauses abweicht. W- und O-Gruben fehlen vollständig.
Wohnplätze und Hausabfolgen:

Auffälliger Unterschied zu vielen anderen Siedlungsplänen ist die fehlende Ordnung der Hausgrundrisse. Sie sind weder in Zeilen wie in Schwanfeld und Bruchenbrücken, noch in Spalten wie in Frankfurt-Niedereschbach angeordnet, auch kein anderes Schema ist erkennbar. Lediglich ganz im Osten der gegrabenen Fläche könnte ein Wohnplatz (die Häuser 2302, 2293, 2294, 2295) im Wander- oder Wechselschritt bebaut worden sein. Auch stehen im Zentrum nach der Seriation wohl gleichzeitige Häuser sehr nah beieinander, nur in Längsrichtung versetzt. Deshalb werden die drei räumlich voneinander abgesetzten Teilareale – der Bereich C nordwestlich der Linie Befund 2123-Befund 2159, im Osten der Bereich A (Streifen G bis J), in der Mitte als Bereich B der Rest – als Gruppenwohnplätze rekonstruiert.

Ansonsten lässt sich eine Zweiteilung in Westen (Wohnplatz C) und Osten (Wohnplätze A/B) der Grabungsfläche begründen. Sowohl die Form der Knubben grobkeramischer Kümpfe (Tab. C13; χ^2=10,18; FG=3, α<0,05) als auch der Anteil verzierter Gefäße (106 von 502=21,1% im W, 254 von 868=29,3% im Osten; χ^2=10,90; FG=1, α<0,001) unterscheiden sich signifikant. An den Verzierungen selbst lassen sich keine signifikanten Unterschiede ausmachen. Dennoch dürfte es sich um zwei Familienverbände analog zu dem in Vaihingen erkannten Modell handeln.
Lit: Pavlů et al. 1986, 1987

64 Chlum
Balaton-March-äLBK; S (2/8)
Lit: Pavlů & Vokolek 1992

65 Hlízov
Balaton-March-äLBK; S (4/33)
Im Gegensatz zu Bylany bilden die drei Häuser hier eine zwar Zeile, die jedoch kein Muster einer Abfolge erkennen lässt. Haus 13 ist undatiert, nach dem Grundriss ist es eher jünger; die Häuser 12 und 14 werden durch wenig Grobkeramik in HG 5 und 6 datiert, wegen einzelner Scherben mit Notenköpfen kann diese Datierung aber nicht als gesichert gelten. Allerdings spricht die Differenz der Wandneigungen zwischen Schalen (67,1°) und Kümpfen (109,5°) sowie der hohe Anteil der ersteren (33 von 73 bestimmbaren Formen=40%) dafür, dass das Material zumindest ganz überwiegend ältestbandkeramisch ist. Die Scherben mit Notenkopfzier könnten dann zu Haus 13 gehörende jüngere Intrusionen sein. Es dürfte sich am ehesten um die Einzelhof-Variante eines Gruppenwohnplatzes handeln, ähnlich wie in Mold. Wegen des begrenzten Ausschnittes ist ein Siedlungsabbruch nach HG 6 oder 7 und eine spätere Wiederbesiedlung zwar nicht gesichert, aber gut möglich.
Lit: Pavlů 2002

66 Holohlavy
Donau-äLBK; S (0/97)
Lit: Pavlů & Vokolek 1996

Böhmen	HG	Nove Dvory	Bylany F A	B	C	Hlízov	Holohlavy	Mittelböhmen	Březno
Kat. Nr.		70	63			65	66	76, 79	82
ältere LBK	11								
	10								
späte äLBK	9								
	8			2226, 2278	2223				
mittlere äLBK	7		2199, 2202	2198, 2209					
	6			2197, 2225, 2299	2295	14	1		
	5		2275	2210, 4000	2224, 2193/94	12			
	4	nn	2244		2193/94			Lochovice	
frühe äLBK	3	11	2201					Prag-Vokovice	
	2								
	1								
	undatiert		2200	2227, 2235 2277, 2297	2290, 2291, 2302	13			

Abb. A2 Datierung von Siedlungsbefunden in Böhmen.

67 Jaroměř
Balaton-March-äLBK; S (2/10)
Lit: Pavlů & Vokolek 1992

68 Jeřice
Lit: Pavlů & Vokolek 1992

69 Jeřice IV
Lit: Pavlů & Vokolek 1992

70 Nové Dvory
March-äLBK; M4/M7 (1/9), M97 (1), M3 (4)
Zwei Hausgrundrisse können durch ihre Längsgruben datiert werden, Haus 11 durch Bef. 3 und 14 in HG 3, ein weiterer Grundriss ohne Nr. durch Bef. 23 in HG 4. Daneben sind noch zwei weitere Befunde in die Seriation eingegangen, Bef. 2 datiert in HG 2, Bef. 36 in HG 1 oder 2. Wegen der geringen Zahl von Befunden ist es nicht ausgeschlossen, dass der Siedlungsbeginn noch nicht erfasst wurde. Damit muss einstweilen offen bleiben, ob die Siedlung im Zuge der Westexpansion in HG 2 gegründet wurde oder bereits älter und Teil des primären Akkulturationsgebietes ist.
Lit: Pavlů 2002

71 Novy Bydžov
Donau-äLBK; S (0/40)
Lit: Pavlů & Vokolek 1992

72 Předmeřice
Donau-äLBK?; S (0/9)
Lit: Pavlů & Vokolek 1992

73 Roždalovice
Balaton-March-äLBK?; wegen des Übergewichtes der Balaton-March-äLBK in Ostböhmen eher dort zugehörig, keine eindeutige Bestimmung möglich.
Lit: Pavlů & Vokolek 1992

74 Smiřice
March-äLBK; M4/M7 (0/1), M3 (4)
Lit: Pavlů & Vokolek 1992

9.5.2. Mittelböhmen
75 Libomyšl I
Donau-äLBK?; S (0/9)
Lit: Stolz 2009
AO: UAPP Nižbor

76 Lochovice
March-äLBK?; M4/M7 (0/3) M3 (2)
Notgrabung, großer Grubenkomplex, mit jüngerem Material vermischt. Etwa 20% des Materials waren zugänglich.
Lit: Stolz 2009
AO: UAPP Nižbor

77 Neumetely III
Donau-äLBK?; S (0/6)
Lit: Stolz 2009
AO: UAPP Nižbor

78 Prag-Liboc
Donau-äLBK; S (1/35)
Lit: Olmerová & Pavlů 1991

79 Prag-Vokovice
Balaton-March-äLBK; M4/M7 (1/2). Zwar M97 und M9, aber keine M3, deshalb nicht eindeutig zuweisbar.
Alter Boden ohne klare Befunde, darin das Fundmaterial. Wegen der sehr frühen Datierung (Grenze HG 2/3) ist anzunehmen, dass das ältestbandkeramische Material trotz der problematischen Befundsituation chronologisch weitgehend homogen ist.
Lit: Vyzkumy v Čechach 2006
AO: UAPP Nižbor

80 Třenice
Balaton-March-äLBK; S (2/11)
Lit: Stolz & Stolzová 2009
AO: UAPP Nižbor

81 Zdice VII
Donau-äLBK; S (0/10)
Lit: Stolz 2009
AO: UAPP Nižbor

9.5.3. Nordwestböhmen
82 Březno
Balaton-March-äLBK; S (nicht alle Stücke datierbar, aber sicher viel verzierte Schalen).
Offenbar ist ein erheblicher Teil der Befunde vermischt, zudem eine eindeutige Zuweisung zu den Hausgrundrissen teilweise problematisch. Weil zumindest überwiegend ältestbandkeramisch, wurden bei den der älteren Siedlungsphase zugewiesenen Befunden die Verzierungstypen ausgezählt. In der Seriation datieren sie in HG 8 und 9.
Lit: Pleinerová & Pavlů 1979

10.6. Südliches Mitteldeutschland

83 Barchfeld
Lit: Einicke 2014

84 Erfurt
Donau-äLBK?; S (1/14)
Lit: Quitta 1960
AO : LM Halle

85 Erfurt-Mittelhausen
Donau-äLBK; M4/M7 (3/0), S (0/36)
Lit: Quitta 1960
AO : LM Halle

86 Großheringen
Donau-äLBK; S (0/10)
Lit: Einicke 2014

87 Hainichen
Lit: Einicke 2014

88 Hirschroda
Lit: Einicke 2014

89 Karsdorf
March-äLBK; M97 (1), M3 (1)
Wenige Streuscherben aus jüngeren Befunden.
Lit: Kaufmann 2011, Behnke 2011

90 Nerkewitz
Donau-äLBK?; S (keine verzierten Schalen, aber drei feinkeramische Kümpfe).
Lit: Einicke 2014

91 Rodameuschel
Lit: Einicke 2014
92 Stöben
Lit: Einicke 2014

93 Weimar-Gaberndorf
Lit: Einicke 2014

94 Zwenkau
Balaton-äLBK; S (Hohle 2012, 84: „auf fast der Hälfte")
Da die Masse des Materials aus den Längsgruben eines Hauses stammt (Hohle 2012, 79), wurde das Inventar (die abgebildeten bzw. im Text erwähnten Verzierungen) in die Seriation einbezogen.
Lit: Hohle 2012

10.7. Nördliches Harzvorland

95 Ballenstedt
Balaton-March-äLBK; S (3/14), S9 (1)
Lit: Quitta 1960
AO : Museum Ballenstedt. Das bei Quitta 1960 abgebildete Material ist verschollen

96 Benzingerode
Haus 2 mit Außengräbchen (Autze 2005, Übersichtsplan) und verzierter Keramik (M21, Autze 2005, Abb.4) sicher äLBK, Haus 1 und südlich davon ein weiteres ohne Nr. dürften wegen der Orientierung ebenfalls ältestbandkeramisch sein. Haus 1 und Haus 2 mit symmetrischer W- und O-Grube unmittelbar N von QR 21.

Kontinuität äLBK/Flomborn unter Siedlungsverlagerung wird postuliert.
Lit: Autze 2005

97 Eilsleben
Donau-äLBK; M96 (1?), M4/M7 (35/20) , S (19/1534)
Insgesamt 5 wohl ältestbandkeramische Grundrisse konnten identifiziert werden, von denen drei durch Längsgruben datierbar sind, A in HG 2, B in HG 6, E in HG 7. Der Graben enthält nur relativ wenige Funde, ist aber dennoch in HG 3 datierbar.

Die gesamte äLBK bis einschließlich HG 9 ist durch Gruben belegt, danach bricht die Besiedlung ab. Ein erheblicher Teil des sehr umfangreichen Materials (gut 4000 bestimmbare Gefäßeinheiten) stammt aus dem Oberboden oder jüngeren Befunden und ist deshalb nicht genauer datierbar. Eine Materialvorlage erfolgt separat (Strien in Vorb. c).
Lit: Kaufmann 1977, 1981, 1982, 1984, 1990, 2011
AO: LM Halle. Ein kleiner Teil v.a. des verzierten Materials war nicht auffindbar.

98 Eitzum
Donau-äLBK; M4/M7 (34/4)
Hier gibt es erhebliche Probleme mit der Datierung der Befunde. Insbesondere die beiden Längsgruben von Haus 4 unterscheiden sich deutlich, obwohl sie relativ viel Material enthalten. Aus stratigraphischen Gründen – das Haus überschneidet den Graben – sollte es frühestens in HG 3 gehören, da dieser frühestens in HG 2 datieren sollte, falls man für Eitzum nicht einen noch früheren Beginn annehmen will, wofür es jedoch keine weiteren Argumente gibt. Die W-Längsgrube und das Außengräbchen datieren auch getrennt etwa in HG 4, was zu dieser Überlegung passt. Die zu alte Datierung der O-Längsgrube in HG 2 kann einstweilen nicht erklärt werden; am ehesten wird man an aufgearbeitetes Material aus einem älteren Befund denken müssen. Haus 5 wird durch allerdings nur zwei verzierte Scherben in HG 2 datiert, die Häuser 1 und 3 in HG 4, Haus 5 in HG 6. Haus 4 wird wegen der räumlichen Nähe zu Haus 3 nicht gleichzeitig sein, die hier vorgeschlagene Datierung in HG 3 kann zwar nicht ganz befriedigen, ist aber die plausibelste Erklärung. Angesichts dieser Unsicherheiten ist eine Regel zur Hausabfolge nicht sicher auszumachen; am wahrscheinlichsten sind die Häuser 2-5 Teil eines Gruppenwohnplatzes.
Lit: Cladders 2001, Stäuble 2005

99 Esbeck 1
March-äLBK?; M3 (4)
Lit: Quitta 1960
AO: Braunschweigisches Landesmuseum Wolfenbüttel

100 Esbeck 2
March-äLBK?; M3 (2), M97 (1)
Lit: Schwarz-Mackensen 1985

101 Gnetsch
March-äLBK; M4/M7 (2/2) M97 (2)
Lit: Quitta 1960
AO: Museum Köthen

102 Halberstadt
Lit: Kaufmann 1982

103 Klein Denkte
March-äLBK?; M4/M7 (0/4), M3 (4)
Zusätzlich zu den Daten von Cladders 2001 wurden die dort erwähnten Lesefunde aufgenommen.
Lit: Cladders 2001
AO: Braunschweigisches Landesmuseum Wolfenbüttel

103a Werdershausen
Lit: Quitta 1960
AO: Museum Köthen

104 Wittmar
Lit: Quitta 1960
AO: Braunschweigisches Landesmuseum Wolfenbüttel

10.8. Oberfranken

105 Stadel
Donau-äLBK; S (keine verzierte Schale abgebildet)
Das Material wurde mit freundlicher Erlaubnis der Bearbeiterin durchgesehen. Da verzierte Schalen auf den ersten Blick zu fehlen scheinen, dürfte es sich um eine Siedlung der Donau-äLBK handeln, zumal die Siedlung wegen einer Sattelspirale (O`Neill 2013, Abb. 7, 2) sicher bis in die späte äLBK besiedelt war. Der Siedlungsplan lässt zunächst an einen Siedlungsabbruch am Ende der äLBK mit späterer Wiederbesiedlung denken (O`Neill 2013, Abb. 3), doch scheint auch ein relativ frühes Flomborn vertreten zu sein (O`Neill & Classen 2013, Taf. 2), so dass eine kleinräumige Verlagerung der Siedlung wahrscheinlicher ist.

Der im Vorbericht vorgestellte Hausgrundriss lässt eine W-Grube in relativ weit nördlicher Lage erkennen (O`Neill 2013, Abb. 4).
Lit: O`Neill 2013, O`Neill & Claßen 2013

106 Zilgendorf
Donau-äLBK; S (0/45)
Zwei mögliche Häuser lassen sich identifizieren. Haus 1 ist anhand von Außengräbchen und Längsgrube 3-16-1 zu vermuten (Schönweiss 1976, Beil. 1). Es ist nicht verlässlich zu datieren, da es nur zwei ansprechbare Verzierungen geliefert hat, darunter ein Einglättmuster (Schönweiss 1976, Taf. 22, 18). Daher ist es nur als eher früh einzuordnen.
Eine weitere mögliche Längsgrube (mit jüngeren Intrusionen) ist Bef. 1-19-1. Praktisch gleich datiert 1-18-3; für eine W-Grube liegt der Befund recht weit südlich, aber noch im Bereich des Üblichen. Haus 2 – so denn die Interpretation richtig ist – wäre dann in HG 6 zu datieren. Im SW der Grabungsfläche fanden sich nur wenige äLBK-Scherben, darunter ein Kumpf mit S-Spirale (Schönweiss 1976, Taf. 1, 1), der allerdings nicht ganz sicher ältestbandkeramisch ist, im Gegensatz zu der bekannten La Hoguette-Imitation aus demselben gestörten Befund. Kontinuität äLBK/Flomborn ist nicht nachweisbar, da erst wieder Befunde eines jüngeren Flomborn datierbar sind, wegen des begrenzten Ausschnittes kann daraus aber auch Diskontinuität nicht zwingend abgeleitet werden.
Lit: Schönweiss 1976
AO: Prähistorische Staatssammlung München

10.9. Unterfranken

Wegen der hohen Zahl an Fundstellen erfolgt die Auflistung nach Landkreisen. Jede Fundstelle wird durch ihre Denkmalnummer im Bayerischen Denkmal-Atlas identifiziert. Daher wird Literatur nur angegeben, soweit Funde der äLBK erwähnt oder abgebildet sind, zumal ein Teil der Fundstellen nie publiziert wurde.

9.9.1. Lkr. Hassfurt
107 Aidhausen-Friesenhausen 1
D-6-5828-0053
Donau-äLBK; S (0/11)
AO: Slg. Lauerbach, Hofheim i. Ufr.

108 Aidhausen-Friesenhausen 2
D-6-5828-0061
Balaton-March-äLBK; S(2/9)
AO: Slg. Lauerbach, Hofheim i. Ufr.

109 Aidhausen-Kerbfeld
D-6-5828-0067
Donau-äLBK; S (0/9)
AO: Slg. Lauerbach, Hofheim i. Ufr.

110 Haßfurt-Prappach
D-6-5929-0054
Balaton-March-äLBK; S (2 verzierte abgebildet)
Lit: Bayer. Vorgeschbl. Beih. 18, 2006, 231 Nr. 2, Abb. 114, 2-6

111 Hofheim i. Ufr.-Lendershausen 1
D-6-5829-0024
Donau-äLBK; M4/M7 (1/0), S (2/36)
AO: Slg. Lauerbach, Hofheim i. Ufr.

112 Hofheim i. Ufr.-Lendershausen 4
D-6-5828-0068
Donau-äLBK; S (0/8)
AO: Slg. Lauerbach, Hofheim i. Ufr.

113 Hofheim i. Ufr.-Lendershausen Mühle
D-6-5829-0034
Donau-äLBK; M4/M7 (1/1), S (1/35)
AO: Slg. Lauerbach, Hofheim i. Ufr.

114 Hofheim in Ufr.-Rügheim 1
D-6-5828-0035
Donau-äLBK; S (2/50)
AO: Slg. Lauerbach, Hofheim i. Ufr.

115 Hofheim in Ufr.-Rügheim „Windschutzanlage“
D-6-5829-0058
Donau-äLBK; S (0/38)
AO: Slg. Lauerbach, Hofheim i. Ufr.

116 Königsberg i.Bay.-Holzhausen
D-6-5929-0013
Zuweisung unklar
AO: Slg. Lauerbach, Hofheim i. Ufr.

117 Königsberg i.Bay.-Römershofen
D-6-5929-0055
Donau-äLBK; M4/M7 (1/0), S (1/12)
AO: Slg. Lauerbach, Hofheim i. Ufr.

9.9.2. Lkr. Schweinfurt

118 Bergrheinfeld-Garstadt
D-6-6027-0013
Lit: Pfister 2012, Kat. Nr. 195

119 Geldersheim
D-6-5926-0014
Donau-äLBK; S(0/20)
AO: Slg. Pfister, Geldersheim/Museum Geldersheim

120 Grettstadt-Untereuerheim
D-6-5928-0032
Lit: Pfister 2012, Kat. Nr. 365

121 Poppenhausen-Kützberg
D-6-5926-0036
Donau-äLBK; S (0/10)
AO: Slg. Pfister, Geldersheim/Museum Geldersheim

122 Poppenhausen-Kützberg
D-6-5926-0041
AO: Slg. Kahnt, Schweinfurt

123 Poppenhausen-Maibach
D-6-5927-0220
AO: Slg. Kahnt, Schweinfurt

124 Schwanfeld 1
D-6-6026-0031
Donau-äLBK; S (2/864)
Außer den Längsgruben sind in Schwanfeld ausschließlich W-Gruben nachweisbar. Von den 10 diesbezüglich anhand von Grabungsplan oder Geomagnetik beurteilbaren Häusern (11, 12, 14-16, 18-22; Lüning 2005, Abb. 3) verfügen nur die Häuser 12, 16 und 21 nicht über diesen Lagetyp. Zwar könnte man Grube 353 als W-Grube zu Haus 12 in Betracht ziehen, doch läge sie dann ungewöhnlicherweise nördlich des Hauses in der Flucht seiner westlichen Längswand.

Problematisch ist die Datierung von Haus 8. Die Längsgruben unterscheiden sich sehr stark in ihrem Typenspektrum und liegen in der Seriation weit auseinander. Gibt man die Teilgruben der W-Längsgrube (493 und 494) getrennt ein, liegen sie jedoch eng beieinander. Die Erklärung, dass ein Teilbefund aufgearbeitetes Material aus einer älteren Grube enthielt oder wegen der Lage an der Grabungsgrenze die Zugehörigkeit eines Befundes zu einem anderen Haus nicht erkennbar war, scheidet daher aus. Eine Erklärung fällt schwer, vielleicht ist das Problem trotz der nicht ganz geringen Fundmenge zumindest teilweise dem Zufall geschuldet. Allerdings weichen die Datierungen in der Seriation nur der Donau-äLBK weniger stark voneinander ab. Wegen dieser Schwierigkeiten ist die Abfolge auf diesem Hofplatz nicht ganz abgesichert; am besten zum Seriationsergebnis passt 6-11-12-9-8, was keinem bekannten Modell entspräche. Jedoch ist auch der Wechselschritt möglich, allerdings mit der Abfolge 6-11-9-12-8. Schließlich darf auch die Möglichkeit nicht aus dem Auge verloren werden, dass es sich um einen Gruppenwohnplatz handelt. Bei dem zweiten Hofplatz ist die Sachlage klarer, dort ist die Abfolge im Wanderschritt, beginnend mit Haus 19 weiterhin die wahrscheinlichste Interpretation. Die Datierung von Haus 3 in HG 3 aufgrund von zwei verzierten Scherben ist unsicher.

Sehr deutlich zeigt die Keramik Unterschiede zwischen den beiden weitgehend ausgegrabenen Wohnplätzen. Der nördliche Wohnplatz hat unter den Kümpfen einen signifikant niedrigeren Anteil grobkeramischer Formen (χ^2=10,74). Offenbar sind dort auch bei den Flaschen grobkeramische Exemplare seltener, denn die mittlere Wandstärke ist mit 10,8 mm erheblich geringer als im Süden (12,5 mm; Kolmogorov-Smirnov-Test: D=0,30; D=n1=80, n2=43 (0,05)=0,26), während dieses Maß bei den Schalen identisch ist (jeweils 8,2 mm). Die Schalen haben zudem eine praktisch identische Verteilung der gemessenen Wandneigungen, die Kümpfe dagegen sind im Süden hoch signifikant stärker geschlossen (Mittelwert 114,5º zu 106,7º; Kolmogorov-Smirnov-Test: D=0,265; D=n1=110, n2=105 (0,01)=0,22).

Schließlich liegen im Süden mehr Knubben mit gekerbtem Ende, im Norden mehr hornförmig gebogene. Weitere Unterschiede sind zwar statistisch nicht signifikant, passen aber zu diesen Daten: grobkeramische Kümpfe sind im Süden häufiger verziert, alle anderen Gefäßformen im Norden, wo insbesondere feinkeramische Verzierungen an Flaschen gehäuft auftreten. Bei den relativen Häufigkeiten der Motive dagegen sind keinerlei Unterschiede erkennbar.

Zwei Datenserien belegen, dass diese Unterschiede auch die einzelnen Häuser jedes Wohnplatzes betreffen: die mittlere Wandstärke der Flaschen liegt im Norden (ohne Haus 6 wegen zu geringer Stückzahl) bei 10,5-11,1 mm, im Süden (ohne Haus 14) bei 11,9-13,3 mm. Der Mittelwert der Wandneigungen der Kümpfe liegt im Norden (wieder ohne Haus 6) bei 104,1º-110º, im Süden (ohne Haus 14) bei 111,7º-118,9º. Damit ist sicher, dass es sich um in sich homogene, aber unterscheidbare soziale Einheiten handelt, unabhängig von der Antwort auf die Frage „Individual- oder Gruppenwohnplatz“. Diese Eigenständigkeit zeigt sich auch an den leichten Unterschieden der chronologischen Entwicklung: beim nördlichen Wohnplatz sind zwischen den beiden in der Seriation als älter eingestuften Häusern 11 und 12 einerseits, 8 und 9 andererseits kaum Unterschiede bei den Wandneigungen von Kümpfen und Schalen feststellbar, die Differenz liegt – wie bei einem Inventar der Donau-äLBK zu erwarten – bei den jüngeren Häusern geringfügig höher (40,6º zu 39,6º), was für die Donau-äLBK ungewöhnlich niedrige Werte sind. Der südliche Wohnplatz verhält sich diesbezüglich anders: die älteren Häuser 18 und 19 haben sowohl flachere Schalen als auch geschlossenere Kümpfe als die Häuser 15 und 16, weshalb die Differenz der Wandneigungen deutlich sinkt (von 49,3º auf 43,7º), was ganz gut den für Häuser dieser Datierung (HG 4/5 bzw. HG 6/7) zu erwartenden Werten der Balaton-March-äLBK entspricht. Da aber ansonsten keinerlei engere Beziehungen in diese Richtung erkennbar sind, handelt es sich offenbar um eine lokale Sonderentwicklung.
Lit: Cladders 2001, Lüning 2005, 2011, Peschek 1970

125 Schwanfeld 2
D-6-6026-0036
Lit: Unterlagen J. Lüning

126 Schweinfurt
D-6-5927-0023
Donau-äLBK; S (0/11)
Lit: Brandt 1985, Kat. Nr. 36, Taf. 15-16
AO: Institutsslg. Würzburg

127 Schweinfurt-Oberndorf
D-6-5927-0032
AO: Slg. Kahnt, Schweinfurt

128 Stadtlauringen
D-6-5828-0015
Balaton-March-äLBK; S (3/40)
Lit: Bayer. Vorgeschbl. Beih. 17, 2005, 266, Abb. 145, 4
AO: Slg. Lauerbach, Hofheim i. Ufr.

129 Stadtlauringen-Oberlauringen
D-6-5728-0045
Donau-äLBK; S (0/9)
AO: Slg. Lauerbach, Hofheim i. Ufr.

130 Stadtlauringen-Wettringen 1
D-6-5828-0035
Balaton-March-äLBK, M4/M7 (0/1) S (8/59)
AO: Slg. Lauerbach, Hofheim i. Ufr.

131 Stadtlauringen-Wettringen 4
D-6-5828-0021
Balaton-March-äLBK S (3/14)
AO: Slg. Lauerbach, Hofheim i. Ufr.

132 Wasserlosen-Burghausen
D-6-5925-0047
Lit: Pfister 2012, Kat. Nr. 630

133 Wasserlosen-Wülfershausen
D-6-5926-0095
Lit: Pfister 2012, Kat. Nr. 650

134 Werneck-Egenhausen 1
D-6-5926-0054
Donau-äLBK ?; S (0/5)
AO: Slg. Pfister, Geldersheim/Museum Geldersheim

135 Werneck-Egenhausen 2
D-6-5926-0055
AO: Slg. Pfister, Geldersheim/Museum Geldersheim

136 Werneck-Schleerieth
D-6-5926-0059
Balaton-March-äLBK??; S (1/6)
AO: Slg. Pfister, Geldersheim/Museum Geldersheim

137 Werneck-Schnackenwerth
D-6-5926-0067
Lit: Pfister 2012, Kat. Nr. 729

138 Werneck-Vasbühl
D-6-5926-0074
AO: Slg. Warmuth

139 Wipfeld 1
D-6-6026-0012/0095
AO: Slg. Kremer, Würzburg

140 Wipfeld 2
D-6-6027-noch o.Nr.
AO: Slg. Ernstson

141 Wipfeld 3
D-6-6027-noch o.Nr.
AO: Slg. Ernstson

9.9.3. Lkr. Kitzingen
142 Dettelbach-Neusetz
D-6-6126-0137
Lit: Schier 1990, Kat. Nr. 75 Pos. 1

143 Kitzingen
D-6-o. Nr. (nicht in der Denkmalliste gefunden).
Balaton-March-äLBK; S (1/2)
Lit: Schier 1990 Kat. Nr. 165, Taf. 2, 1-3
AO: Mainfränkisches Museum Würzburg

144 Kitzingen
D-6-6226-0116
Donau-äLBK; S (selektiertes Material, keine verzierten Schalen, aber vier verzierte feinkeramische Kümpfe).
Lit: Schier 1990, Kat. Nr. 166
AO: Mainfränkisches Museum Würzburg

145 Seinsheim 1
D-6-6327-0092
Balaton-March-äLBK?; S (1/6)
AO: Slg. Keitel, Markt Einersheim

146 Seinsheim 2
D-6-6327-0056
Donau-äLBK; S 1/21)
AO: Slg. Alt, Dornheim

147 Seinsheim-Wässerndorf
D-6-6327-0063
Lit: Schier 1990, Kat. Nr.340, Taf. 4, 2?.3.5

148 Volkach-Obervolkach
D-6-6127-0109
Lit: Schier 1990, Kat. Nr. 381; Taf. 3, 2

149 Willanzheim
D-6-6327-0072
AO: Slg. Alt, Dornheim
Lit: Schier 1990, Kat. Nr. 408

9.9.4. Lkr. Main-Spessart
150 Arnstein-Binsbach
D-6-6026-0011
Lit: Pfister 2012, Kat. Nr. 154

151 Arnstein-Büchold II
D-6-5925-0005
Donau-äLBK?; S (0/4)
AO: Museum Karlstadt

152 Arnstein-Büchold I
D-6-5925-0024
AO: Museum Karlstadt

153 Arnstein-Büchold IV
D-6-5925-0026
Donau-äLBK; S (0/7)
Lit: Obst 2012
AO: Museum Karlstadt

154 Arnstein-Büchold V
D-6-5925-0031
Donau-äLBK; S (0/8)
AO: Museum Karlstadt

155 Arnstein-Büchold VIII
D-6-5925-0033
AO: Museum Karlstadt

156 Arnstein-Heugrumbach
D-6-6025-0022
AO: Museum Karlstadt

157 Arnstein-Schwebenried
D-6-5926-0001
Lit: Pfister 2012, Kat. Nr. 159

158 Zellingen
D-6-6124-0087
AO: Museum Karlstadt

9.9.5. Lkr. Rhön-Grabfeld
159 Unsleben
D-6-5627-0023
AO: Mainfränkisches Museum Würzburg

Nordharz Franken	HG	Eilsleben	Eitzum	Klein Denkte	Zilgendorf	Estenfeld	Schwanfeld		
Kat. Nr.		97	98	103	106	164	124		
ältere LBK	11								
	10								
späte äLBK	9								
	8					2		8	14
mittlere äLBK	7	E				1		9	15
	6	B	2		2			12	16
	5							11	18
	4		1, 3	2				6	19
frühe äLBK	3	Graben	4				3		
	2	A	Graben, 5						
	1								
	undatiert	C, D		1, 3			20-23		

Abb. A3 Datierung von Siedlungsbefunden am Nordharz und in Franken.

9.9.6. Lkr. Würzburg
160 Aub
D-6-6426-0002
Balaton-March-äLBK; S (3/8)
AO: Slg. Oberndörfer

161 Bieberehren-Buch
D-6-6426-0075
AO: Slg. Kallhardt, Bad Mergentheim

162 Bütthard-Oesfeld
D-6-6425-0007
Nicht sicher zuzuweisen, S (1/10)
AO: Slg. Fach, Bütthard-Oesfeld
163 Eisenheim-Untereisenheim
D-6-6126-0019
Lit: Schier 1990, Kat. Nr. 484; Taf. 5-6
AO: Slg. Kahnt, Schweinfurt

164 Estenfeld
D-6-6126-0024
Donau-äLBK; S (6/160)
Grabung beim Bau der Ortsumgehung. Zwei stark erodierte Hausgrundrisse konnten erkannt werden. Bei Haus 1 war neben einigen Pfosten nur die W-Längsgrube und das Außengräbchen erhalten, bei Haus 2 neben zwei Pfosten von QR20 die W-Längsgrube 78 und die Westgrube 52.

Wegen des begrenzten Ausschnittes ist eine kurzfristige Belegung nur während der späten äLBK (wohl HG 7 und 8, Gleichzeitigkeit ist jedoch nicht ausgeschlossen) zwar wahrscheinlich, aber nicht gesichert.
Lit: Hess 2015
AO: Magazin des BLfD Bamberg

165 Estenfeld
D-6-6126-0007
Grabung bei Erschließung eines Gewerbegebietes, Geomagnetik, dabei ein evtl. ältestbandkeramisches Haus; unter den Lesefunden der Slg. Kremer eine äLBK-Scherbe.
Lit: Honeck et al. 2014
AO: Slg. Kremer, Würzburg

166 Estenfeld-Mühlhausen
D-6-6126-0006
Donau-äLBK; M4/M7 (1?/0), S (3/35 – aber zugunsten verzierter Stücke selektiert)
Umfangreiche Lesefunde, verteilt auf mehrere Sammlungen. Das Material der Slg. Winzlmaier ist zuungunsten der unverzierten Randscherben selektiert.
AO: Slg. Winzlmaier, Rimpar-Maidbronn; Slg. Ernstson

167 Gaukönigshofen
D-6-6326-0015
Lit: Schier 1990, Kat. Nr. 512, Taf. 1
AO: Slg. Kremer

168 Hausen b. Würzburg
D-6-6026-0166
Balaton-March-äLBK?; S (1/5)
AO: Slg. Römert

169 Hausen-Erbshausen
D-6-6026-0013
AO: Mainfränkisches Museum Würzburg

170 Hausen-Rieden
Donau-äLBK; S (2/58)
D-6-6026-0170
AO: Slg. Römert

171 Kleinrinderfeld
D-6-6225-0134
Lit: Schier 1990, Kat. Nr. 649

172 Oberpleichfeld
D-6-6126-0051
AO: Slg. Schindler

173 Ochsenfurt-Erlach
Balaton-March-äLBK; S (4/8)
D-6-6226-0065
AO: Slg. Kremer, Würzburg

174 Ochsenfurt-Hohestadt
D-6-6326-0090
Lit: Schier 1990, Kat. Nr. 720

175 Ochsenfurt-Tückelhausen
March-äLBK; M4/M7 (0/2), M3 (4), S (2/11)
D-6-6326-0108
AO: Slg. Keitel, Markt Einersheim; Slg. Ernstson

176 Prosselsheim
D-6-6126-0059
Lit.: Schier 1990, Kat. Nr. 775, Taf. 2, 4
AO: Mainfränkisches Museum Würzburg

177 Randersacker-Lindelbach
D-6-6226-0019
Balaton-March-äLBK; S (1/4)
AO: Slg. Kremer, Würzburg; Slg. Schindler

178 Reichenberg-Fuchsstadt
D-6-6225-0007
Balaton-March-äLBK?; S (1/2) Datierung der Schale nicht ganz sicher.
AO: Slg. Kremer, Würzburg

179 Rimpar
D-6-6125-0002
Donau-äLBK; S (1/7, aber selektierte Altfunde)
Lit: Brandt 1985, Kat. Nr. 68; Taf. 16, 1313.1325
AO: Mainfränkisches Museum Würzburg

180 Rimpar-Maidbronn
D-6-6125-0080
Nicht sicher zuzuweisen, da stark selektiert.
AO: Slg. Winzlmaier, Rimpar-Maidbronn

181 Rottendorf
D-6-6226-0021
AO: Slg. Schindler

182 Uettingen
D-6-6224-noch o.Nr.
AO: Slg. Ernstson

183 Waldbüttelbrunn
D-6-6124-0175
Lit: Schier 1990, Kat. Nr. 863

184 Waldbüttelbrunn-Roßbrunn
D-6-6124-0066
Balaton-March-äLBK; S (2/7)
Lit: Brandt 1985, Kat. Nr. 71
AO: Mainfränkisches Museum Würzburg

185 Würzburg-Lengfeld
D-6-6125-0012
AO: Mainfränkisches Museum Würzburg

186 Würzburg-Versbach
D-6-6125-0026
AO: Slg. Schindler

9.9.7. Lkr. Tauberbischofsheim (Baden-Württemberg)
187 Creglingen-Frauental
Lit: unpubl., Fundstelle Fundber. Baden-Württ. 15, 1990, 515
AO: Slg. G. Oberndörfer, Rothenburg o.T.

188 Creglingen-Waldmannshofen
Balaton-March-äLBK?; S (1/5)
Lit: unpubl., Fundstelle Fundber. Baden-Württ. 8, 1983, 105 Nr. 3
AO: Slg. G. Oberndörfer, Rothenburg o.T.; Slg. Kallhardt, Bad Mergentheim

189 Großrinderfeld
Lit: Fundber. Baden-Württ. 19/2, 1994, 11 Nr. 1 u. Taf. 5, 1

190 Igersheim-Bernsfelden
Lit: Fundber. Baden-Württ. 2, 1975, 10 Taf. 19, 6?
AO: Slg. Kallhardt, Bad Mergentheim

191 Weikersheim-Nassau
Donau-äLBK; S (0/4) aber 5 verzierte feinkeramische Kümpfe; Schalen (erhaltungsbedingt?) unterrepräsentiert.
Umfangreiche Lesefunde, darunter äLBK. Keramik schlecht erhalten.
Lit: unpubl.
AO: Slg. Kallhardt, Bad Mergentheim

9.9.8. Neustadt a.d.Aisch-Bad Windsheim (Reg.-Bez. Mittelfranken; nur NW des Kreises, s. Mittelfranken)
192 Simmershofen-Hohlach 1
D-5-6426-0060
Balaton-March-äLBK; S (2/10)
AO: Slg. G. Oberndörfer, Rothenburg o.T.

193 Simmershofen-Hohlach 2
D-5-6426-0059
AO: Slg. G. Oberndörfer, Rothenburg o.T.

194 Simmershofen-Hohlach 3
D-5-6426-0059
AO: Museum Uffenheim

195 Simmershofen-Hohlach 4
D-5-6426-0059
AO: Museum Uffenheim

10.10. Mittelfranken

196 Ergersheim
Lit: Bayer. Vorgeschbl. Beih. 12, 1999, 17, Abb. 17, 8

197 Ergersheim-Ermetzhofen
Lit: Bayer. Vorgeschbl. Beih. 7, 1994, 31, Abb. 22,5

198 Gallmersgarten-Steinach a.d.Ens
Balaton-March-äLBK; S (3/11)
D-5-6527-0067
AO: Museum Uffenheim

199 Gebsattel
D-5-6627-0102
AO: Museum Uffenheim

200 Hartershofen
Donau-äLBK; S (0/8)
D-5-6527-0231
AO: Slg. Brehm, Rothenburg o. T.

201 Insingen-Lohr 1
Donau-äLBK; S (1/10, aber 6 verzierte feinkeramische Kümpfe).
D-5-6426-0064
AO: Museum Uffenheim, Slg. G. Oberndörfer, Rothenburg o.T.

202 Insingen-Lohr 2
D-5-6426-0176
AO: Museum Uffenheim

203 Insingen-Lohr 3
D-5-6426-0069
AO: Museum Uffenheim

204 Ohrenbach-Habelsee
D-5-6527-0128
Donau-äLBK; S (0/7)
Lit: Dannheimer & Herrmann 1968, 127-128, Taf. 7, 29-37; 8, 27; 9, 44?
AO: Museum Uffenheim

205 Rothenburg 1
D-5-6627-0035
AO: Museum Uffenheim

206 Rothenburg 2
D-5-6627-0046
AO: Slg. G. Oberndörfer, Rothenburg o.T.

207 Uffenheim-Wallmersbach
Lit: Nadler 2011

10.11. Mittelhessen

208 Bad Camberg-Würges
Donau-äLBK; S (3/94)
Das in der Grabungsfläche vollständig erfasste Haus wird durch seine Längsgruben in HG 7 datiert.
Lit: Schade & Schade-Lindig 2003
AO: Landesamt für Denkmalpflege Wiesbaden-Biebrich

209 Bad Nauheim-Steinfurth
Lit: Meier-Arendt 1963, 26, Taf. 12, 1.2.4-7

210 Bad Nauheim-Steinfurth
Donau-äLBK; S (5/64)
Lit: Gronenborn 1997, Cladders 2001

211 Bad Nauheim-Steinfurth
Lit: Kneipp 1998, Nr. 343

212 Bad Nauheim-Wisselsheim
Lit: Saile 1998, 302 Nr. 821; Schade 2004, 188-189

213 Butzbach-Ostheim
Lit: Schade 2004, 110-111, Taf. 13, 3

214 Ebsdorfergrund-Wittelsberg
Balaton-March-äLBK; S (40/134)
Befunde: Wegen der jüngeren Überbauung sind einige äLBK-Befunde gestört. Nicht immer ist eine Trennung des Materials problemlos, da äLBK und Flomborn sich technisch nicht ausreichend unterscheiden. Dennoch können fünf Grundrisse in die letzten beiden Generationen der äLBK datiert werden, zwei weitere sind nur allgemein ältestbandkeramisch.

Haus 4 wird allein durch Funde aus zwei jüngeren Gruben datiert (100262 und 100275), die Außengräbchen und Längsgruben schneiden und deshalb neben einigen Flomborner Scherben aufgearbeitetes äLBK-Material enthalten. Da die Befunde (nach Bereinigung um die sicheren und wahrscheinlichen Flomborn-Scherben) recht ähnlich datieren, kann Haus 4 in HG 8 gestellt werden.

Im Falle der Häuser 19 und 21 scheint die Befundsituation etwas anders zu sein als von der Bearbeiterin angenommen. Zum einen ist nicht ganz klar, ob die Störung des Grundrisses 19 (durch Bauweise und Keramik eindeutig in Flomborn datierbar) durch die äLBK-Befunde 110036 und 110176 im Profil erkennbar war oder nur aus dem Fehlen von Pfosten abgeleitet wurde. Zum anderen sollte wegen des abknickenden Verlaufs der südliche Teil des Wandgräbchens 110041 als Außengräbchen zu Haus 21 gehören – was dafür spricht, dass in diesem Bereich Überschneidungen nicht immer eindeutig zu erkennen waren, in die äLBK-Befunde eingetiefte Pfosten also möglicherweise nicht erkannt wurden. Daher wird hier angenommen, dass Bef. 110036 als Längsgrube von Haus 21 zu betrachten ist, ebenso wie im W Bef. 110062, der aus unbekannten Gründen als Störung des Grundrisses eingestuft wurde. Auch Bef. 110176 dürfte dann als Längsgrube zu Haus 21 gehören, das damit gut datiert wäre in HG 8. Von Haus 19 wurde nur eine Längsgrube (110344) aufgenommen, sie enthielt ein wohl reines Flomborner Inventar, weshalb das Haus in Übereinstimmung mit der Bearbeiterin ganz an den Beginn von Flomborn datiert werden kann. Der Befund wird sowohl in der Korrespondenzanalyse der äLBK als auch in einer des gesamten publizierten hessischen Materials jünger als die drei Längsgruben von Haus 21 eingeordnet. Bef. 110690, Teil eines Grubenkomplexes an der NW-Ecke von Haus 21, wird ebenfalls in HG 8 datiert, wegen der Lage muss seine Zugehörigkeit aber offen bleiben, zumal die frühe Datierung wesentlich durch zwei Vertreter von MR2 beeinflusst wird, das aber bis Flomborn durchläuft; der Befund könnte also auch nach HG 9 datieren, zumal er durch seine Form eher zum Typ der „freien Grubenkomplexe" gehört. Ganz ausgeschlossen ist aber nicht, dass es sich um die Nordgrube von Haus 21 handelt, deren Form bereits nicht mehr dem ältestbandkeramischen Kanon entspricht

Haus 13 wird durch Längsgrube 110360 in HG 9 datiert, Haus 18 durch Längsgrube 110548 in HG 8. Zu Haus 18 gehört mit Bef 110585 (wohl nur der SO-Teil) die einzige N-Grube der Siedlung.

Bei Haus 11 liegen die Längsgruben Bef. 110309 und 110649 in HG 9. Bef 110294 wird durch zwei durchlaufende Typen sehr früh datiert, könnte damit aber ebenso gut noch an den Beginn von Flomborn gehören, die Zugehörigkeit zu Haus 11 bleibt daher zweifelhaft. Sicher ist dagegen offenbar die stratigraphische Position unter Haus 6, das an den Beginn von Flomborn gestellt wird (Hoppe 2010, 26; Material nicht aufgenommen).

Die nach der Bauweise vermutlich ältestbandkeramischen Grundrisse 10 und 23 sind nicht durch Keramik datiert. Bei Haus 26 ist Befund 100649 wohl nicht als Außengräbchen sondern eher als partieller Wandgraben zu deuten, da er den gleichen Abstand von den Gerüstpfosten hat wie die Wandpfosten der westlichen Längswand, es entfällt damit als möglicher äLBK-Grundriss. Die Häuser 4, 18 und 21 haben im Übrigen bereits eine Y-Pfostenstellung im Mittelteil.

Siedlungsplan und verfügbare Datierungen ergeben kein eindeutiges Schema der Hausabfolge, auch wegen der fehlenden Ordnung der Häuser, weshalb Wander- und Wechselschritt auf jeden Fall ausscheiden. Wenn auch die ausschnittsweise Grabung keine letzte Sicherheit erlaubt, wird man auch das Gruppenwohnplatz-Modell in Betracht ziehen müssen. Sicher nachweisbar sind nur die HG 8 und 9, ordnet man auch die beiden undatierten Häuser 10 und 23 dort ein, muss Haus 10 in HG 8 gehören, da es wegen der räumlichen Nähe wahrscheinlich nicht gleichzeitig mit Haus 11 und 13 ist. Haus 23 ist auch mittels solcher Argumente nicht datierbar.

Ähnlich wie in Vaihingen sind in Wittelsberg ältestbandkeramische und frühe Flomborner Befunde auf engstem Raum nebeneinander anzutreffen, eine großräumige Gleichzeitigkeit der beiden Phasen lässt sich also nur postulieren, wenn hier kleinräumig eine umgekehrte Reihenfolge – erst frühes Flomborn, dann späte äLBK – angenommen wird. Mag man dies nach der etwas unklaren stratigraphischen Situation bei Haus 21/Haus 19 noch in Erwägung ziehen, scheidet es bei Haus 11/Haus 6 definitiv aus.
Lit: Hoppe 2010
AO: Museum Kassel

215 Flörsheim-Weilbach
Lit: Meier-Arendt 1963

216 Flörsheim-Weilbach
Balaton-March-äLBK; S (6/?, unter dem abgebildeten Material der Häuser 2 und 4 kein sicherer feinkeramischer Kumpf).
Wahrscheinlich 6 Häuser, davon nur vier durch Pfostenspuren oder beide Längsgruben sicher lokalisierbar. Das älteste Haus 4 (HG 7) ist am stärksten genordet, das bereits frühflombornzeitliche Haus 1 am weitesten nach W gedreht.
AO: unbekannt, nicht auffindbar
Lit: Mattheußer & Söder 2005

217 Frankfurt-Niedereschbach
Balaton-March-äLBK; S (41/191)
Hausgrundrisse: Haus 11/22

Die Gruppe von Befunden wurde bisher als ein Grundriss interpretiert. Die unterschiedliche Orientierung der Reste der Außengräben gibt jedoch Anlass zur Deutung als zwei hintereinander liegende Grundrisse, ähnlich der Situation von Haus1 und Haus 2 oder Haus 8 und Haus 9. Unterstützt wird diese Überlegung durch die Lage von Haus 12, das dann ebenso zu den beiden Nachbarhäusern versetzt wäre wie die Häuser 3 und 10. Bef 313 sowie 354 und 355 (als Rest von QR20) müssten dann zu Haus 11 gehören, Bef. 245, 346 und 352 zu Haus 22.
Haus 13/14

Bei der Erstbearbeitung als zwei Grundrisse angesprochen, wurde die Befundgruppe später zu einem Gebäude zusammengefasst (Stäuble 2005, Taf. 107). Beide Deutungen sind möglich; für ein einzelnes Gebäude spricht der andernfalls sehr geringe Abstand der beiden Querriegel 21 sowie das fehlende dritte, versetzt stehende Haus, das in den anderen drei Fällen hintereinander stehender Häuser stets vorhanden ist. In diesem Falle wäre Bef. 510 nicht Außengräbchen, sondern eher Rest eines NW-Wandgrabens, was gut zum Abstand zu Pfosten 509 passen könnte. Auch ist die Abfolge 14-13, die dem Muster der anderen Wohnplätze entsprechen würde, eher unwahrscheinlich, da Haus 14 bereits eher in HG 10 als 9 datiert und damit zur letzten nachweisbaren Generation gehört. Bei einem so späten Grundriss wäre ein Wandgraben auch nicht überraschend. Deshalb wird hier die Deutung als nur ein Grundriss vorgezogen.
Haus 15

Das Gebäude ist einzig durch den als Außengraben interpretierten Befund 364 identifiziert worden. Da keine weiteren Hinweise auf einen Grundriss vorliegen, wird es als zweifelhaft gestrichen.
Abfolgen:

Auffälligste Eigenheit des Siedlungsplanes sind die unmittelbar hintereinander stehenden Häuser. Im Falle der Gruppe Haus 1, 2, 3 sind alle Häuser datierbar, dabei ergibt sich die Abfolge 2-3-1, wobei nach dem Seriationsergebnis Haus 1 bereits in die erste Flomborn-Generation datiert. Das zweite Haus wäre also neben dem ersten, aber nach hinten versetzt erbaut worden, das dritte unmittelbar hinter dem ersten, also wieder neben dem Vorgänger, aber nach hinten versetzt. Dieser „gestaffelte Wanderschritt" (Lüning 2005, Abb. 17) lässt sich auch für die beiden anderen Wohnplätze mit der gleichen Konstellation postulieren: bei den Häusern 11-12-22 kann Haus 11 in HG 8, Haus 12 in HG 9 datiert werden; Haus 22 ist undatiert, müsste dann aber analog zu Haus 1 ebenfalls bereits in HG 10 gehören. Bei den Häusern 9-10-8 ist die Sache schwieriger; hier ist einzig Grube 223 datierbar

(HG 7), die aber keinem Haus zuzuordnen ist. Allerdings machen zwei Belege von M5 bei Haus 9 eine sehr späte Datierung unwahrscheinlich. Nimmt man daher an, dass Gr. 223 als freie Grube zu Haus 9 gehört, ergibt sich wieder die Abfolge von S nach N in HG 7-9. Deutet man Bef. 223 als O-Grube von Haus 10, wäre dies ebenfalls möglich, dann in den HG 6-8. Ganz vage dagegen ist die Situation bei den Häusern 4, 6 und 7, ist hier doch wegen der relativ großen Abstände schon zweifelhaft, ob sie überhaupt zu einem Wohnplatz gehören; datierbar ist im gesamten Bereich ohnehin kein Befund.

Der Süden der Siedlung dagegen scheint eher dem Wechselschritt zu folgen. Die Seriation ergibt eine Abfolge Haus 20-19-16 in HG 7-9, wobei Haus 16 dann deutlich nach hinten versetzt wäre; Haus 21 datiert in HG 8, was dann eine Abfolge 17-21-18 (in HG 7-9), alternativ im Wanderschritt 21-17-18 in HG 8-10 ergibt. Allerdings ist auch nicht völlig auszuschließen, dass die Häuser 13-21 einen Gruppenwohnplatz bilden.

hauszugehörige Gruben

Abgesehen von den Längsgruben zeichnen sich in der Siedlung weitere direkt einem Haus zuzuordnende Befunde ab. Grube 138 und trotz der unregelmäßigen Form auch Grube 11 können wegen ihrer typischen Lage knapp nördlich von QR 21 als Westgruben von Haus 2 bzw. 1 angesprochen werden, ebenso Grube 247 von Haus 12.

Grube 388 ist wegen des rechteckigen Umrisses und der nur leicht nach W aus der Mittelachse von Haus 19 verschobenen Position wohl als Nordgrube zu deuten. Ob Grube 580 als Westgrube des selben Hauses oder doch eher als Teil einer unregelmäßigen Längsgrube zu sehen ist, ist nicht ganz klar; zwar spricht die Lage für eine W-Grube, doch wäre der Abstand von der Flucht des Außengrabens mit nur 0,5 m der geringste aller beobachteten Fälle. Daher wird hier der Deutung als Teil der Längsgrube der Vorzug gegeben.

Angesichts der insgesamt schlechten Befunderhaltung kann angenommen werden, dass weitere unregelmäßige Befunde N-Gruben sind (H. 17/Gr. 397, H. 18/Gr. 564). Bei beiden Befunden stimmt die Lage mit der gesicherter N-Gruben überein. Grube 324 dagegen könnte sowohl N-Grube zu Haus 10 als auch W-Grube von Haus 8 oder ohne unmittelbaren Lagebezug sein. Bei zwei weiteren Befunden ist die Deutung als N-Grube wegen der sehr schlechten Erhaltung der Hausgrundrisse zwar denkbar, aber zweifelhaft (H. 6/Gr. 170, H. 7/Gr. 262).

Als Ostgruben kommen 223 (zu Haus 10) und 372 (zu Haus 14) in Frage. Im Falle von Bef. 223 ist die Situation auf dem Wohnplatz zu unklar für eine Festlegung. Grube 372 liegt exakt in gleicher Position wie die O-Gruben von Karben und könnte auch in Form und Größe ähnlich sein, was jedoch wegen der Grabungsgrenze nicht zu klären ist. Sie wird daher mitgezählt.

sonstige Gruben

Eine Reihe von Einzelgruben erlaubt keine wie auch immer geartete Zuordnung zu Häusern. Dazu gehört leider auch die sehr materialreiche Grube 223, die vor allem wegen der unklaren Befundsituation von Haus 8 weder diesem, noch Haus 10 eindeutig zuzuweisen ist. Daneben gibt es aber drei Gruppen hausferner Gruben, die aufgrund ihrer Lage die stark gekappten Reste ähnlicher Grubenkomplexe wie in Stuttgart-Mühlhausen (s. dort) sein könnten, sowie eine Reihe einzelner „freier" Gruben.
Lit: Hampel 1992, Bernhardt 1998
AO: Archäologisches Museum Frankfurt

218 Friedberg
Lit: Quitta 1960, Meier-Arendt 1963, 22

219 Friedberg
Lit: Meier-Arendt 1963, 23, Abb. 2, 1

220 Friedberg
Lit: Kneipp 1998, Kat. Nr. 283

221 Friedberg-Bruchenbrücken
Donau-äLBK; S (3/259)

hauszugehörige Gruben

In Bruchenbrücken sind überwiegend N-Gruben nachweisbar. Gesichert ist die Deutung bei Haus 2 (Gr. 5), Haus 10 (für einen Teil der Befunde aus der Grabung 2003 ist aus den Plänen die Nr. nicht zu entnehmen; Fischer 2011, Taf. 9), Haus 11, 14 (Gr. 79) und 16 (Gr. 45). Zusätzlich ist es wahrscheinlich, dass der südliche Teil von Bef. 219 nicht Teil der Längsgrube von Haus 12, sondern N-Grube von Haus 13 ist. Schließlich kommt der gestörte Befund 28 als N-Grube zu Haus 3 in Frage (Lüning 2009, 185). Damit haben nur die Häuser 4, 7, 15 und 17 sicher keine N-Grube, bei den restlichen Häusern ist das N-Ende nicht erhalten oder die Befundsituation nicht klar.

Lediglich zwei sichere W-Gruben sind vorhanden, bei Haus 9 (Gr. 575) und 15. Zusätzlich dürfte es sich bei Gr. 2 um eine W-Grube zu Haus 8 handeln. Da der Befund jedoch offenbar stark gestört ist (Lüning 2009, 185), ist die

Balaton-March	HG	F-Niedereschbach 1	2-4	5	6	7	8	9	Weil-bach	Karben		Wittelsberg N	S
Kat. Nr.		217							216	226		214	
ältere LBK	11												
	10	1		22		14			1				19
späte äLBK	9	3		12	8		16	18	2	II	V		11, 13
	8	2		11	10		20	21	3?	IV		4	10, 18, 21
mittlere äLBK	7				9		19	17	4	III			
	6										VI		
	5												
	4												
frühe äLBK	3												
	2												
	1												
	undatiert		4, 5 6, 7						5, 6		I		23

Abb. A4a Datierung von Siedlungsbefunden in Hessen.

Zuweisung nicht gesichert. Grube 24, die als mögliche W-Grube von Haus 2 angesprochen wurde (Lüning 2009, 185), dürfte eher der Rest einer unregelmäßigen Längsgrube sein; die ungewöhnliche Position weit S von QR 21 spricht gegen die Interpretation als W-Grube

Abfolgen

Bis zur Vorlage des Materials aus der neueren Grabung kann die Abfolge der Häuser nicht abschließend geklärt werden. Unter der Annahme, dass die Bef. 248 und 257 zu Haus 9 gehören, ergibt sich zwar eine Reihe 9-8-3-2 im Wanderschritt, doch datiert Haus 6 gleich wie Haus 3 und ist damit in dieser Abfolge nicht unterzubringen, ebenso wenig wie Haus 4. Deshalb ist die Rekonstruktion als Gruppenwohnplatz derzeit am wahrscheinlichsten, zu dem dann auch die südlich anschließenden Häuser 14-17 gehören würden.

Lit: Cladders 2001, Kloos 1997, Fischer 2011

222 Friedberg-Dorheim

Saile 1998, 328, Fundber. Hessen 36, 86

223 Hanau-Mittelbuchen

Donau-äLBK; S (5/222)

Die drei sicher identifizierbaren Hausgrundrisse wurden bereits beschrieben (Kerig 2008, 26-28). W- oder N-Gruben sind nicht erkennbar. Da ein erheblicher Teil der Keramik aus jüngeren Befunden stammt, verbleibt nur wenig näher datierbares Material. Immerhin ist eine Datierung der Häuser möglich: Haus 1 in HG 6, Haus 2 in HG 4 und Haus 3 (unter der Prämisse, dass 1009 östliche Längsgrube, 1005 der Rest von westlichem Außengräbchen und evtl. auch Längsgrube ist) in HG 3, bei jeweils sehr schmaler Materialbasis. Die Laufzeit der Siedlung ist wegen der geringen Befundzahl nicht zuverlässig einzugrenzen. ein sehr früher Beginn ist aber auch wegen der mehrfach belegten Einglättmuster anzunehmen,

?/ Donau	HG	Wöll-stadt	Ost-heim	Stein-furth	Würges	Mittel-buchen	Bruchen-brücken	
Kat. Nr.		241	234	209	208	223	221	
ältere LBK	11							
	10	2						
späte äLBK	9	1						
	8							
mittlere äLBK	7				1		2	16
	6					1	3, 6	15
	5		1, 2, 3	1			8	14
	4					2	9	
frühe äLBK	3					3		
	2							
	1							
	undatiert		4				4	

Abb. A4b Datierung von Siedlungsbefunden in Hessen

die jüngsten Befunde datieren in HG 6 oder eher 7. Wann genau die Siedlung abbricht oder ob gar Flomborner Befunde außerhalb der Grabungsfläche liegen, die nur die Osthälfte der bekannten Fundstreuung erfasste (Kerig 2008, Abb. 3) – was ein Schalenrand mit eindeutigem Flomborn-Sekundärmuster aus Bef. 853 suggeriert – ist nicht zu klären.
Lit: Kerig 2008
AO: Museum Hanau

224 Hungen-Inheiden
Donau-äLBK; S (0/8)
Lit: Kneipp 1998, Nr. 187, Taf. 28-32

225 Hungen-Villingen
Lit: Meier-Arendt 1963
226 Karben
Balaton-March-äLBK; S (18/98)
2014 wurde ein Ausschnitt aus einer bisher unbekannten äLBK-Siedlung ergraben. Sechs überwiegend sehr gut erhaltene Hausgrundrisse, von denen drei auch reichlich Keramik erbracht haben. Befund und Funde werden separat vorgelegt (Meyer & Strien in Vorb.).

Drei Hausgrundrisse (III-IV-II) können als ein Wohnplatz mit Abfolge im „gestaffelten Wanderschritt" analog zu Frankfurt-Niedereschbach interpretiert werden. Ob Haus I ebenfalls zu diesem Wohnplatz gehört, ist nicht sicher zu entscheiden; in diesem Falle müsste es das älteste Gebäude der Abfolge sein, die dann zunächst im Wanderschritt und erst in der letzten Generation im gestaffelten Wanderschritt zu rekonstruieren wäre. Wahrscheinlicher ist jedoch wegen der Lücke zwischen den Häusern I und III, dass es zu einem weiteren, weitgehend unter der Straße befindlichen Wohnplatz gehört. Bei den Häusern V und VI ist wegen des Abstandes anzunehmen, dass sie zu zwei verschiedenen Wohnplätzen gehören.

Ungewöhnlich sind die an drei Häusern (III, V, VI) nachweisbaren Ostgruben.

Haus V ist architektonisch bereits ein Flomborn-Haus, mit NW-Wandgräbchen, klassischer Y-Pfostenstellung und der deutlich stärkeren W-Orientierung. Ein Außengräbchen ist nur noch auf der O-Seite nachweisbar. Das Haus besitzt neben der O-Grube zusätzlich eine kleine W-Grube, die so weit südlich liegt wie bei keinem anderen Gebäude. Auch in diesem Punkt ist also der Übergang zu Flomborner Verhältnissen bereits vollzogen, lediglich die Lage dicht an der Längsgrube und die längliche Form entsprechen noch dem äLBK-Kanon. Die Keramik trägt ebenfalls schon jüngere Züge, besonders deutlich an einer einzelnen Bandfüllung (B45). Der Motivschatz weist die vier datierbaren Befunde jedoch in HG 9, und auch die bimodale Verteilung der Wandneigungen ist noch vorhanden.
Lit: Meyer & Strien in Vorb.
AO: Landesamt für Denkmalpflege Wiesbaden-Biebrich

227 Karben-Okarben
Lit: Meier-Arendt 1963

228 Kirchhain-Großseelheim
Donau-äLBK; S (0/6 – nur die Stücke aus dem sicheren äLBK-Befund).
Sehr wenig spätes äLBK-Material. Mehrere Inventare eines teils frühen Flomborn sprechen gegen eine Siedlungsunterbrechung.
Lit: Höhn 1992/93
AO: Landesamt für Denkmalpflege Wiesbaden-Biebrich, Schloßmuseum Marburg

229 Münzenberg-Gambach
Balaton-March-äLBK?; S (2/14)
Lit: Meier-Arendt 1963, 21, Abb. 1; Taf. 8-10; 11, 4

230 Münzenberg-Gambach
Donau-äLBK; S (1/103)
Lit: Kneipp 1998, Nr. 293, Cladders 2001

231 Nidda-Ober-Widdersheim
Lit: Kneipp 1998, Nr. 321, Taf. 76, 1.6.7?; 77, 2.14?; Saile 1998, 352 Nr. 1501

232 Niddatal-Assenheim
Lit: Saile 1998, 353 Nr. 1514

233 Niddatal-Assenheim
Balaton-March-äLBK?; einziges bekanntes Gefäß ist eine verzierte Schale.
Lit: Meier-Arendt 1963, Abb. 2, 2

234 Nidderau-Ostheim
Donau-äLBK; S (4/609)
Wohl vier in einer Zeile aufgereihte Hausgrundrisse, davon drei mit z.T. extrem reichen Funden aus den Längsgruben (Befund 1, die W-Längsgrube von Haus 1, enthielt rund 600 Gefäßeinheiten). Von W nach O (s. Ramminger 2003, Abb. K1): Haus 2 mit O-Längsgrube 44 und möglicher O-Grube 45 (im Plan durch schmalen „Schlauch" verbunden), Haus 1, vom jüngeren Kreisgraben geschnitten, mit W-Längsgrube 1 und O-Längsgrube 18 u. 23; von Haus 3 und Haus 4 ist nur jeweils die W-Längsgrube erhalten, wobei Haus 4 keine Funde geliefert hat. Die Inventare der Häuser 1-3 ähneln einander stark, daher ist eine eindeutige Entscheidung für oder gegen ein bestimmtes Modell (Hofplatz oder Gruppenwohnplatz) nicht möglich. Die Gesamtseriation spricht für Gleichzeitigkeit, die deshalb hier angenommen wird, eine Seriation nur des hessischen Materials tendenziell für eine Abfolge im Wechselschritt.
Lit: Gallay & Hansen 2006, Ramminger 2003, 202 Nr. 91-92 u. 204, Abb. K1
AO: Museum Nidderau

235 Nidderau-Windecken
fraglich
Lit: Ramminger 2003, Kat.Nr. 99

236 Rockenberg
Lit: Schade 2004, 181-182 u.Taf. 18, 8

237 Rosbach v.d.H.-Nieder-Rosbach
Lit: Saile 1998, 366 Nr. 1721

238 Schöneck-Kilianstädten
fraglich
Lit: Ramminger 2003, 198 Nr. 61

239 Wölfersheim
Lit: Kneipp 1998, Nr. 351-353 u. Taf. 92; Saile 1998, 372

240 Wölfersheim-Geisenheim
Lit: Kneipp 1998, Nr. 354, Taf. 93, 3; 94, 2.16-18?; Saile 1998, 372

241 Wöllstadt
Zwei Hausgrundrisse, davon einer mit Wandgräbchen im NW-Teil und langen Außengräbchen, ein zweiter schlecht erhaltener, deutlich stärker nach W orientierter ohne erhaltene Außengräbchen, aber mit Wandgräbchen im NW-Teil, dessen W(?)-Grube Material eines sehr frü-

hen Flomborn (HG 10) lieferte. Das andere Haus ist nicht datierbar, dürfte wegen der deutlich stärkeren N-Orientierung aber noch der äLBK angehören. Die durchschnittliche Wandneigung der drei messbaren Kumpfränder von 113° widerspricht dieser Datierung nicht.; Schalenränder fehlen, die einzige Flasche trägt eine dreilinige Spirale wie üblich für äLBK. Der Befund wird deshalb als Abfolge HG 9-HG 10 interpretiert.
Lit: unpubl.
AO: Landesamt für Denkmalpflege Wiesbaden-Biebrich

10.12. Oberrhein

242 Ginsheim-Gustavsburg
Lit: Fundber. Hessen 36, 90; Abb. 33, 3

243 Nackenheim
Donau-äLBK; M4/M7 (1/0), S (4/51)
Lit: Lüning et al. 1989
AO : Landesmuseum Mainz. Teile des bei Lüning et al. 1989 abgebildeten Materials wurden nicht angetroffen.

244 Riedstadt-Goddelau
Donau-äLBK; S (2/104)
Es zeichnet sich eine Abfolge im Wanderschritt ab, Haus 4-3-2 in HG 4-6, wobei die Häuser zum Vorgänger nach hinten versetzt sind. Haus 1 in HG 7 muss nicht zum selben Hofplatz gehören, Haus 5 wird nur durch zwei Scherben und damit ganz unsicher in HG 4 datiert. Die Rekonstruktion als Einzelwohnplatz ist zwar möglich, angesichts der Befundlage kann das Gruppenwohnplatzmodell aber nicht ausgeschlossen werden.
Lit: Cladders 2001, Stäuble 2005

245 Riedstadt-Goddelau
Lit: Gebhard 2007, Kat. Nr. 2201

246 Rüsselsheim-Bauschheim
Lit: Gebhard 2007, Kat. Nr. 2612

10.13. Altbayern

247 Altdorf
Donau-äLBK; S (0/49)
Lit: Reinecke 1983, Cladders 2001

248 Gaimersheim
Donau-äLBK; S (0/19)
Das Material stammt zwar aus einer Grabung des BLfD, wurde aber ohne Befundzusammenhang geborgen. Ein Kumpf mit Spiegelachse S11, die oben in einem einfachen Winkel S9 endet, zeigt eine Verbindung des Inventars ins Neckarland an
Lit: unpubl.
AO: BLfD Ingolstadt, Museum Gaimersheim

249 Irlbach
Balaton-äLBK, Kombination M52/Spirale (s. Kap. 5.2.1.)
Funde aus Bergungen in der örtlichen Tongrube. Neben äLBK auch einiges an Flomborn (z.B. stichgefülltes Band B10) und jüngerer LBK (u.a. ein württembergisches „Blumenstraußmotiv“). Wegen der punktuellen Fundbergungen aus wohl nur wenigen Gruben ist kontinuierliche Besiedlung über die gesamte LBK wahrscheinlich. Das Material von 1953 (Inv. Nr. 3646) ist ausschließlich ältestbandkeramisch und stammt offenbar aus einer einzelnen Fundbergung, es wird daher als Grubeninventar behandelt, zumal es zu den ältesten Inventaren Bayerns gehört und eine Vermischung daher wenig wahrscheinlich ist. Es wird etwa in HG 4 datiert. Die weiteren Funde sind teilweise wohl ebenfalls früh, jedoch liegt auch eine dreilinige Kumpfspirale vor. Verzierte Schalen fehlen, was jedoch wegen der frühen Datierung nicht sicher auf die Donau-äLBK weist, zumal mit der in der Halskehle einer Flasche umlaufenden Fingertupfenleiste (M52), kombiniert mit einer normalen Spiralverzierung (Quitta 1960, Abb. 22c), ein typisches Element der Balaton-äLBK vorliegt.
Lit: Quitta 1960
AO: Gäubodenmuseum Straubing

250 Kösching-Gradhof
Donau-äLBK?; S (0/5)
Lit: Süß 1954, Tillmann 1987
AO: Museum Ingolstadt, z.T. nicht auffindbar

251 Langenbach-Niederhummel
Donau-äLBK; S (0/109)
Im Plan der Grabungsfläche von 2008 deutet sich möglicherweise eine Hausabfolge im „gestaffelten Wanderschritt“ analog zu Niedereschbach an. Zwar sind die Befunde mangels Material nicht datierbar, doch spricht ihre Anordnung für diese Interpretation: (Hofmann et al. 2012, Abb. 1).
Lit: Engelhardt et al. 1991, Hofmann et al. 2009, 2012, Schwarzberg 2014, Strien in Dr.
AO: Depot Freising

	HG	Goddelau	Irlbach	Min-traching	Wang	Nieder-hummel	Ries
Kat. Nr.		244	249	252	258	251	259, 261
ältere LBK	11						
	10						
späte äLBK	9						
	8						
mittlere äLBK	7	1			1		
	6	2		1			
	5	3					Klein-sorheim
	4	4, 5					
frühe äLBK	3						
	2						Enkingen
	1						
	undatiert						

Abb. A5 Datierung von Siedlungsbefunden. Oberrhein, Altbayern, Nördlinger Ries.

252 Mintraching
Donau-äLBK; S (0/82)
Lit: Cladders 2001

252a Mintraching
Lit: Bayer. Vorgeschbl. Beih. 11, 1998, 24, Abb. 29, 9-12.16

253 Moosburg a.d. Isar-Murr
Lit: Neumair 1994, Strien in Dr.
AO: Depot Freising

254 Regensburg-Burgweinting
Balaton-äLBK; M4/M7 (0/2) M3 (0)
Lit: Quitta 1960
AO: Historisches Museum Regensburg

255 Riekofen-Taimering
Lit: Schier 1985

256 Vohburg-Menning
Lit: Kossack 1959, 208, Abb. 37
AO: Museum Ingolstadt

257 Wang-Pfettrach
Donau-äLBK S (0/16)
Lit: Strien in Dr.
AO: Depot Freising

258 Wang-Ziegelberg
Donau-äLBK; S (5/102)
Lit: Cladders 2001

10.14. Nördlinger Ries

Hier werden nur die bereits vorgelegten Inventare berücksichtigt, da eine umfassende Bearbeitung derzeit läuft (Fischer in Vorb.).

259 Enkingen
Donau-äLBK; M4/M7 (15/9)
Wegen der übereinstimmenden Datierung wird Bef. 7 als W-Grube des Hauses bestimmt. Allerdings ist das nur möglich, wenn der südliche Grubenteil, der schräg zum Haus verläuft, als nicht dazugehörig betrachtet wird; aus den Daten geht nicht hervor, wo innerhalb des Befundes die Funde lagen. Da es auch die W-Grube mit dem größten Abstand vom Haus wäre, wird sie nur unter Vorbehalt mitgezählt.

Von Form und Position passt Bef. 57 dagegen als O-Grube, lediglich wegen der Nähe zur Grabungsgrenze ist die Bestimmung etwas zweifelhaft.
Lit.: Cladders 2001, Stäuble 2005

260 Hohenaltheim
Donau-äLBK?; M97 (1), M3 (0)
Lit: Krippner 1984

261 Kleinsorheim
Donau-äLBK?; M4/M7 (2/1)
Lit: Cladders 2001

262 Nördlingen
Donau-äLBK?; Einglättmuster, davon eines ähnlich Vinča (s. Kap. 5.2.1.).
Lit: Krippner 1991

10.15. Neckarland

Hinter dem Ortsnamen wird zur eindeutigen Identifizierung die Nummer im Katalog Eckerle (1966) angegeben. Später entdeckte Fundstellen wurden fortlaufend nummeriert angehängt (ab Nr. 418). Die Fundstellennummern aus dem Katalog 2001 wurden um 1000 heraufgesetzt, lediglich für die Fundstellen aus dem Katalog Bofinger 2005 mussten ganz neue Nr. vergeben werden. Die vollständige Liste mit Koordinaten und weiter aufgeschlüsselter Datierung der späteren Phasen der LBK kann zukünftig online abgefragt werden (dazu Bruhn et al. 2015).

9.15.1. Lkr. Tübingen
263 Ammerbuch-Entringen (607)
Balaton-March-äLBK; S (2/3)
Auch das Grubeninventar ist noch ältestbandkeramisch (HG 8-9).
Lit: Bofinger 2005, Nr. 9.3.4.

264 Ammerbuch-Pfäffingen (608)
Donau-äLBK; S (0/48)
Lit: Bofinger 2005, Nr. 9.4.1.

265 Ammerbuch-Poltringen (611)
Bisher nicht als äLBK gezählt. Das einzige Grubeninventar dürfte aber nach Beschreibung und Abb. noch ältestbandkeramisch sein (Bofinger 2005, 425 u. Taf. 34, 1.2).
Lit: Bofinger 2005, Nr. 9.5.3.

266 Ammerbuch-Reusten (615)
Donau-äLBK; S (0/8)
Lit: Bofinger 2005, Nr. 9.6.8.

267 Neustetten-Wolfenhausen (618)
Die Funde wurden zwar sämtlich als jünger vorgestellt, doch insbesondere ein Kumpfrand wirkt auf der Zeichnung eher ältestbandkeramisch, auch die beiden Schalen wären passend (Bofinger 2005, Taf. 105, 1-3).
Lit: Bofinger 2005, Nr. 10.3.1.

268 Rottenburg „Fröbelweg“ (622)
Donau-äLBK; S (11/337)
Keramik

Die Siedlung wurde zwar erst vor wenigen Jahren vorgelegt (Bofinger 2005), allerdings noch ohne Kenntnis der Arbeit von Cladders 2001. Insofern war es nicht überraschend, dass die Ergebnisse der Neubearbeitung der Keramik deutlich von der Erstbearbeitung abwichen. Das beginnt schon mit der unterschiedlichen Definition der Gefäßformen, es ergab sich aber auch eine ungleich höhere Zahl bestimmbarer Gefäße. Dabei muss allerdings angemerkt werden, dass wegen der sehr großen Zahl an Einzelscherben, die wegen der in den fundreichsten Flächen praktizierten Einzeleinmessung einzeln verpackt sind, eine Auslage des Materials zum Erkennen von Gefäßzugehörigkeiten nicht wirklich möglich war. Zwar wurden zusammengehörige Scherben innerhalb einer Grabungseinheit dennoch wahrscheinlich fast immer erkannt, da sie wiederum als Einheit gepackt sind, aber bereits mit dem benachbarten Quadratmeter war ein solcher Abgleich nicht oder nur in Ausnahmefällen möglich. Die Zahl der tatsächlich vorhandenen Gefäßeinheiten wird also leicht unter den hier vorgestellten Zahlen liegen. Eine wesentliche Verschiebung der Zahlenverhältnisse ist aber nicht zu vermuten.
Befunde

Die Betrachtung der Pläne und der Vergleich mit der Verteilung der Funde auf die Befunde zeigte, dass die Interpretation der Siedlungsstruktur der Erstbearbeitung (Bofinger 2005) revisionsbedürftig ist. Insbesondere konnten die Reste zweier weiterer Hausgrundrisse erkannt werden. Im Einzelnen sehen die Änderungen wie folgt aus:

Haus 6, westlich von Haus 1 gelegen, konnte an seiner östlichen Längsgrube 123/79, dem östlichen Außengräbchen 123/80 und einem einzelnen Gerüstpfosten (133/29, am ehesten der mittlere Pfosten des Joches, das den Mittelteil nach Süden abschließt) identifiziert werden, die weiteren Befunde im Inneren und westlich des Hauses sind offenbar der Erosion zum Opfer gefallen. Allerdings könnte es sich bei der „Verfärbung" 143/30, die in keinem der publizierten Pläne enthalten ist, der Befundbeschreibung zufolge um die letzten Reste der westlichen Längsgrube oder des Außengräbchens handeln. In der Grabungsfläche liegt lediglich das südliche Ende des Hauses.

Haus 7: es ist lediglich das nördliche Ende in der Grabungsfläche erfasst, wobei der Bereich des Hausinneren nahezu komplett fehlt. Auch hier sind östliche Längsgrube 60/195 und östliches Außengräbchen 60/198 erhalten, zusätzlich das westliche Außengräbchen (oder evtl. die Längsgrube) 80/139-140 sowie sehr wahrscheinlich als letzter Rest einer Nordgrube Befund 81/141.

Das „Grubenhaus" Bef. 65/332 dürfte als Nordgrube zu Haus 3 gehören; der angenähert rechteckige Umriss quer zum Haus passt jedenfalls bestens zu dieser Deutung.

Haus 1 verfügt über zwei kleine Westgruben, Bef. 137 und Bef. 77.

Haus 5, schon vom Erstbearbeiter als zweifelhaft eingestuft, dürfte wohl zu streichen sein.

Zwei der drei Häuser mit erhaltenem Nordende verfügen also sicher oder wahrscheinlich über eine Nordgrube, nur bei Haus 2 ist eine solche nicht nachweisbar.

Abfolgen

Wegen des kleinen Ausschnittes und der teilweise recht kleinen Inventare ist die Abfolge der Häuser nicht eindeutig zu klären. Da eng benachbarte Häuser aber z.T. sehr ähnlich datiert werden, ist an einen Gruppenwohnplatz zu denken; zumindest lassen sich weder Wander- noch Wechselschritt wahrscheinlich machen.

Lit: Bofinger 2005
AO: ALM Rastatt

269 Rottenburg (620)
Lit: Bofinger 2005, Nr. 11.10.19/20

270 Rottenburg-Hailfingen (627)
Donau-äLBK; S (12/227)
Das Material dieser Fundstelle wurde zusammen mit Rottenburg „Fröbelweg" bearbeitet (Bofinger 2005) und aus den gleichen Gründen erneut aufgenommen. Dabei zeigten sich Unstimmigkeiten zwischen der Beschriftung der Kartons, der Beschriftung der Scherben und der Publikation. So sind die Inventare der Gruben 3 und 4 wohl nicht mehr eindeutig zu trennen, oder das Material gehört ganz überwiegend zu Grube 4. Weiterhin zeigte sich, dass das Material aus diesen Befunden sowie aus 1a stark selektiert ist; ein Anteil von 60% verzierter Gefäße ist nicht plausibel, insbesondere da die anderen Inventare mit 20% verzierter Gefäße im üblichen Rahmen liegen. Für die chronologische Auswertung sind also nur die Gruben 1, 1a, 2, 3a, 5 und 6 brauchbar, für die Ermittlung der Häufigkeit der Gefäßformen entfällt auch 1a.
Lit: Bofinger 2005, Nr. 11.6.5.
AO: ALM Rastatt

9.15.2. Lkr. Esslingen

271 Filderstadt-Bernhausen 2 (344)
Balaton-March-äLBK; S (4/24), S9 (1?)
Lesefunde von einer LBK-Siedlung, darunter La Hoguette-Keramik (Lüning et al. 1989, 368 u. Abb. 14).
Lit: Strien 2000, 93 u. Taf. 12
AO: WLM Stuttgart

272 Neuhausen a.d. Fildern 4 (350)
Eine einzelne Randscherbe als Lesefund.
Lit: Strien 2000
AO: Slg. Stöckl

273 Ostfildern-Ruit 1 (352)
Als Neufund eine einzelne deutlich organisch gemagerte Randscherbe.
Lit: Strien 2000
AO: ALM Rastatt

9.15.3. Lkr. Böblingen

274 Böblingen (455)
Wenige unpubl. Scherben unter Lesefunden jüngerer LBK, 1985 in der Slg. Gumbsch gesehen.
Lit: Fundber. Baden-Württ. 9, 1984, 561-562

275 Herrenberg-Gültstein (306)
Lit: Bofinger 2005

276 Leonberg-Eltingen (294)
Lit: Fundber. aus Baden-Württ. 8, 1983, Taf. 37B, 3

9.15.4. Stadt Stuttgart

277 Stuttgart-Bad Cannstatt (311)
Donau-äLBK; S (0/?, aber wohl 5 verzierte feinkeramische Kümpfe).
Lit: Quitta 1960, Fundber. Baden-Württ. 8, 1985, 152-154, Taf. 65

278 Stuttgart-Mühlhausen „Viesenhäuser Hof" (325)
Donau-äLBK; S (6/262)
Derzeit die einzige Siedlung, die einschließlich ihres weiteren Umfeldes (bis zu 120 m um die Häuser herum) vollständig ausgegraben wurde. Sechs sichere Hausgrundrisse, ein wahrscheinliches und zwei zweifelhafte weitere Gebäude. Neben Westgruben (bei 6 der 7 Häuser) wurden mehrere größere Grubenkomplexe ergraben, die sich in bis zu 100 m Entfernung von den Häusern befinden. Leider ist nicht zu klären, ob es sich dabei um kommunale Einrichtungen handelt, die für begrenzte Zeit (etwa eine Generation) Bestand hatten und dann verlegt wurden, oder ob sie über die gesamte Siedlungsdauer von jeweils einem Hof aus genutzt wurden. Keramik, Siedlungsplan und Hausgrundrisse werden andernorts vorgelegt (Strien in Vorb. b).

Zu der äLBK-Siedlungsphase gehören auch einige Gräber des Friedhofs, die direkt bei den Häusern, teils in den zugehörigen Gruben, angelegt wurden. Nach dem Abbruch der eigentlichen Siedlungstätigkeit am Übergang zu Flomborn schloss sich an diese Siedlungsbestattungen das um einen großen gleichzeitigen Grubenkomplex gruppierte Flomborner Gräberfeld an. Die Siedlung muss zu dieser Zeit in einigen km Entfernung am Rand des Keuperberglandes gelegen haben, wie die Ergebnisse der Sr-Isotopenanalysen zeigen (Knipper 2011).
Lit: Kurz 1993, Strien in Vorb.
AO: ALM Rastatt, Steinartefakte nicht auffindbar

279 Stuttgart-Neugereut (469)
Balaton-March-äLBK; S (4/36), S9 (1)
Aus zwei Befunden bei Notbergung durch W. Joachim äLBK, unter den wenigen Lesefunden auch spätere Phasen der LBK belegt.
Lit: Fundber. Baden-Württ. 8, 1983, 191-192, Abb. 50-51
AO: Slg. Joachim, Stuttgart

280 Stuttgart-Weilimdorf (329)
Donau-äLBK; S (0/9)
Unpubl. Lesefunde der Slg. Schmidt, dabei auch La Hoguette, ebenso ein Altfund (Lüning et al. 1989, Abb. 13, 9). Hoher Anteil äLBK (etwa ein Drittel des Gesamtgewichts), aber auch Flomborn ist gut vertreten.
Lit: Fundstelle Eckerle 1966, Kat. Nr. 329 und 331
AO: ALM Rastatt

9.15.5. Lkr. Waiblingen

281 Fellbach (513)
Balaton-äLBK; S (1/1)
Mindestens eine Schale wegen Rillenbreite und Wandneigung äLBK. Die Funde sind verschollen.
Lit: Fundber. aus Baden-Württ. 5, 20 Nr. 2 u. Taf. 31A, 1

9.15.6. Lkr. Ludwigsburg

282 Bietigheim-Bissingen (209)
Balaton-March-äLBK; S (29/121)
Bei der Erstbearbeitung war die äLBK überhaupt nicht als solche erkannt worden (Renner 1998, 57), obwohl sie im abgebildeten Material offensichtlich vorhanden ist. Daher wurde das gesamte Inventar durchgesehen und dabei neben der äLBK auch eine Reihe von Flomborner Inventaren aufgenommen, z.T. aus bisher unpublizierten Grabungsflächen. Leider war ein erheblicher Teil der Befunde vermischt, so dass Silices nur teilweise datierbar waren. Eindeutige Zuordnungen von datierbaren Gruben zu den äLBK-Hausbefunden waren nicht möglich, vor allem wegen der intensiven späteren Bebauung. Die gegrabene Fläche blieb bis zum Ende der württembergischen LBK besiedelt, so dass analog zu der Situation in Vaihingen nach der äLBK 13 weitere Hausgenerationen anzunehmen sind, mit entsprechend massiven Störungen der Befundsituation.

Befund 144 datiert in HG 6. Da beiden nächstjüngeren Befunde erst in HG 8 gehören, kann ein Datierungsfehler wegen der geringen Scherbenzahl nicht ausgeschlossen werden. Der Siedlungsbeginn wird deshalb in HG 7 angenommen, mit einem starken Wachstum der Siedlung in HG 9. Wegen der engen räumlichen Nähe ist die Ungleichzeitigkeit von äLBK und Flomborn gesichert.
Lit: Höhn 1986, Renner 1998
AO: ALM Rastatt

283 Ditzingen (280)
Donau-äLBK; S (2/41)
Beim Bau der Westumfahrung wurden von W. Schmidt in Flur „Schweikergrund" u.a. einiges äLBK-Material geborgen, z.T. aus gestörten Gruben. Aus einem mittelneolithischen Befund wohl umgelagerte La Hoguette-Keramik.
Lit: Plan bei Friederich 2011, 327 Abb.283,

Fundstelle: Eckerle 1966, Kat. Nr. 280
AO: ALM Rastatt

284 Erdmannhausen (213)
Wenige Lesefunde
Lit: unpubl., Fundstelle: Eckerle 1966, Kat. Nr. 213
AO: Slg. Kirschmer, Backnang

285 Freiberg-Heutingsheim (226)
Balaton-March-äLBK; S (17/79)
Bei der Anlage eines Golfplatzes 2003 Sondierschnitte durch W. Lämmle Die Befunde sind auf dem Originalplan nicht nummeriert und deshalb nicht exakt lokalisierbar. Auch wenig La Hoguette (zu einem Altfund: Lüning et al. 1989, 367 u. Abb. 13, 10).

Zwei Gruben mit frühem Flomborn, ein Siedlungsabbruch am Ende der äLBK ist daher nicht anzunehmen.
Lit: unpubl., Fundstelle: Eckerle 1966, Kat. Nr. 226
AO: ALM Rastatt

286 Gerlingen (283)
Balaton- bzw. Balaton-March-äLBK; S (Papstäcker: 45/180)
Aus der größeren Fläche in Flur „Rossbaum" wenig Material der Balaton-äLBK (s. Kap. 5.2.1.), aber vier äLBK-Grundrisse und ein Grab, aus der Sondage in Flur „Papstäcker" zwei Hausgrundrisse und reiches Fundmaterial.

Die Organisation der Siedlung ist wegen der lückenhaften Erhaltung unklar, eine Rekonstruktion nach dem Muster von Schwanfeld mit gestaffelten Häuserzeilen ist möglich, aber spekulativ. Grab I könnte ein „Gründergrab" analog Schwanfeld sein; das einzige verzierte Gefäß, ein Kumpf mit auf der größten Weite umlaufender Fingertupfenreihe (M93; Neth 1999, Taf. 73, 1), kann spätestens in HG 5 datieren, eher aber früher (HG 2-3). Damit ist die dort bestattete Frau möglicherweise eine Einwanderin der ersten Welle. Auch das spärliche Material aus den Gruben in Flur „Rossbaum" spricht für einen frühen Beginn der Siedlung.

Die Häuser I und II in Flur „Papstäcker" datieren in HG 9 bzw. 7, hier kommt also eine Abfolge im Wechselschritt in Frage.
Lit: Neth 1999
AO: ALM Rastatt (nur Grabung Papstäcker im Original aufgenommen)

287 Gerlingen (461)
Lit: Neth 1999, 18 u. 192 Nr. 11

288 Korntal-Münchingen (296)
Lit: Quitta 1960; Lüning et al. 1989, Abb. 13, 7.8
AO: ALM Rastatt (wenige unpubl. Lesefunde)

289 Korntal-Münchingen (467)
Wenige unpubl. Lesefunde der Slg. Schmidt. Wegen der geringen Zahl ist Verschleppung nicht ganz ausgeschlossen.
AO: ALM Rastatt

290 Marbach a. N. (242)
fraglich
Lit: Fundber. aus Baden-Württ. 12, 1987, 505-507, Taf. 8, 3?; 9, 13?

291 Markgröningen 1 (245)
Donau-äLBK?; S (nur verzierte Kümpfe abgebildet).
Lit: Fundber. aus Schw. N.F. 16, 1962, 218 Nr. 6, Taf. 23A, 1.2?.4; Eckerle 1966, Kat. Nr. 245 und 246

292 Markgröningen 2 (247)
Donau-äLBK; S (1/35)
Bei der Notgrabung u.a. eines bandkeramischen Gräberfeldes durch W. Schmidt wurden in einer Straßentrasse mehrere äLBK-Grubeninventare geborgen.

Gräberfeld und spätere Siedlungsbefunde setzen zwar erst am Beginn der jüngeren LBK ein, doch sind unter den Lesefunden eine ganze Reihe von flomborner Verzierungen (insbes. B82/83). Eine Siedlungsunterbrechung nach der äLBK kann daher zwar nicht ausgeschlossen werden, ist aber nicht wahrscheinlich.
Lit: unpubl., bekannte LBK-Siedlung (Eckerle 1966, Kat. Nr. 247 und 248).
AO: ALM Rastatt

293 Murr (250)
Lit: Quitta 1960

294 Remseck a. N.-Aldingen (200)
Balaton-March-äLBK; S (2/2)
Lit: Fundber. aus Baden-Württ. 2, 1975, Taf. 5, 1-5; Fundber. aus Baden-Württ. 5, 1980, Taf. 10B, 6.7?.10
AO: ALM Rastatt wenig unpubl. Material, Rest verschollen

295 Remseck a. N.-Neckargröningen (511)
Balaton-March-äLBK?; S (1/1)
Lit: Fundber. aus Baden-Württ. 2, 1975, 35-36 Nr. 3; Taf. 92, 8.10; 93, 13?

296 Vaihingen a.d. Enz (268)
Balaton-March-äLBK; S (168/635)
Unter den rund 230 Hausgrundrissen etwa 40 der äLBK, zahlreiche Grubeninventare, umfangreiches naturwissenschaftliches Material.

Die großflächige Ausgrabung erlaubte die Identifizierung kleinerer Einheiten innerhalb der Siedlung. Die Lage auf der Grenze zweier Regionalgruppen führte dazu, dass Angehörige sowohl der Mittelneckargruppe als auch der Unterland-Kraichgau-Gruppe in der Siedlung lebten. Die (in Flomborner Zeit) bis zu 45 Haushalte verteilten sich dabei auf zwei (Mittlerer Neckar) bzw. drei Familienverbände (Strien 2005, in Vorb. a), wobei sich nur Familienverband A der Mittelneckargruppe anhand seines Familienkennzeichens, des einfachen V- oder U-Motivs als Zwickel (S9) bereits in der äLBK identifizieren ließ.

Das älteste datierbare Gebäude ist Haus 240. Das wenige Material aus den beiden Längsgruben wird in der Seriation etwa in HG 6 gestellt. Ganz unsicher ebenfalls in HG 6 datiert wird Haus 226 durch nur zwei Scherben aus der erhaltenen Längsgrube. Ab HG 7 sind dann mindestens vier Häuser pro Generation datierbar.

Auf der gesamten von äLBK besiedelten Fläche ist auch frühes Flomborn belegt. Da die äLBK v.a. den HG 8 und 9 angehört, kann schon aus räumlichen Gründen kein Zweifel an einer Abfolge der beiden kulturellen Einheiten bestehen. Nicht nur die Ergebnisse der Seriation, auch die Entwicklung der Gefäßformen bestätigen dies. Bei den Wandneigungen der Kümpfe und Schalen ist der übliche Trend der Balaton-March-äLBK zu einer Verschmelzung zu einer Gefäßform erkennbar (Strien 2014, Abb. 11), wobei die mittlerweile breitere Materialbasis zeigt, dass dieser Prozess erst in der zweiten Flomborn-Generation abgeschlossen ist. Der Modalwert verschiebt sich bei Schalen wie Kümpfen zunächst nur Richtung 90°, in HG 10 sind beide Formen etwa gleich gewichtet, erst in HG 11 ist eine eindeutig unimodale Verteilung um 100° herum erreicht.

Lokale Unterschiede in der Entwicklungsgeschwindigkeit förderte der Vergleich der Ergebnisse der Seriation der äLBK mit derjenigen der gesamten württembergischen LBK zu Tage. Selbst größere und daher zuverlässiger datierte Inventare aus dem Areal von Clan D datieren in der Seriation der gesamten württembergischen LBK durchschnittlich etwas jünger als in der Seriation der äLBK (jeweils verglichen mit allen anderen in beiden Seriationen enthaltenen Befunden aus Vaihingen). Das ist offenbar auf das relativ frühe Auftreten einzelner Bandfüllungen bei gleichzeitig nicht ganz so „modernen" äLBK-Motiven zurückzuführen. Es wurde also einerseits mit ganz Neuem experimentiert, andererseits Altes beibehalten, während Clan A stärker den klassischen Typenschatz weiterentwickelte. Andererseits scheinen die Randwinkel der Kümpfe noch stärker in ältestbandkeramischer Tradition zu sein als bei Clan A, was jedoch wegen der geringen Stückzahlen statistisch nicht ganz gesichert ist. Die Schalen werden sogar im Laufe der Zeit etwas flacher statt wie bei Clan A steiler. Daneben ist festzustellen, dass die Trennung von Kümpfen und Schalen durch die Lücke bei den Randwinkeln von 86°-95° im Falle von Clan D deutlicher ausgeprägt ist. Zusätzlich fällt auf, dass Clan D bei allen Gefäßformen einen etwas höheren Anteil verzierter Gefäße aufweist, insgesamt 38,4% gegenüber 33,5% bei Clan A, wobei der Unterschied nicht ganz signifikant ist. Bei detaillierter Betrachtung zeigt sich auch hier wieder ein Unterschied in der Entwicklung: während bei Clan A der Anteil verzierter Gefäße von HG 7 bis HG 9 steil ansteigt, schwankt er bei Clan D nur wenig. und liegt in der letzten Generation der äLBK dann leicht unter dem von Clan A.

Daneben ist ein Unterschied bei den Handhaben zu bemerken. Clan D hat mehr runde und vor allem mehr hornförmig gebogene, weniger ovale Knubben an grobkeramischen Kümpfen; bei Schalen und feinkeramischen Kümpfen hat Clan A etwa gleich viel runde und ovale Knubben, Clan D dagegen fast ausschließlich runde und mehr Ösen. Allerdings sind diese Unterschiede statistisch nicht signifikant. Schließlich unterscheiden sich die Profile der feinkeramischen Kümpfe trotz geringer Stückzahl hochsignifikant; Clan A hat fast ausschließlich konvexe Ränder, während bei Clan D geschwungene Profile überwiegen (31:4 bzw. 7:9, χ^2=11,61).

Damit sind beide Clans der Mittelneckargruppe während der äLBK bereits nachweisbar; für die der Unterland-Kraichgau-Gruppe ist dies zwar ebenfalls anzunehmen, aber wegen zu geringer Materialmengen nicht nachweisbar.

Die Unterschiede zwischen den Familien bei der Lage der Anbauflächen (Bogaard et al. 2011, Strien in Dr. a) sind für die äLBK noch nicht nachgewiesen, da nur eine Probe von Clan A ältestbandkeramisch ist. Damit ist nur nachweisbar, dass die einzige äLBK-Probe ein ähnliches Unkrautspektrum aufweist wie später die Proben von Clan A, aber nicht, dass es bereits einen Unterschied zwischen den Clans gab. Allerdings

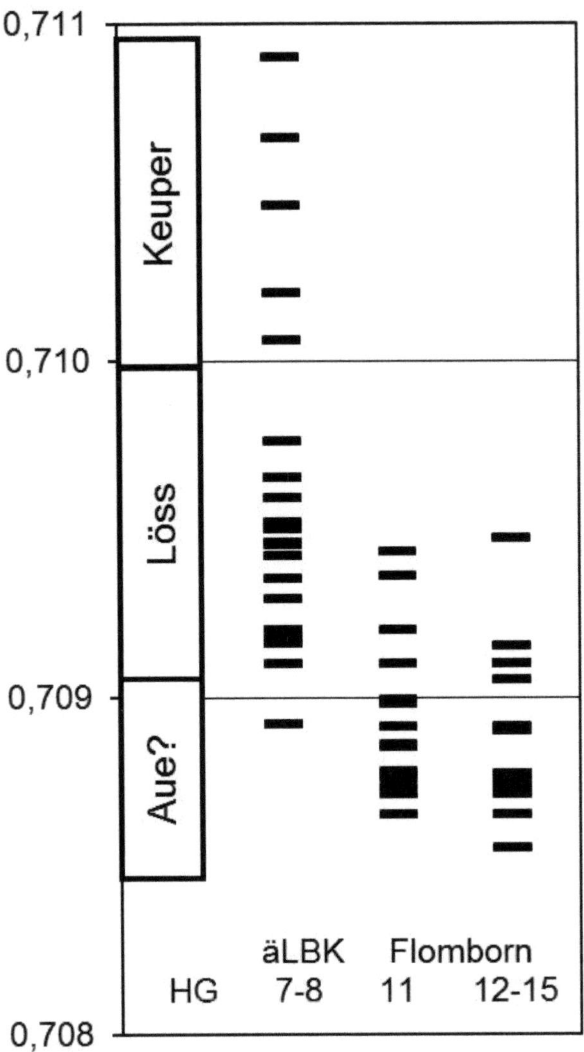

Abb. A7 Sr-Isotopenwerte aus Rinderzähnen von Clan A in Vaihingen.

ist dies recht wahrscheinlich, da es für eine komplette Umstrukturierung der Feldflur zwischen äLBK und Flomborn keine Hinweise gibt. Der Übergang äLBK/Flomborn geht dennoch auch im wirtschaftlichen Bereich mit Änderungen einher. Die geänderten Sr-Isotopenverhältnisse der Rinderzähne zeigen zumindest für Clan A eine Verlegung der Hauptweideflächen an, vom Löss und dem Keuperbergland weg vermutlich in die Aue der Enz (**Abb. A7**; Daten aus Knipper 2011, bei mehreren Messwerten pro Individuum wurden alle Messungen berücksichtigt). Der Wechsel fiel offensichtlich mit dem Ende der äLBK zusammen, muss er doch nach HG 8, aber vor HG 11 stattgefunden haben. Für die anderen Familien liegen bislang zu wenig Daten vor, weshalb auch nicht bekannt ist, ob in der äLBK bereits ein Unterschied zwischen den beiden Regionalgruppen bestand, wie er für Flomborn sichtbar wird (Strien in Vorb. a). Ganz deutlich ist jedoch, dass es zwar graduelle Umstellungen gibt, die äLBK aber nicht weniger landwirtschaftlich ausgerichtet war als die jüngeren Perioden; so gibt es beim Anteil der Jagdtiere an der Fauna keine Unterschiede (Schäfer 2010, Abb. 3), und auch die Botanik liefert keine Hinweise auf eine Intensivierung des Anbaus nach dem Ende der äLBK (Bogaard 2011, 228-230).
Lit: Bogaard 2011, Bogaard et al. 2011, Knipper 2011, Krause 1999, Schäfer 2010, Strien 2005, 2011, in Dr. a, in Vorb. a
AO: ALM Rastatt

9.15.7. Lkr. Pforzheim
297 Knittlingen (1267)
Balaton-March-äLBK; S (3?/3?)
Lit: Heide 2001, Kat. Nr. 267, Taf. 107, 21?.44?.99; 108A, 59.100.101

9.15.8. Lkr. Heilbronn
298 Abstatt (32)
Wenige Lesefunde
Lit: unpubl., Fundstelle Eckerle 1966, Kat. Nr. 32 und 34.
AO: Slg. Schwarzkopf

299 Bad Friedrichshall-Kochendorf (417)
Balaton-March-äLBK; S (16/40)
Lit: Friederich 2011
AO: ALM Rastatt

300 Brackenheim (52)
Balaton-March-äLBK; S (13/28)
Lit: unpubl., Fundstelle Eckerle 1966, Kat. Nr. 52
AO: Slg. Schwarzkopf, ALM Rastatt

301 Brackenheim-Hausen a. d. Zaber 1 (582)
Donau-äLBK; S (0/5)
Lesefunde
Lit: unpubl., Fundstelle Fundber. Baden-Württ. 10, 1985, 459 Nr. 3
AO: Slg. Schwarzkopf

302 Brackenheim-Hausen a. d. Zaber 2 (635)
Donau-äLBK; S (0/5)
Lesefunde
Lit: unpubl.
AO: Slg. Schwarzkopf

303 Brackenheim-Meimsheim 1 (132)
Donau-äLBK; S (0/13)
Lesefunde

Neckarland	HG	Rotten-burg	Hail-fingen	Gerlin-gen	Vaihingen	Bietigheim-Bissingen	Heutings-heim	Mühl-hausen	Oed-heim	Bad Fried-richshall	Mann-heim
Kat. Nr.		268	270	286	296	282	285	278	315	299	323
ältere LBK	11							Gräber-feld II			
	10										
späte äLBK	9			I	44, 47, 122, 238, 271			II	2?		
	8	3, 6			104, 241, 248, 259, 401			IV, VI	1		1
mittlere äLBK	7	1, 2		II	243, 261, 400, 402			I, III			
	6	4, 7			226, 240			VII			
	5			6							
	4			10							
frühe äLBK	3			3							
	2										
	1										
	undatiert			8	ca. 20 weitere			V			

Abb. A6 Datierung von Siedlungsbefunden in Württemberg.

Lit: unpubl., Fundstelle Eckerle 1966, Kat. Nr. 132
AO: Slg. Schwarzkopf

304 Brackenheim-Meimsheim 2 (133)
Donau-äLBK?; S (0/4)
Lesefunde, ein Grubeninventar aus Notbergung.
Lit: unpubl., Fundstelle Eckerle 1966, Kat. Nr. 133
AO: Slg. Schwarzkopf

305 Brackenheim-Meimsheim 3 (134)
Balaton-March-äLBK; S (5/8)
Lesefunde
Lit: unpubl., Fundstelle Eckerle 1966, Kat. Nr. 134
AO: Slg. Schwarzkopf

306 Brackenheim-Meimsheim 4 (581)
Balaton-March-äLBK; S (12/62)
Lesefunde, zwei Grubeninventare und weiteres Material aus Notbergung.
Lit: Fundber. aus Baden-Württ. 9, 1980, 620-622, Abb. 37, 2-7.9; Fundber. aus Baden-Württ. 12, 1987, 491, Taf. 3A
AO: Slg. Schwarzkopf, ALM Rastatt

307 Eppingen (1305)
Lit: Fundber. aus Baden-Württ. 19/2, 1994, Taf. 2B, 7?.8.10; zur Fundstelle Heide 2001, Kat. Nr. 305

308 Güglingen (640)
Lesefunde, Fundstelle unpubl.
AO: Slg. Schwarzkopf, Städtische Museen Heilbronn

309 Heilbronn-Böckingen (685)
Lesefunde, Fundstelle unpubl.
AO: Slg. Schwarzkopf

310 Heilbronn-Frankenbach 1 (73)
Lesefunde
Lit: unpubl., Fundstelle Eckerle 1966, Kat. Nr. 73
AO: Slg. Schwarzkopf

311 Heilbronn-Frankenbach 2 (75)
Balaton-March-äLBK; S (5/12)
Unpubl. Lesefunde
Lit: unpubl., Fundstelle Eckerle 1966, Kat. Nr. 75
AO: Slg. Schwarzkopf

312 Lauffen a. N. (124)
Lesefunde
Lit: Eckerle 1966, Kat. Nr. 124
AO: Städt. Museen Heilbronn

313 Leingarten-Großgartach 1 (83)
Donau-äLBK; S (0/20)
Lit: Strien 2013b; Eckerle 1966, Kat. Nr. 83
AO: Städt. Museen Heilbronn

314 Leingarten-Großgartach 2 (92)
Donau-äLBK; S (0/6)
Lit: Strien 2013b; Eckerle 1966, Kat. Nr. 92
AO: Städt. Museen Heilbronn

315 Oedheim (164)
Donau-äLBK; S (3/59)
Drei Hausgrundrisse, davon zwei der äLBK, aus Grabung der Bodendenkmalpflege am Siedlungsrand, wohl HG 8 und 9. Mehrere Gruben mit frühem Flomborn belegen die Fortdauer über das Ende der äLBK hinaus. Die Siedlung bestand wohl ununterbrochen bis mindestens mGG A.
Lit: Neth 2007, Eckerle 1966, Kat. Nr. 164
AO: ALM Rastatt

9.15.9. Lkr. Mosbach
316 Mosbach (488)
Fußgefäß, äLBK?
Lit: Fundber. aus Baden-Württ. 15, 1990, 527; Taf. 20F

9.15.10. Lkr. Karlsruhe
317 Bretten (1011)
Grube 45 wird an den Übergang äLBK/Flomborn gehören, einzelne Lesefunde sind ähnlich einzuschätzen, u.a. eine Scherbe im ALM Rastatt mit 2,5 mm breiten Rillen.
Lit: Heide 2001, Kat. Nr. 11 und 17, Taf. 33B (intrusiv: 623); 51, 28; 52, 21?
AO: ALM Rastatt (nur einige Lesefunde), Rest wohl Badisches Landesmuseum Karlsruhe

318 Kraichtal-Münzesheim (1122)
Balaton-March-äLBK?; M4/M7 (0/1)
Lit: Heide 2001, Kat. Nr.122, Taf. 81

319 Oberderdingen (1166)
Datierung nicht ganz sicher, nicht am Material überprüft.
Lit: Heide 2001, Kat. Nr. 166, Taf. 85B, 3?.16?; 86, 12?

320 Sulzfeld (1184)
Unter den ins ALM Rastatt gelangten Funden drei äLBK-Scherben.
Lit: Heide 2001, Kat. Nr. 184, Taf. 91, 72.108?; 92, 2
AO: ALM Rastatt

9.15.11. Lkr. Heidelberg
321 Heidelberg-Kirchheim
Lit: Quitta 1960

322 Wiesloch (1249)
Balaton-March-äLBK; S (3/4)
Neben zwei Gruben mit jüngerer LBK verstreut zwischen großen Mengen von Material jüngerer Perioden einzelne LBK-Scherben, darunter äLBK. Nur Teile des sehr umfangreichen Fundus durchgesehen.
Lit: Heide 2001, Kat. Nr. 249, Taf. 105B, 10?.11.16.28
AO: ALM Rastatt

9.15.12. Stadt Mannheim
323 Mannheim-Vogelstang
Donau-äLBK; S (0/124)
Lediglich Befund 166 ist als östliches Außengräbchen und Längsgrube einem Haus (der HG 8) zuzuordnen.
Lit: Lindig 2002
AO: Reiss-Engelhorn-Museum Mannheim

10.16. Östliche äLBK

9.16.1. Schlesien
324 Gniechowice
Donau-äLBK; M4/M7 (5/2)
Lit: Kulczycka-Leciejewiczowa & Romanow 1985

325 Stary Zamek
Donau-äLBK; M4/M7 (2/0)
Die Längsgruben 138 und 158 datieren Haus 1 in HG 5.
Lit: Kulczycka-Leciejewiczowa & Romanow 1985

9.16.2. Ukraine
326 Josipivka
Lit: Dębiec & Saile 2015

327 Mezhirich
Lit: Dębiec & Saile 2015

328 Rivne
Lit: Dębiec & Saile 2015

Literaturverzeichnis / Bibliographie / Bibliography

Autze 2005
T. Autze, Linearbandkeramische Siedlung und endneolithische Gräber. In: H. Meller (Hrsg.), Quer-Schnitt: Ausgrabungen an der B6n, 1. Benzingerode-Heimburg. Arch. In Sachsen-Anhalt, Sonderbd. 2, Halle 2005, 39-51.

Bánffy 2004
E. Bánffy, The 6th Millenium BC Boundary in Western Transdanubia and its Role in the Central European Neolithic Transition. Budapest 2004.

Bánffy 2006
E. Bánffy, Eastern, Central and Western Hungary – variations of neolithisation models. Documenta Praehistorica XXIII, Lubljana 2006, 125-142.

Bánffy 2015
E. Bánffy, Wurzeln und Herkunft der ersten Bauern aus dem südöstlichen Mitteleuropa. In: Th. Otten, J. Kunow, M. Rind, M. Trier, Revolution Jungsteinzeit. Archäologische Landesausstellung Nordrhein-Westfalen. Darmstadt 2015, 73-81.

Bánffy et al. 2007
E. Bánffy, I. Juhász & P. Sümegi, A prelude to the Neolithic in the Balaton region: New results to an old problem. In: A short walk through the Balkans: The first farmers of the Carpathian basin and adjacent regions, Societa per la preistoria e protoistoria della regione Friuli-Venezia Giulia, Quaderno 12, 2007, 223-237.

Bánffy & Oross 2009
E. Bánffy & K. Oross, Three successive waves of Neolithisation : LBK development in Transdanubia. Documenta Praehistorica XXXVI, 2009, 175-189.

Bánffy & Oross 2010
E. Bánffy & K. Oross, The earliest and earlier phase of the LBK in Transdanubia. In: D. Gronenborn, J. Petrasch (Hrsg.), Die Neolithisierung Mitteleuropas. Internationale Tagung, Mainz 24. bis 26. Juni 2005. RGZM-Tagungen Bd. 4, Mainz 2010, 255-272.

Bánffy & Réti 2008
E. Bánffy & Z. Réti, The earliest neolithic architecture in County Zala – a reconstruction of the homesteads at Szentgyörgyvölgy-Pityerdomb. Zalai Múzeum 17, 2008, 11-19.

Behnke 2011
H. J. Behnke, Erste Siedler der Linienbandkeramik in der Karsdorfer Feldflur. Ergebnisse der Grabungen im Jahr 2005. Arch. Sachsen-Anhalt 5, 2011, 184-199.

Bernhardt 1998
G. Bernhardt, Frankfurt am Main-Niedereschbach: ein ältestbandkeramischer Siedlungsplatz. Beitr. Denkmalschutz Frankfurt a. M. 10, Frankfurt/M. 1998.

Blouet et al. 2013
V. Blouet., T. Klag, M.-P. Petitdidier & L. Thomashausen, Le Néolithique ancien en Lorraine. 2 Bde, Paris 2013.

Bofinger 2005
J. Bofinger, Untersuchungen zur neolithischen Besiedlungsgeschichte des Oberen Gäus. Materialh. Arch. Baden-Württemberg 68, Stuttgart 2005.

Bogaard 2011
A. Bogaard, Plant use and crop husbandry in an early Neolithic village. Vaihingen an der Enz, Baden-Württemberg. Bonn 2011.

Bogaard et al. 2011
A. Bogaard, R. Krause & H.-Chr. Strien, Towards a social geography of cultivation and plant use in an early farming community: Vaihingen an der Enz, south-west Germany. Antiquity 85, 2011, 395-416.

Bramanti et al. 2009
B. Bramanti, M. G. Thomas, W. Haak, M. Unterlaender, P. Jores, K. Tambets, I. Antanaitis-Jacobs, M. N. Haidle, R. Jankauskas, C.-J. Kind, F. Lueth, T. Terberger, J. Hiller, S. Matsumura, P. Forster & J. Burger, Genetic Discontinuity Between Local Hunter-Gatherers and Central Europe's First Farmers. Science 326, 2009, 137-140.

Brounen 2014
F. Brounen, Het non-LBK aardewerk. In : I van Wijk, L. Amkreutz & P. van de Velde, „Vergeten" Bandkeramiek. Een Odyssee naar de oudste neolithische bewoning in Nederland. Leiden 2014, 437-456.

Bruhn et al. 2015
K.-C. Bruhn, Th. Engel, T. Kohr & D. Gronenborn, Integrating complex archaeological datasets from the Neolithic in a web-based GIS. In : F. Giligny, F. Djindjian, L. Costa, P. Moscati, S. Robert (Hrsg.),

Proceedings of the 42nd Annual Conference on Computer Applications and Quantitative Methods in Archaeology. CAA 2014 – 21st Century Archaeology, Oxford 2015, 341-348.

Čižmař 1998
Z. Čižmář, Nástin relativní chronologie lineární keramiky na Moravě. Acta Musei Moraviae 83, 1998, 105-139.

Čižmař & Geislerova 1996
Z. Čižmář & K. Geislerová, Sídliště kultury s lineární keramikou ve Slavíkovicích, okr. Vyškov. Pravěk, Nová řada 6, 1996, 51-74.

Čižmař & Geislerová 1997
Z. Čižmář & K. Geislerová, pohřby v jamách na sídlišti kultury s lineárni keramikou v Žadovicích, okr. Hodonín. Pravěk nová řada 7, 1997, 39-75.

Cladders 2001
M. Cladders, Die Tonware der Ältesten Bandkeramik. Untersuchungen zur zeitlichen und räumlichen Gliederung. Universitätsforsch. Prähist. Arch. 72, Bonn 2001.

Cladders & Stäuble 2003 M. Cladders & H. Stäuble, Das 53. Jahrhundert v. Chr.: Aufbruch und Wandel. In: J. Eckert, U. Eisenhauer, A. Zimmermann (Hrsg.), Archäologische Perspektiven. Analysen und Interpretationen im Wandel. Festschrift für Jens Lüning zum 65. Geburtstag. Internat. Arch Studia Honoraria2 , Rahden/Westf. 2003, 491-504.

Claßen 2012
E. Claßen, Siedlungen der Bandkeramik bei Königshoven. Rhein. Ausgr. 64, Darmstadt 2012.

Dannheimer & Herrmann 1968
H. Dannheimer & F.-R. Herrmann, Rothenburg o. T.: Katalog zur Vor- und Frühgeschichte in Stadt und Landkreis. Kallmünz/Opf. 1968.

Dębiec & Saile 2015
M. Dębiec & Th. Saile, Zu den östlichsten Siedlungen der frühen Bandkeramik. Prähist. Zeitschr. 90, 2015, 1-19.

Denaire 2009
A. Denaire, Radiocarbon dating of the western European Neolithic: comparison of the dates on bones and dates on charcoals. Radiocarbon 51/2, 2009, 657-674.

Dombek 1989
G. Dombek, Die ^{14}C-Daten von Ulm-Eggingen. In: C.-J. Kind, Ulm-Eggingen. Bandkeramische Siedlung und mittelalterliche Wüstung. Stuttgart 1989, 401-412.

Eckerle 1966
K. Eckerle, Bandkeramik aus dem mittleren Neckarland. Unpubl. Diss. Freiburg/Br.

Einicke 2014.
R. Einicke, Die Tonware der Linienbandkeramik im östlichen Thüringen. Langenweißbach 2014.

Engelhardt et al. 1991
B. Engelhardt, H. Küster & E. Neumair, Letzte Nomaden und erste Siedler bei Langenbach/ Niederhummel. Archäologie im Landkreis Freising 2, 1991, 43-63.

Fischer 2011
A.-L. Fischer, Die Silexartefakte der bandkeramischen Siedlung Bruchenbrücken, Stadt Friedberg/Hessen. In: J. Lüning (Hrsg.), Untersuchungen zu den bandkeramischen Siedlungen Bruchenbrücken, Stadt Friedberg (Hessen), und Altdorf-Aich, Ldkr. Landshut (Bayern). Universitätsforsch. Prähist. Arch. 203, Bonn 2011, 5-90.

Fischer in Vorb.
A.-L. Fischer, Die älteste Bandkeramik im Nördlinger Ries. Diss. Köln.

Friederich 2011
S. Friederich, Bad Friedrichshall-Kochendorf und Heilbronn-Neckargartach. Forsch. u. Ber. z. Vor- u. Frühgesch. in Baden-Württemberg 123, Stuttgart 2011.

Frirdich 2005
C. Frirdich., Struktur und Dynamik der bandkeramischen Landnahme. In: J. Lüning, C. Frirdich, A. Zimmermann (Hrsg.), Die Bandkeramik im 21. Jahrhundert. Internat. Arch. ASTK, Rahden/ Westf. 2005, 81-109.

Galeta & Bruzek 2009
P. Galeta & J. Bruzek, Demographic model of the Neolithic transition in Central Europe. Documenta Praehistorica XXXVI, 2009, 139-150.

Gallay & Hansen 2006
G. Gallay & S. Hansen, Ein bandkeramischer Statuettenkopf aus Nidderau-Ostheim, Main-Kinzig-Kreis, Hessen. Germania 84/2, 2006, 245-266.

Gläser 1993
R. Gläser, Die Linienbandkeramik in Transdanubien. Beiträge zu ihrer Chronologie und Entstehung. Unpubl. Diss. Heidelberg 1993.

Gronenborn 1997
D. Gronenborn, Silexartefakte der ältestbandkeramischen Kultur. Universitätsforsch. Prähist. Arch 37, Bonn 1997.

Hachem 2011
L. Hachem, Le site néolithique de Cuiry-lès-Chaudardes. I. De l'analyse de la faune à la structuration sociale. Int. Arch. 120, Rahden/Westf. 2011.

Hampel 1992
A. Hampel, Ein ältestbandkeramischer Siedlungsplatz. Frankfurt am Main-Niedereschbach. Teil 1: Die Befunde. Beitr. Denkmalschutz Frankfurt a. M. 5, Frankfurt/M. 1992.

Heide 2001
B. Heide, Das ältere Neolithikum im westlichen Kraichgau. Internat. Arch. 53, Rahden/Westf. 2001.

Heinen & Strien in Vorb
M. Heinen & H.-C. Strien. Spätmesolithikum und Frühneolithikum im Nordwesten – zwei Seiten einer Medaille? (Arbeitstitel).

Herren 2003
B. Herren, Die alt- und mittelneolithische Siedlung von Harting-Nord, Kr. Regensburg/ Oberpfalz. Archäologische Berichte, Bd. 17, 2003.

Hess 2015
V. Hess; Untersuchungen zur ältestbandkeramischen Siedlung von Estenfeld, Lkr. Würzburg. In: M. Hoppe (Hrsg.), Beiträge zur Archäologie in Ober- und Unterfranken 9, 2015, 7-62.

Höhn 1986
B. Höhn, Ausgrabungen in der bandkeramischen Siedlung bei Bietigheim-Bissingen, Kreis Ludwigsburg. Arch. Ausgr. In Baden-Württ. 1985 (1986), 41-45.

Höhn 1992/93
B. Höhn, Vorbericht über die Ausgrabungen in der bandkeramischen Siedlung von Großseelheim, Stadt Kirchhain,, Kr. Marburg-Biedenkopf. Ber. Komm. f. arch. Landesforsch. Hessen 2, 1992/93, 7-17.

Hofmann et al. 2009
D. Hofmann, E. Neumair & A. Whittle, Neue Untersuchungen zur ältesten Linearbandkeramik im Raum Freising. Das archäologische Jahr in Bayern 2008, Stuttgart 2009.

Hofmann et al. 2012
D. Hofmann, R. A. Bentley, P. Bickle, A. Bogaard, J. Crowther, P. Cullen, L: Fibiger, G. Grupe, J. Hamilton, R. Hedges, R. Macphail, G. Nowell, J. Pechtl, M. Salque, M. Schultz & A. Whittle, Kinds of diversity and scales of analysis in LBK. In: R. Smolnik (Hrsg.), Siedlungsstruktur und Kulturwandel in der Bandkeramik. Beiträge der internationalen Tagung „Neue Fragen zur Bandkeramik oder alles beim Alten?!", Leipzig 23 bis 24. September 2010, Dresden 2012, 107-117.

Hohle 2012
I. Hohle, Die Älteste Linienbandkeramik von Zwenkau-Nord (Lkr. Leipzig). Arch. Inf. 35, 2012, 75-88.

Honeck et al. 2014
M. Honeck, Th. Link & U. Müller, Prospektion und Ausgrabung: Eine linienbandkeramische Siedlungslandschaft bei Estenfeld. Das archäologische Jahr in Bayern 2013 (2014), 11-13.

Hoppe 2011
W. Hoppe, Kontinuität oder Bruch? Der Übergang von der ältesten Bandkeramik zu Flomborn in Hessen am Beispiel der Siedlungen Ebsdorfergrund-Wittelsberg, Ldkr. Marburg-Biedenkopf, und Hof Schönau, Kr. Groß-Gerau. Unpubl. Diss. Mainz 2011.

Horváth 2002
L. Horváth, Neolithische Funde und Befunde in Dunakeszi, Acta Arch. Acad. Sc. Hun.53, 2002, 1-40.

Horváth 2006
F. Horváth, Comments on the connections between the Vinča complex and the Carpathian basin. In: N. Tasić C. Grozdanov (Hrsg.), Hommage to Milutin Garašanin, Belgrad 2006, 309-398.

Jakucs & Voicsek 2015
J. Jakucs & V. Voicsek, The northernmost distribution of early Vinča Culture in the Danube valley: a preliminary study from Szederkény-Kukorica-dülö (Baranya County, southern Hungary). Antaeus 33, 2015, 13-54.

Jeunesse 2000
C. Jeunesse, Ensembles mixtes et faciès de transition: contribution à la chronologie du Néolithique ancien du Bassin Parisien. Actes du Congrès National des Sociétés Historiques et Scientifiques 125, 429-447.

Kalicz 1980
N. Kalicz, Funde der ältesten Phase der Linienbandkeramik in Südtransdanubien. Mitt. Arch. Inst. Ungar. Akad. Wissenschaften 8/9, 1978/79 (1980) 13-46.

Kalicz 1990
N. Kalicz, Frühneolithische Siedlungsfunde aus Südwestungarn. Quellenanalyse zur Geschichte der Starčevo-Kultur. Inventaria Praehist. Hungarica 4, Budapest 1990.

Kalicz 1991
N. Kalicz, Die Keszthely-Gruppe der Transdanubischen (mitteleuropäischen) Bandkeramik im Lichte der Ausgrabung in Kustánszég (Westungarn). Communicationes Archaeologicae Hungariae 1991, 5-32.

Kalicz 1995
N. Kalicz, Die älteste Transdanubische (Mitteleuropäische) Linienbandkeramik. Aspekte zu Ursprung, Chronologie und Beziehungen. Acta Arch. Hungaricae 47, 1995, 23-59.

Kalicz 2010
N. Kalicz, An der Grenze „zweier Welten" – Transdanubien (Ungarn) im Frühneolithikum. In: D. Gronenborn, J. Petrasch, Die Neolithisierung Mitteleuropas. Internationale Tagung, Mainz 24. bis 26. Juni 2005, RGZM-Tagungen 4, Mainz 2010, 235-254.

Kalicz et al. 1998
N. Kalicz, Zs. M. Virág & K. T. Biró, The northern periphery of the Early Neolithic Starčevo culture in south-western Hungary: a case study of an excavation at Lake Balaton. Documenta Praehistorica XXV, 1998, 151-187.

Kaufmann 1977
D. Kaufmann, Entdeckung und Vermessung einer befestigten linienbandkeramischen Siedlung bei Eilsleben, Kr. Wanzleben. Zeitschrift für Archäologie 11, 1977, 93-100.

Kaufmann 1981
D. Kaufmann, Neue Funde der ältesten Linienbandkeramik von Eilsleben, Kreis Wanzleben. Beiträge zur Ur- und Frühgeschichte, Teil 1. Beiheft 16 der Arbeits- und Forschungsberichte zur sächsischen Bodendenkmalpflege, 1981, 129-143.

Kaufmann 1982
D. Kaufmann, Zu einigen Ergebnissen der Ausgrabungen im Bereich des linienbandkeramischen Erdwerks bei Eilsleben, Kreis Wanzleben. In: Siedlungen der Kultur mit Linearbandkeramik in Europa. Internationales Kolloquium Nové Vozokany 17-20. November 1981, Nitra 1982, 69-92.

Kaufmann 1984
D. Kaufmann, Die ältestlinienbandkeramischen Funde von Eilsleben, Kr. Wanzleben, und der Beginn des Neolithikums im Mittelelbe-Saale-Gebiet. Nachrichten aus Niedersachsens Urgeschichte 52, 1983 (1984), 177-202.

Kaufmann 1990
D. Kaufmann, Ausgrabungen im Bereich linienbandkeramischer Erdwerke bei Eilsleben, Kr. Wanzleben. Jahresschrift für mitteldeutsche Vorgeschichte 73, 1990, 15-28.

Kaufmann 2011
D. Kaufmann, Radiokarbondaten und die Verbreitung der ältesten Linienbandkeramik in Mitteldeutschland. In: H.-J. Beier, E. Biermann & R. Einicke (Hrsg.), Varia Neolithica VII, Langenweißbach 2011, 157-170.

Kerig 2008
T. Kerig, Hanau-Mittelbuchen: Siedlung und Erdwerk der bandkeramischen Kultur. Universitätsforsch. Prähist. Arch. 156, Bonn 2008.

Kind 2005
C.-J. Kind, Stratigraphie und Steinartefakte der Siedlung der Ältesten Bandkeramik von Rottenburg ‚Fröbelweg'. In: J. Bofinger, Untersuchungen zur neolithischen Besiedlungsgeschichte des Oberen Gäus. Materialh. Arch. Baden-Württemberg 68, Stuttgart 2005, 255-322.

Kloos 1997
U. Kloos, Die Tonware. In: J. Lüning (Hrsg.), Ein Siedlungsplatz der Ältesten Bandkeramik in Bruchenbrücken, Stadt Friedberg/Hessen. Universitätsforsch. Prähist. Arch. 39, 1997, 151-255.

Kneipp 1998
J. Kneipp, Bandkeramik zwischen Rhein, Weser und Main. Studien zu Stil und Chronologie der Keramik. Universitätsforsch. Prähist. Arch 47, Bonn 1998.

Kneipp 2001
J. Kneipp, Bandkeramische Zentralplätze und ihre kultisch-religiöse Funktion. In: C. Dobiat/K. Leidorf (Hrsg.), Archäologie in Hessen. Neue Funde und Befunde. Festschrift für Fritz-Rudolf Herrmann zum 65. Geburtstag. Internat. Arch., Studia Honoraria 13 (Rahden/Westf. 2001), 33-41.

Knipper 2011.
C. Knipper, Die räumliche Organisation der bandkeramischen Tierhaltung: Archäologische und naturwissenschaftliche Untersuchungen. Unpubl. Diss. Tübingen 2011.

Knipper & Price 2011
C. Knipper & T. D. Price, Strontium-Isotopenanalysen an den menschlichen Skelettresten aus der ältestbandkeramischen Siedlung Schwanfeld, Ldkr. Schweinfurt, Unterfranken. In: J. Lüning (Hrsg.), Schwanfeldstudien zur Ältesten Bandkeramik, UPA 196, Bonn 2011, 109-118.

Krippner 1984.
F. Krippner, Fundstellen mit ältester Linienbandkeramik im Ries. Bayer. Vorgeschbl. 49, 1984, 279-284.

Krippner 1991
F. Krippner, Nördlingen. Bayer. Vorgeschbl. Beih. 4, 1991, 42-46.

Kossack 1959
G. Kossack, Südbayern während der Hallstattzeit. Berlin 1959.

Kovárník 2004
J. Kovárník, Osídlování nížin starším stupni kultury s lineární keramikou na jižní Moravě. Studia Archaeologica Brunensia 8-9, 2004, 31-52.

Kowarik 2010
K. Kowarik, Die Keramikfunde der Häuser 1-4 aus der bandkeramischen Siedlung von Mold in Niederösterreich. In: E. Lenneis (Hrsg.), Die bandkeramische Siedlung von Mold bei Horn in Niederösterreich. Teil 1 – Naturwissenschaftliche Beiträge und Einzelanalysen. Internat. Arch. 115, Rahden/Westf. 2010, 33-168.

Krause 1999
R. Krause mit Beiträgen von R.-M. Arbogast, S. Hönscheidt, J. Lienemann, St. Papadopoulos, M. Rösch, I. Sidéra, H. Smettan, H.-Chr. Strien & K. Welge, Die bandkeramischen Siedlungsgrabungen bei Vaihingen an der Enz, Kreis Ludwigsburg (Baden-Württemberg). 79. Ber. RGK, 1998 (1999), 5-105.

Krause 2003
R. Krause, Zum Abschluss der Grabungen 1994-2002 in der bandkeramischen Siedlung bei Vaihingen an der Enz, Kreis Ludwigsburg. In: Archäologische Ausgrabungen in Baden-Württemberg 2002, Stuttgart 2003, 34-39.

Kreuz 1990
A. Kreuz, Die ersten Bauern Mitteleuropas – eine archäobotanische Untersuchung zu Umwelt und Landwirtschaft der ältesten Bandkeramik. Analecta Praehist. Leidensia 23, 1990, 1-145.

Kreuz 2012
A. Kreuz, Die Vertreibung aus dem Paradies? Archäobiologische Ergebnisse zum Frühneolithikum im westlichen Mitteleuropa. Ber. RGK91, 2010 (2012), 23-196.

Krippner 1987
F. Krippner, Deiningen/Nördlingen-Löpsingen. Bayer. Vorgeschbl. Beih. 1, 1987, 23 u. Abb. 18-19.

Krippner 1991.
F. Krippner, Nördlingen. Bayer. Vorgeschbl. 1991, Beih. 4, 42–46.

Kurz 1993
G. Kurz, Vorgeschichtliche Siedlungen und Gräber beim Viesenhäuser Hof, Stuttgart-Mühlhausen. Arch. Ausgr. Baden-Württemberg 1992 (1993), 61-64.

Kurz 1994
G. Kurz, Zum Abschluss der Ausgrabungen beim Viesenhäuser Hof, Stuttgart-Mühlhausen. Arch. Ausgr. Baden-Württemberg 1993 (1994), 34-38.

Kulczycka-Leciejewiczowa & Romanow 1985
A. Kulczycka-Leciejewiczowa & E. Romanow, Wczesno neolityczne osiedla w Gniechowicach i Starym Zamku. Silesia Ant. 27, 1985, 9-68.

Lanchon 2003
Y. Lanchon, Le materiel céramique. In: F. Bostyn (ed.), Néolithique ancient en Haute-Normandie: Le village Villeneuve-Saint-Germain de Poses " Sur la Mare" et les sites du boucle du Vaudreuil. Paris 2003, 75-130.

Langová 2011
J. Langová, Osídlení kultury s lineární keramikou na Podřevnicku (východní Morava). In: M. Popelka & R. Šmitová (Hrsg.), Otazky neolitu a eneolitu našich zemi 2009. Mělník 28.9.-1.10.2009. Praehistorica 29, 2011, 229-245.

Lazaridis et al. 2014
I. Lazaridis, N. Patterson, A. Mittnik et al., Ancient human genomes suggest three ancestral populations for present-day Europeans. Nature 513, 2014, 409-413.

Lefranc 2008
Ph. Lefranc, Nouveaux elements pour une périodisation de la céramique de la Hoguette sur le site rubané d'Ittenheim (Bas-Rhin). BSPF 105/2, 2008, 299-308.

Lenneis 2003
E. Lenneis, Nachweise von Keszthely-Keramik in Österreich. In: E. Jerem & P. Raczky (Hrsg.), Morgenrot der Kulturen. Frühe Etappen der Menschheitsgeschichte in Mittel- und Südosteuropa. Festschrift für N. Kalicz zum 75. Geburtstag, Budapest 2003, 207-222.

Lenneis 2004
E. Lenneis, Erste Anzeichen der Regionalisierung sowie Nachweise von Fernkontakten in der älteren Linearbandkeramik. Antaeus 27, 2004, 47-59.

Lenneis 2009
E. Lenneis, Rosenburg im Kamptal, Niederösterreich. Ein Sonderplatz der älteren Linearbandkeramik. Universitätsforsch. Prähist. Arch. 163, Bonn 2009.

Lenneis 2010
E. Lenneis, Zur Chronologie der älteren Linearbandkeramik in Österreich. In: P. Kalábková, B. Kovár, P. Pavúk & J. Šuteková (Hrsg.), PANTA RHEI: studies in chronology and cultural development of south-eastern and central Europe in early prehistory presented to Juraj Pavúk on the occasion of his 75th birthday. Bratislava 2010, 189-200.

Lenneis 2012
E. Lenneis, Zur Anwendbarkeit des rheinischen Hofplatzmodells im östlichen Mitteleuropa. In: R. Smolnik (Hrsg.), Siedlungsstruktur und Kulturwandel in der Bandkeramik. Beiträge der internationalen Tagung „Neue Fragen zur Bandkeramik oder alles beim Alten?!", Leipzig 23 bis 24. September 2010, Dresden 2012, 47-52.

Lenneis & Lüning 2001
J. Lüning & E. Lenneis, Die altbandkeramischen Siedlungen von Neckenmarkt und Strögen. Universitätsforsch. Prähist. Arch. 82, Bonn 2001.

Lindig 2002
S. Lindig, Das Früh- und Mittelneolithikum im Neckarmündungsgebiet. Universitätsforsch. Prähist. Arch. 85, Bonn 2002.

Link 2012
Th. Link, Neue Kultur oder jüngerlinienband-keramische Regionalgruppe? Dresden-Prohlis und die Entstehung der Stichbandkeramik. In: R. Smolnik (Hrsg.), Siedlungsstruktur und Kulturwandel in der Bandkeramik. Beiträge der internationalen Tagung „Neue Fragen zur Bandkeramik oder alles beim Alten?!" Leipzig, 23. bis 24. September 2010, Dresden 2012, 274-283.

Lüning 2005
J. Lüning, Bandkeramische Hofplätze und absolute Chronologie der Bandkeramik. In: J. Lüning, C. Frirdich, A. Zimmermann (Hrsg.), Die Bandkeramik im 21. Jahrhundert. Internat. Arch. ASTK, Rahden/Westf. 2005, 49-74.

Lüning 2009
J. Lüning, Bandkeramische Kultanlagen. In: A. Zeeb-Lanz (Hrsg.), Krisen-Kulturwandel-Kontinuitäten. Zum Ende der Bandkeramik in Mitteleuropa. Beiträge der Internationalen Tagung in Herxheim bei Landau (Pfalz) vom 14.-17.06.2007. Internat. Arch. ASTK 10, Rahden/Westf. 2009, 129-190.

Lüning 2011
J. Lüning, Gründergrab und Opfergrab: zwei Bestattungen in der ältestbandkeramischen Siedlung Schwanfeld, Ldkr. Schweinfurt, Unterfranken. In: J. Lüning (Hrsg.), Schwanfeldstudien zur Ältesten Bandkeramik, UPA 196, Bonn 2011, 7-100.

Lüning et al. 1989
J. Lüning, U. Kloos & S. Albert, Westliche Nachbarn der bandkeramischen Kultur: La Hoguette und Limburg. Germania 67, 1989, 355ff.

Maier 1971
R. Maier, Die ur- und frühgeschichtlichen Funde und Denkmäler des Kreises Göttingen. Materialhefte zur Ur- und Frühgeschichte Niedersachsens 5, Hildesheim 1971.

Makkay 1978
J. Makkay, Excavations at Bicske. I. The Early Neolithic – The Earliest Linear Band Ceramic, in Alba Regia, 16, 1978, 9-60.

Marton 2008
T. Marton, Development of pottery style on the LBK settlement of Balatonszárszó-Kis-Erderdei-Dülö in Hungary. Acta Terrae Septemcastrenses VII, 2008, 197-216.

Marton & Oross 2012
T. Marton & K. Oross, Siedlungsforschung in linienbandkeramischen Fundorten in Zentral- und Südtransdanubien – Wiege, Peripherie oder beides? In: R. Smolnik (Hrsg.), Siedlungsstruktur und Kulturwandel in der Bandkeramik. Beiträge der internationalen Tagung „Neue Fragen zur Bandkeramik oder alles beim Alten?!" Leipzig, 23. bis 24. September 2010, Dresden 2012, 220-240.

Mateiciucová 2010
I. Mateiciucová, The beginnings oft the Neolithic and raw material distribution networks in eastern Central Europe: symbolic dimensions of the distribution of Szentgál radiolarite. In D. Gronenborn & J. Petrasch (Hrsg.), Die Neolithisierung Mitteleuropas. Internationale Tagung, Mainz 24. bis 26. Juni 2005. RGZM-Tagungen Bd. 4, Mainz 2010, 273-300.

Mauvilly et al. 2008
M. Mauvilly, C. Jeunesse & Th. Doppler, Ein Tonstempel aus der spätmesolithischen Fundstelle von Arconciel/La Souche (Kanton Freiburg, Schweiz). Quartär 55, 2008, 151-157.

Meier-Arendt 1963
W. Meier-Arendt, Fundstellen ‚mit ältester Bandkeramik in Hessen. Fundber. Hessen 3, 1963, 20-28.

Meyer & Strien in Vorb.
Die ältestbandkeramische Siedlung von Karben.

Nadler 2011
M. Nadler, Landnahme in Mainfranken – Eine Siedlung der Ältesten Bandkeramik bei Wallmersbach. In: Das Archäologische Jahr in Bayern 2010, Stuttgart 2011, 11-13.

Nestmann 2012
T. Nestmann, Studien zur Linienbandkeramik im Nordharzvorland. In: R. Smolnik (Hrsg.), Siedlungsstruktur und Kulturwandel in der Bandkeramik. Beiträge der internationalen Tagung „Neue Fragen zur Bandkeramik oder alles beim Alten?!" Leipzig, 23. bis 24. September 2010, Dresden 2012, 329-333.

Neth 1999
A. Neth, Eine Siedlung der frühen Bandkeramik in Gerlingen. Forsch. u. Ber. z. Vor- u. Frühgesch. in Baden-Württemberg 79, Stuttgart 1999.

Neth 2007
A. Neth, eine Siedlung mit ältester Bandkeramik bei Oedheim, Kreis Heilbronn. In: Archäologische Ausgrabungen in Baden-Württemberg 2006, Stuttgart 2007, 28-31.

Neumair 1994
E. Neumair, Die bandkeramische Siedlung Murr, Lkr. Freising. 1. Grabungsbericht. Archäologie im Landkreis Freising 4, 1994, 7-62.

Obst 2014
R. Obst, Die Besiedlungsgeschichte am nordwestlichen Maindreieck vom Neolithikum bis zum Ende des Mittelalters. Rahden/Westf. 2012.

Olmerová & Pavlů 1991
H. Olmerová & I. Pavlů, Neolitický sídelní areál v Liboci, k. ú. Praha 6 – Dolní Liboc. Archaeologica Pragensia 11, 1991, 5-64.

O`Neill 2013
A. O`Neill, Zu den Anfängen der linienband-keramischen Siedlung Stadel und ihrer Bedeutung für Oberfranken. Bayer. Vorgeschbl. 58, 2013, 5-16.

O`Neill & Claßen 2013
A. O`Neill & E. Claßen, Stadel – Schlüssel zu einer bandkeramischen Siedlungsgruppe an der Itz. Beitr. z. Arch. Ober- und Unterfranken 8, 2013, 9-28.

Oross 2007
K. Oross, The pottery from Ecsegfalva 23. In: A. Whittle (Hrsg.), The Early Neolithic on the Great Hungarian Plain: investigations of the Körös culture site Ecsegfalva 23, Co. Békés. Budapest 2007, 491-620.

Pala et al. 2012
M. Pala, A. Olivieri, A. Achilli et al., Mitochondrial DNA Signals of Late Glacial recolonization of Europe from Near Eastern Refugia. The american Journal of Human Genetics 90/5, 2012, 915-924.

Pavelčik 1955
J. Pavelčik, Neolitická chata z Žop. In: Nové archeologické výzkumy v kraji Gottwaldovském v r. 1954. Gottwaldov 1955, 8-14.

Pavlů 2002
I. Pavlů, Neoliticke komponenty na polykulturnich lokalitach v mikroregionu Vrchlice a Klejnarky. In: I. Pavlů (Hrsg.), Bylany Varia 2, Prag 2002, 45-116.

Pavlů et al. 1986
I. Pavlů, J. Rulf & M. Zápotocká, Theses on the Neolithic Site of Bylany. Pam. Arch. LXXVII, 1986, 288-412.

Pavlů et al. 1987
I. Pavlů, M. Zápotocká & O. Soudsky, Bylany. Katalog Sekce B, F. Prag 1987.

Pavlů & Vokolek 1992
I. Pavlů & V. Vokolek, Early Linear pottery culture in the east Bohemian region. Památky archeologické 83, 1992, 41-87.

Pavlů & Vokolek 1996
I. Pavlů & V. Vokolek, The Neolithic Settlement at Holohlavy (Hradec Králové), Památky archeologické 87, 1996, 5-60.

Pavúk 1980
J. Pavúk, Ältere Linearkeramik in der Slowakei. Slovenska Archeologia XXVIII-1, 1980, 7-87.

Pavúk 2005
J. Pavúk, Typologische Geschichte der Linearbandkeramik. In: J. Lüning, C. Frirdich & A. Zimmermann (Hrsg.), Die Bandkeramik im 21. Jahrhundert. Internat. Arch. ASTK, Rahden/Westf. 2005, 17-40.

Pavúk & Farkaš 2013
J. Pavúk & Z. Farkaš, Beitrag zur Gliederung der älteren Linearkeramik. In: A. Anders, G. Kulcsár, Moments in time. Papers presented to Pál Raczky on his 60th birthday, Budapest 2013, 213-236.

Pechtl 2009a
J. Pechtl, Stephansposching und sein Umfeld. Studien zum Altneolithikum im bayerischen Donauraum. Diss. Heidelberg 2009.

Pechtl 2009b
J. Pechtl, Überlegungen zur Historie der ältesten Linienbandkeramik (ÄLBK) im südlichen Bayern. In: K. Schmotz, Fines transire 18. Archäologische Arbeitsgemeinschaft Ostbayern/West- und Südböhmen/Oberösterreich, 18. Treffen, 25. bis 28. Juni 2008 in Manching. Rahden/Westf. 2009, 79-115.

Peschek 1970
C. Peschek, Die wichtigsten Bodenfunde und Ausgrabungen des Jahres 1970. 6. Arbeitsbericht der Außenstelle des Bayerischen Landesamtes für Denkmalpflege. Frankenland NF 22, 1970, 230-257.

Pfister 2012
D. Pfister, Vor- und frühgeschichtliche Besiedlung im östlichen Unterfranken von der ältesten LBK bis zum Ende der römischen Kaiserzeit. Unpubl. Diss. Würzburg 2012.

Pleinerová & Pavlů 1979
I. Pleinerová & I. Pavlů, Březno. Osada z mladsí doby kamenné v severozápadních Cechách. Ustí nad Labem 1979.

Podborský et al. 2002
V. Podborský und Kollektiv, Dvě pohřebiště neolitického lidu s lineární keramikou ve Vedrovicích na Moravě (Zwei Gräberfelder des neolithischen Volkes mit Linearbandkeramik in Vedrovice in Mähren). Brünn 2002.

Quitta 1960
Quitta, H. Zur Frage der ältesten Bandkeramik in Mitteleuropa. PZ 38, 1960, 1-38, 153-188.

Ramminger 2003
B. Ramminger, Zur bandkeramischen Besiedlung im unteren Niddertal. In: J. Lüning (Hrsg.), Siedlungsarchäologie III, Universitätsforsch. zur Prähist. Arch. 94, Bonn 2003, 91-262.

Regenye 2002
J. Regenye, Transdanubian Linear Pottery Culture in Balatonalmádi-Vörösberény. Antaeus 25, 2002, 221-236.

Regenye & Biró 2008
J. Regenye & T. Biró, Litér-Papvásár-Hegy. Neolitikus település a Séd-patak mellett. Veszprém Megyei Múzeumok Közleményei 25, 2008, 7-57.

Reinecke 1977
K. Reinecke, Neue Funde der Linearbandkeramik aus Niederbayern. Arch. Korrbl. 7, 201–210.

Reinecke 1983
K. Reinecke, Zwei Siedlungen der ältesten Linearbandkeramik aus dem Isartal. Bayer.

Vorgeschbl. 48, 1983, 31-62.

Renner 1998
C. Renner, Die bandkeramische Siedlung von Bietigheim-Bissingen. Fundber. aus Baden-Württ. 22!, 1998, 45-124.

Richter 1968/89
I. Richter, Die bandkeramischen Gräber von Flomborn, Kr. Alzey und vom Adlerberg bei Worms. Mainzer Zeitschr. 63/64, 1968/69, 158-179.

Rieder 2011 K. H. Rieder, Ein tiergestaltiges (?) Motiv und der Versuch einer Rekonstruktion der Ornamentik auf einer Flasche der Ältesten Bandkeramik aus Niederhummel, Gde. Langenbach, Lkr. Freising, Bayern. Archäologie im Landkreis Freising 11, 2011, 19-34.

Ruttkay 1976
E. Ruttkay, Eine Kulturschicht der ältesten Linearbandkeramik in Prellenkirchen, p. B. Bruck, Niederösterreich. Ann. Naturhist. Mus. Wien 80, 1976, 843-861.

Saile 1998
Th. Saile, Untersuchungen zur ur- und frühgeschichtlichen Besiedlung der nördlichen Wetterau. Wiesbaden 1998.

Schade 2004
C. Schade, Die Besiedlungsgeschichte der Bandkeramik in der Mörlener Bucht/Wetterau. Unversitätsforsch. Prähist. Arch. 105, Bonn 2004.

Schade & Schade-Lindig 2003
Chr. Schade, S. Schade-Lindig, Ausgrabung in der ältestbandkeramischen Siedlung „Kuhboden" bei Bad Camberg-Würges, Kreis Limburg-Weilburg. In: Ber. der Komm. f. arch. Landesforsch. in Hessen 7, 2002/2003, 7-29.

Schäfer 2010
M. Schäfer, Viehzucht- und Jagdstrategien der ersten Bauern in Süddeutschland. In: E. Claßen, Th. Doppler, B. Ramminger (Hrsg.), Familie – Verwandtschaft – Sozialstrukturen: Sozialarchäologische Forschungen zu neolithischen Befunden. Berichte der AG Neolithikum Bd. 1, Kerpen-Loogh 2010, 107-118.

Schenk et al. 2008
Z. Schenk, M. Kuča, P. Škrdla & A. Roszková, Spytihněv (Okr. Zlín). Přehled Výzkumů 49, 2008, 226-231.

Schier 1985
W. Schier, Zur vorrömischen Besiedlung des Donautals südöstlich von Regensburg. Bayer. Vorgeschbl. 50, 1985, 9-80.

Schier 1990
W. Schier, Die vorgeschichtliche Besiedlung im südlichen Maindreieck. Materialh. bayer. Vorgesch. A60, Kallmünz/Opf. 1990.

Schier 1996
W. Schier, The relative and absolute chronology of Vinča. New evidence from the type site. In: F. Drasovean (Hrsg.), The Vinča culture, its role and cultural connections. Timişoara 1996, 141-162.

Schmidt et al. 1998
B. Schmidt, E. Höfs, M. Khalessi & P. Schemainda, Dendrochronologische Befunde zur Datierung des Brunnens von Erkelenz-Kückhoven in das Jahr 5090 v.Chr. In: Brunnen der Jungsteinzeit. Internationales Symposium In Erkelenz 27. Bis 29. Oktober 1997. Mat. Denkmalpfl. 11, 1998, 279-289.

Schmidt & Gruhle 2003
B. Schmidt, W. Gruhle, Wuchshomogenität als ein neues Analyseverfahren zur Verbesserung der dendrochronologischen Datierungsmethode. Die Hölzer der neolithischen Brunnen von Erkelenz-Kückhoven, Zwenkau und Mohelnice sowie vom Fundplatz Kaster. In: J. Eckert, U. Eisenhauer & A. Zimmermann (Hrsg.), Archäologische Perspektiven. Analysen und Interpretationen im Wandel. Festschrift für Jens Lüning zum 65. Geburtstag. Internat. Arch Studia Honoraria 2, Rahden/Westf. 2003, 49-60.

Schönweiß 1976
W. Schönweiß, Die bandkeramischen Siedlungen von Zilgendorf und Altenbanz. Kataloge der Prähistorischen Staatssammlung Nr. 18, München 1976.

Schwarz-Mackensen 1985
G. Schwarz-Mackensen, Die frühbandkeramische Siedlung bei Eitzum, Landkreis Wolfenbüttel. Braunschweig 1985.

Schwarzäugl 2011
J. Schwarzäugl, Die Bauabfolge des zentralen Bereichs der linearbandkeramischen Siedlung von Mold – die Häuser 5-10 und 12. Ungedr. Diplomarbeit, Wien 2011.

Schwarzberg 2014
H. Schwarzberg, Eine Flasche mit Gesichtsmotiv der ältesten Linearbandkeramik aus Niederhummel, Lkr. Freising. Bayer. Vorgeschichtsbl. 79, 2014, 7-22.

Sielmann 1972
B. Sielmann, Die frühneolithische Besiedlung Mitteleuropas. In: H. Schwabedissen (Hrsg.), Die Anfänge des Neolithikums vom Orient bis Nordeuropa. Fundamenta Va, Westliches Mitteleuropa. Köln 1972, 1-65.

Simon 1997
K. H. Simon, Betrachtungen über die Wende des Früh- und Mittelneolithikums im Karpatenbecken. Sargetia XXVI/1, 1995/96 (1997), 127-141.

Simon 2002
.K. H. Simon, Das Fundmaterial der frühesten Phase der Transdanubischen Linienbandkeramik auf dem Fundort Zalaegerszeg-Andráshida, Gébárti-tó, Arbeitsplatz III. Antaeus 25, 2002, 189-204.

Spatz 1999
H. Spatz, Das mittelneolithische Gräberfeld von Trebur, Kreis Groß-Gerau. Wiesbaden 1999.

Stadler 2005
P. Stadler, Settlement of the Early Linear Ceramics Culture at Brunn am Gebirge, Wolfholz site. Documenta Praehistorica XXII, Lubljana 2005, 269-278.

Stadler & Kotova 2010
P. Stadler & N. Kotova, Early Neolithic settlement from Brunn Wolfholz in Lower Austria and the problem of the origin of (Western) LBK. In: J. Kozłowski & P. Raczky (Hrsg.), Neolithization of the Carpathian basin: Northernmost distribution of the Starčevo/Körös culture. Kraków - Budapest 2010, 325-348.

Stadler & Kotova 2013
P. Stadler, N. Kotova, The longhouses from Brunn Wolfsholz, distribution of finds and the importance of the different sites for the development of the Linear Pottery culture. In: C. Hamon, P. Allard, M. Ilett (Hrsg.), The Domestic Space in LBK Settlements, Int. Arch. ASTK 17, Rahden/Westf. 2013, 51-78.

Stäuble 2005
H. Stäuble, Häuser und absolute Datierung der Ältesten Bandkeramik. Universitätsforsch. Prähist. Arch. 117, Bonn 2005.

Stolz 2009
D. Stolz, Neolitické a eneolitické osídleni Hořovické kotliny se zaměřením na kamennou industrii. Unpubl. Diss. Prag 2009.

Stolz & Stolzová 2009
D. Stolz & D. Stolzová, Sídlištní objekt I. stupně kultury s lineární keramikou u Třenic (okr. Beroun). Archeologie ve středních Čechách 13, 2009, 105-109.

Strien 1996
H.-C. Strien, Ein spätmesolithisches Inventar aus dem Löß von Stuttgart-Degerloch. In: I. Campen, J. Hahn & M. Uerpmann (Hrsg.), Spuren der Jagd – Die Jagd nach Spuren. Festschrift für Hansjürgen Müller-Beck, Tübingen 1996, 359-362.

Strien 2000
H.-Chr. Strien, Untersuchungen zur Bandkeramik in Württemberg. Universitätsforsch. Prähist. Arch. 69, Bonn 2000.

Strien 2005
H.-Chr. Strien, Familientraditionen in der bandkeramischen Siedlung bei Vaihingen/Enz. In: J. Lüning, C. Frirdich & A. Zimmermann (Hrsg.), Die Bandkeramik im 21. Jahrhundert. Internat. Arch. ASTK, Rahden/Westf. 2005, 189-198.

Strien 2009
H.-C. Strien, Die „jüngerbandkeramische Gruppenbildung" – ein Requiem. In: A. Zeeb-Lanz (Hrsg.), Krisen-Kulturwandel-Kontinuitäten. Zum Ende der Bandkeramik in Mitteleuropa. Beiträge der Internationalen Tagung in Herxheim bei Landau (Pfalz) vom 14.-17.06.2007. Internat. Arch. ASTK 10, Rahden/Westf. 2009, 213-218.

Strien 2010a
H.-C. Strien, Ein komplexes Geflecht: bandkeramische Kommunikationsnetze. In: I. Matuschik, C. Strahm et al.. (Hrsg.), Vernetzungen. Festschrift für Helmut Schlichtherle. Freiburg. i.Br. 2010, 75-80.

Strien 2010b
H.-C. Strien, Mobilität in bandkeramischer Zeit. In D. Gronenborn & J. Petrasch (Hrsg.), Die Neolithisierung Mitteleuropas. Internationale Tagung, Mainz 24. bis 26. Juni 2005. RGZM-Tagungen Bd. 4, Mainz 2010, 497-508.

Strien 2011
H.-C. Strien, Chronological and social interpretation of the artefactual assemblage. In: A. Bogaard, Plant use and crop husbandry in an early Neolithic village. Vaihingen an der Enz, Baden-Württemberg. Bonn 2011, 19-23.

Strien 2013a
H.-C. Strien, Besiedlungsgeschichte des Zabergäus

5500-5000 v. Chr. In: C. Schenk & P. Wanner (Hrsg.), heilbronnica 5. Beiträge zur Stadt- und Regionalgeschichte, Heilbronn 2013, 35-50.

Strien 2013b
H.-C. Strien, Ein Ziegenkopfprotom der ältesten Bandkeramik aus Großgartach. In: C. Schenk & P. Wanner (Hrsg.), heilbronnica 5. Beiträge zur Stadt- und Regionalgeschichte, Heilbronn 2013, 419-424.

Strien 2014
H.-C. Strien, Eine neue Seriation der äLBK: Zeitliche und räumliche Differenzierung. In: H.-J. Beier, R. Einicke, E. Biermann, Varia Neolithica VIII, Langenweißbach 2014, 141-161.

Strien 2017a
H.-C. Strien, Group affiliation and mobility in the Linear Pottery Culture. In: S. Scharl & B. Gehlen (Hrsg.), Mobility in sedentary societies. Kölner Studien z. Prähist. Arch. 8, Rahden/Westf. 2017, 135-144.

Strien 2017b
H.-C. Strien, Occupation and settlement of land in the linear Pottery Culture: reflections on the organisation and logistics. In: S. Scharl & B. Gehlen (Hrsg.), Mobility in sedentary societies. Kölner Studien z. Prähist. Arch. 8, Rahden/Westf. 2017, 129-133.

Strien in Vorb. a
H.-C. Strien, Die bandkeramische Siedlung von Vaihingen a. d. Enz: Keramik und Steinartefakte.

Strien in Vorb. b
H.-C. Strien, Ältestbandkeramische Siedlungen im Neckarland.

Strien in Vorb. c
H.-C. Strien, Materialvorlage Eilsleben.

Strien & Tillmann 2001
H.-C. Strien, A. Tillmann, Die La Hoguette-Fundstelle von Stuttgart-Bad Cannstatt: Archäologie. In: B. Gehlen, M. Heinen & A. Tillmann (Hrsg.) Zeit-Räume. Gedenkschrift für Wolfgang Taute. Archäologische Berichte 14,2. Bonn 2001, 673-681.

Süß 1954
L. Süß, Eine jungsteinzeitliche Siedlungsgrube beim Gradhof/Kösching, Landkreis Ingolstadt. Sammelbl. Hist. Verein Ingolstadt 63, 1954, 3-15.

Tegel et al. 2012
W. Tegel, R. Elburg, D. Hakelberg, H. Stäuble & U. Büntgen, Early Neolithic Water Wells Reveal the World's Oldest Wood Architecture. PLOS ONE 7/12, 2012, e51374.

Tichý 1960
R. Tichý, K nejstarsi volutove keramice na Morave. Památky Arch. 51, 1960, 415-441.

Tichý 1962
R. Tichý, Osídlení s volutovou keramikou na Morave. Památky Arch. 53, 1962, 245-305.

Tichý 1964
R. Tichý, Volutenkeramik aus Vítovice, Bez. Vyškov. Přehled Výzkumů 1963 (1964), 12-13 u. Taf. 3-4.

Tichý 1972
R. Tichý, XIII. Grabungssaison in Mohelnice. Přehled Výzkumů 1971, (1972), 17-23.

Tillmann 1987
A. Tillmann, Neue Funde vom linienbandkeramischen Fundplatz Gradhof, Gmd. Kösching (Lkr. Eichstätt, Obb.). Sammelbl. Hist. Verein Ingolstadt 96, 1987, 176-194.

Tillmann 1993
A. Tillmann, Kontinuität oder Diskontinuität? Zur Frage einer bandkeramischen Landnahme im südlichen Mitteleuropa. Arch. Inf. 16/2, 1993, 157-187.

van Willigen 2015
S. van Willigen, Die Neolithisierung in West- und Mitteleuropa. Komplexe Verhältnisse im Spiegel der Keramik. In: Th. Otten, J. Kunow, M. Rind & M. Trier, Revolution Jungsteinzeit. Archäologische Landesausstellung Nordrhein-Westfalen. Darmstadt 2015, 82-91.

Virág 1992
Zs. Virág, Neolithische und hochkupferzeitliche Siedlungsspuren an der Autobahnstrecke M0 bei Szigetszentmiklos. In: P. Havassy, L. Selmeczi, Régészeti Kutatászok az M0 autópálya nyomvalán. Budapest 1992, 32-60.

Zastawny & Grabowska 2014
A. Zastawny & B. Grabowska, Materiały kultury ceramiki wstęgowej rytej ze st. 10, 11 Targowisku, pow. Wielicki. In: A. Zastawny (Hrsg.), Targowisko, stan. 10,11, osadnictwo z epoki kamienia. Krakau 2014, 63-252.

Zimmermann 1998
A. Zimmermann, Die Silexartefakte der ältestbandkeramischen Siedlung Frankfurt-Niedereschbach. In: Bernhardt 1998, 22-24.

Anhang

Abbildungen B1 – B14

Tabellen C1 – C13

Tafel 1 – 4

Liste der online publizierten Tabellen D

Kodierschlüssel der Keramikaufnahme E

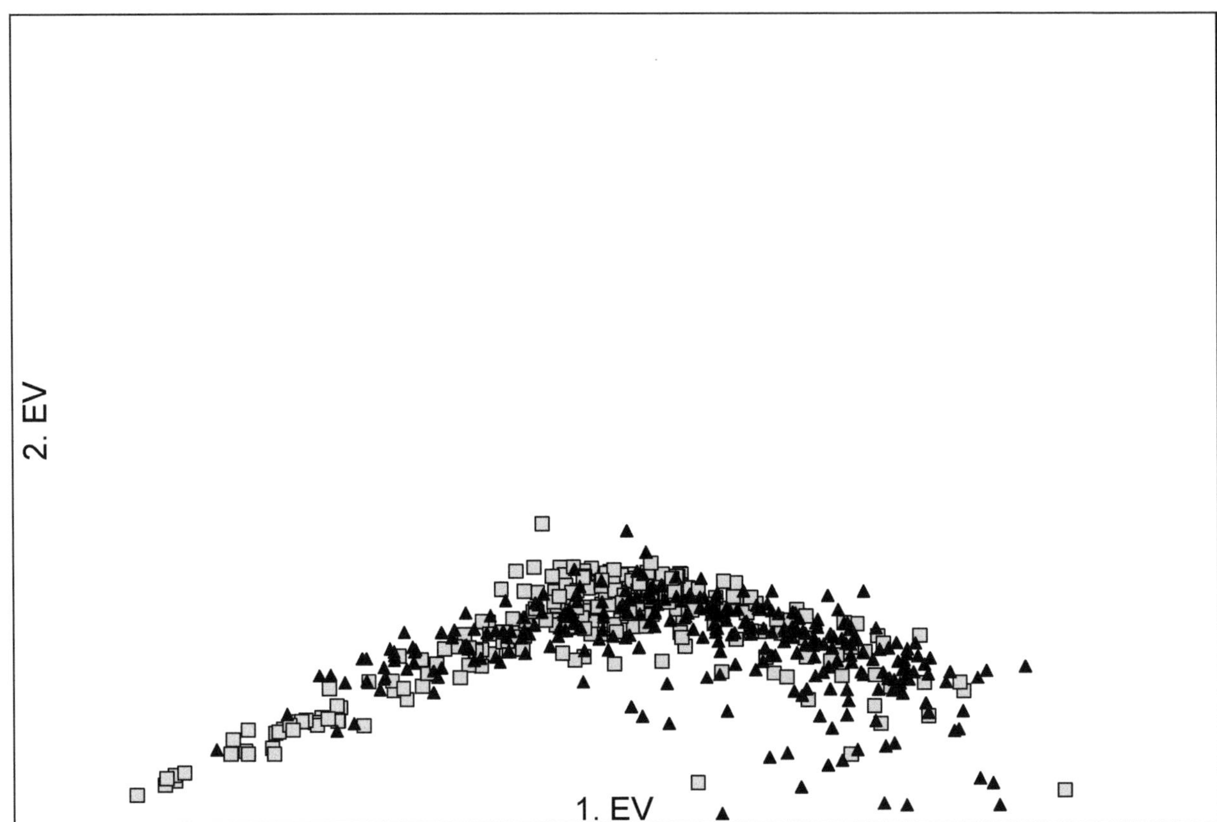

Abb. B1 Projektion 1.EV/2.EV der Befunde der Korrespondenzanalyse des gesamten Datensatzes. Graue Quadrate Donau-äLBK Schwarze Dreiecke Balaton-March-äLBK

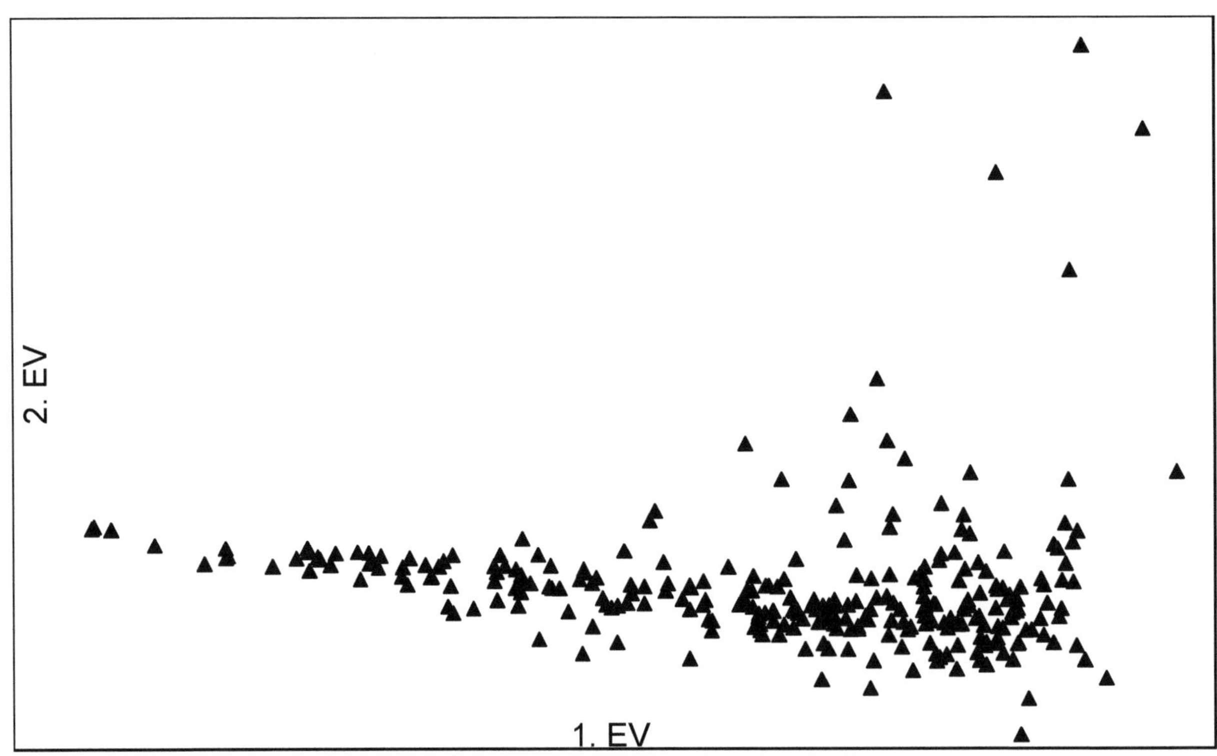

Abb. B2 Projektion 1.EV/2.EV der Befunde der Korrespondenzanalyse der Balaton-March-äLBK

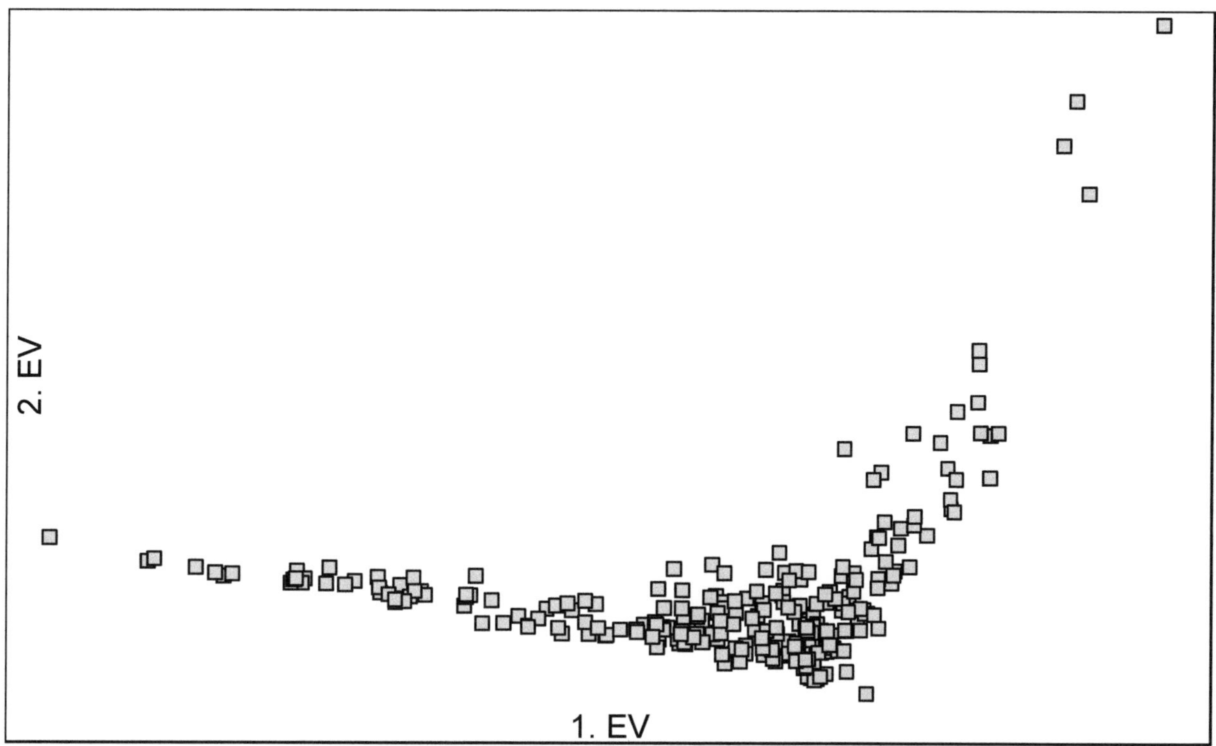

Abb. B3 Projektion 1.EV/2.EV der Befunde der Korrespondenzanalyse der Donau-äLBK

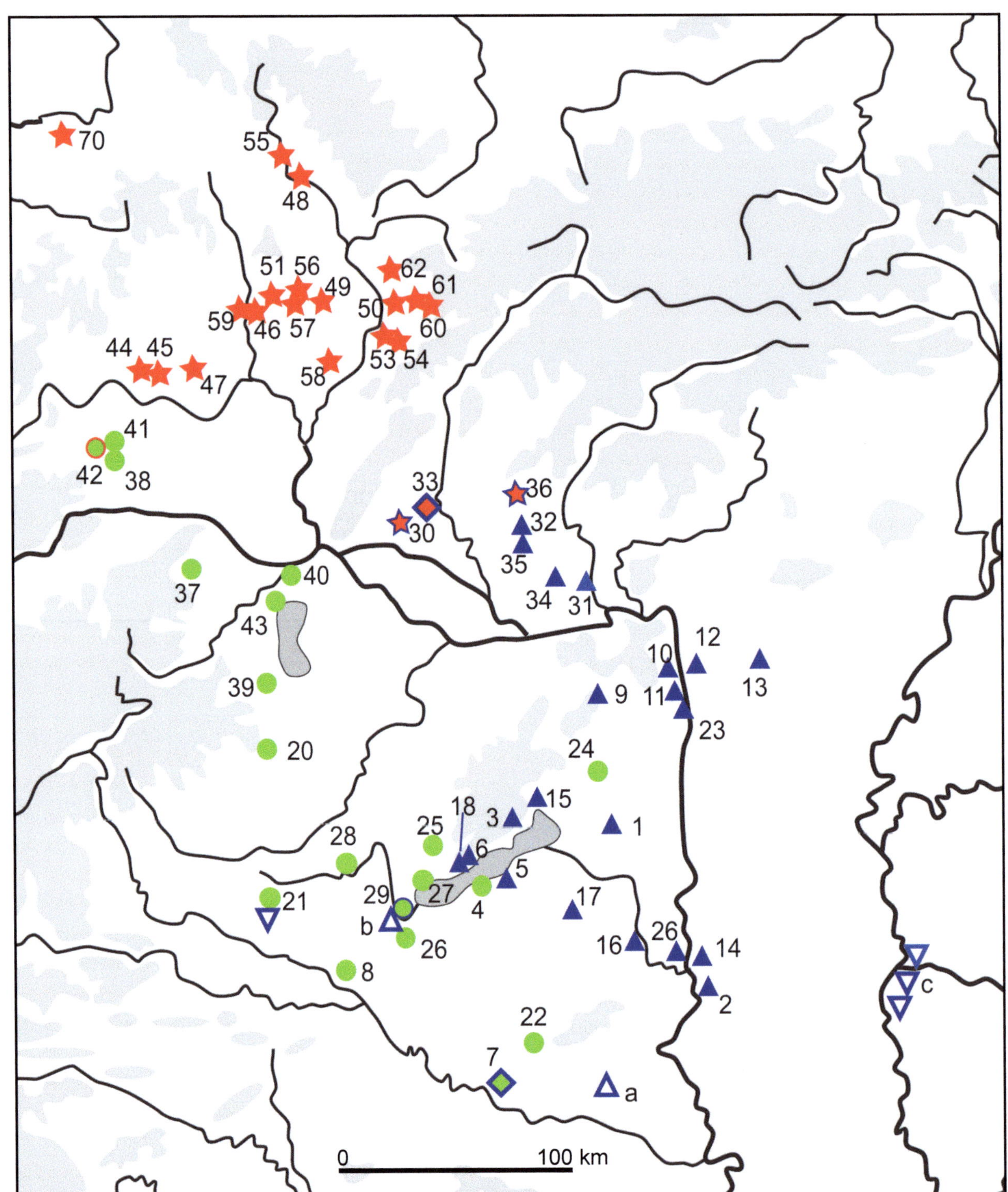

Abb. B4 Fundstellen der Balaton- (grün), Donau- (blau) und March-äLBK (rot) im Kerngebiet. Umrandung in anderer Farbe: Einflüsse der Nachbargruppe erkennbar, Raute: nicht zuweisbar, leeres Dreieck: Bíňa-Import: a Szederkény (Jakucs & Voicsek 2015), b Vörs (fraglich, s. Kap. 5.1.1; Kalicz et al. 1998, fig. 5b, 8), leeres Dreieck auf Spitze: M96 in Einglätttechnik, (c Fundstellen nach Horváth 2006).

Abbildungen rechts und folgende Seiten

Abb. B5-B12 neu gegründete Siedlungen in HG 0/1 bis HG 8. Donau-äLBK blau, Balaton-äLBK grün, March-äLBK rot, Balaton- oder March-äLBK grün/rot, unbestimmbar schwarz; ältere Gründungen als leeres Symbol

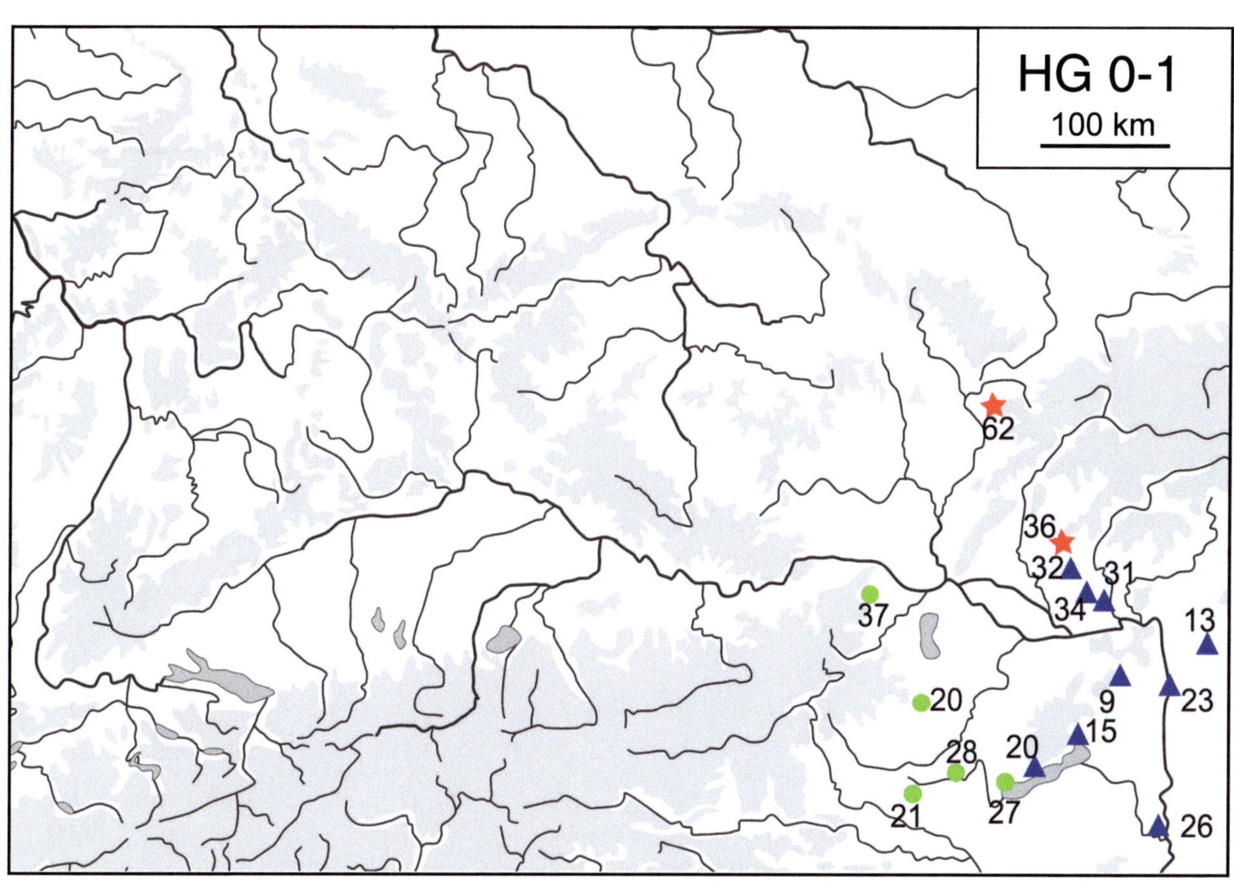
HG 0-1
100 km
62
36
32
31
34
13
37
9
23
20
20
15
28
21
27
26

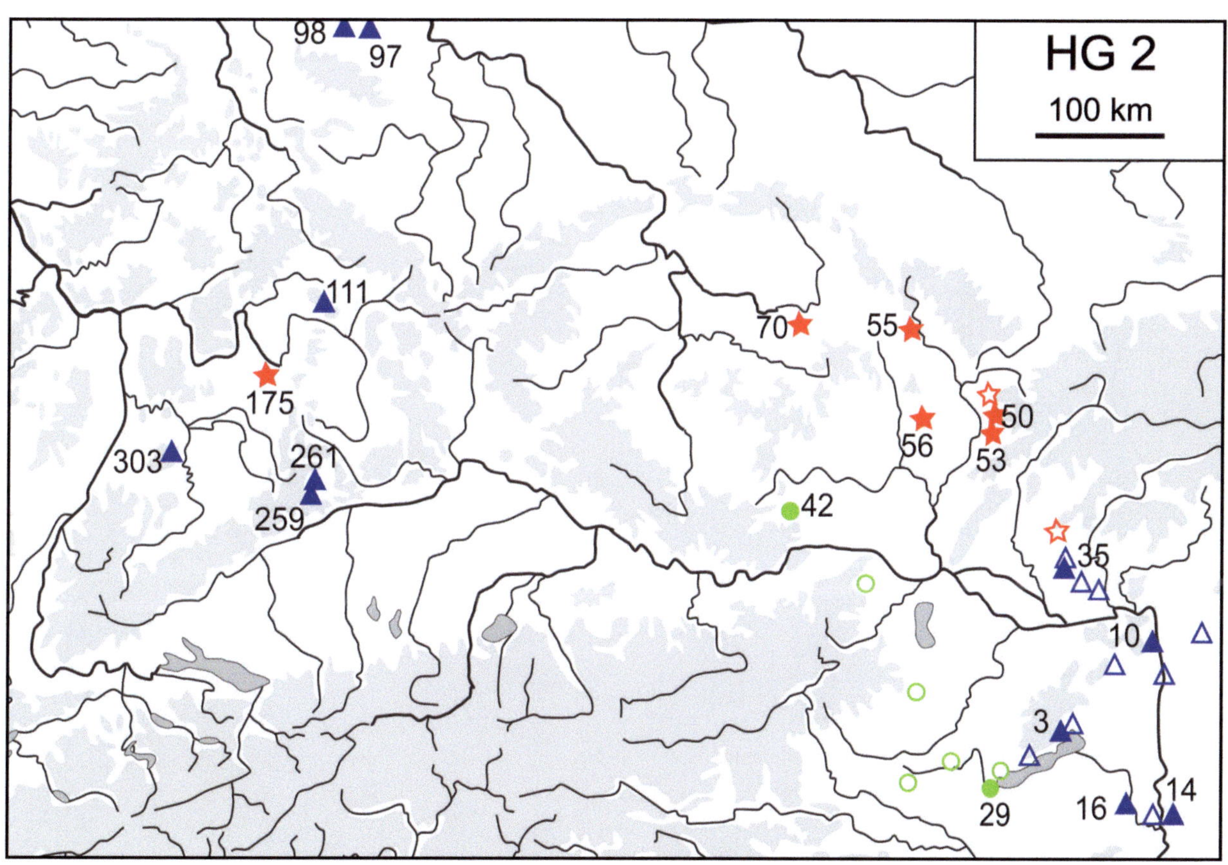
98
97
HG 2
100 km
111
70
55
175
50
56
53
303
261
259
42
35
10
3
29
16
14

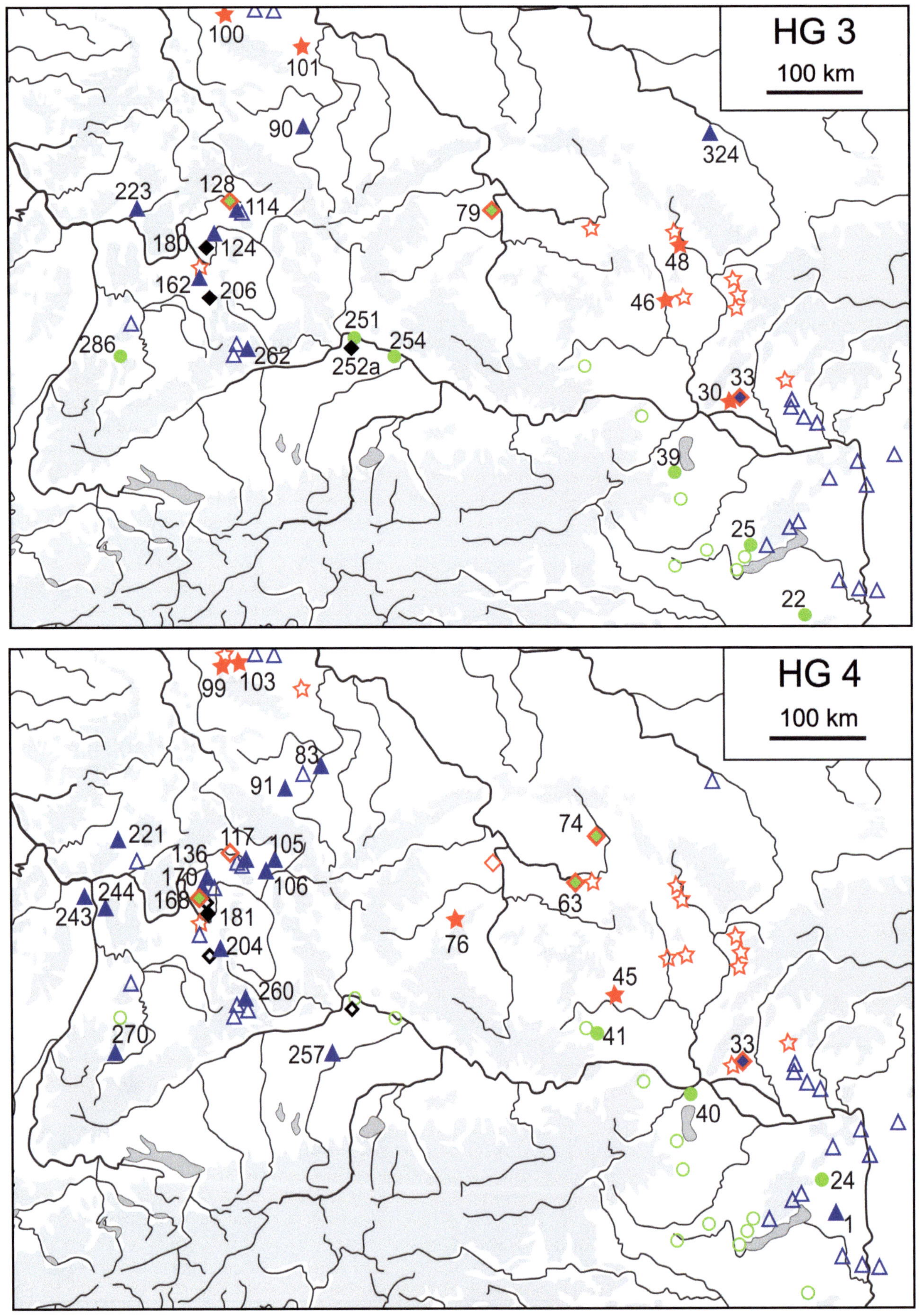
HG 3
100 km
100
101
90
324
223
128
114
79
180
124
48
162
206
46
251
286
254
262
252a
33
30
39
25
22
HG 4
100 km
99
103
83
91
74
221
117
136
105
170
106
63
244
168
243
181
76
204
45
260
41
270
257
33
40
24
1

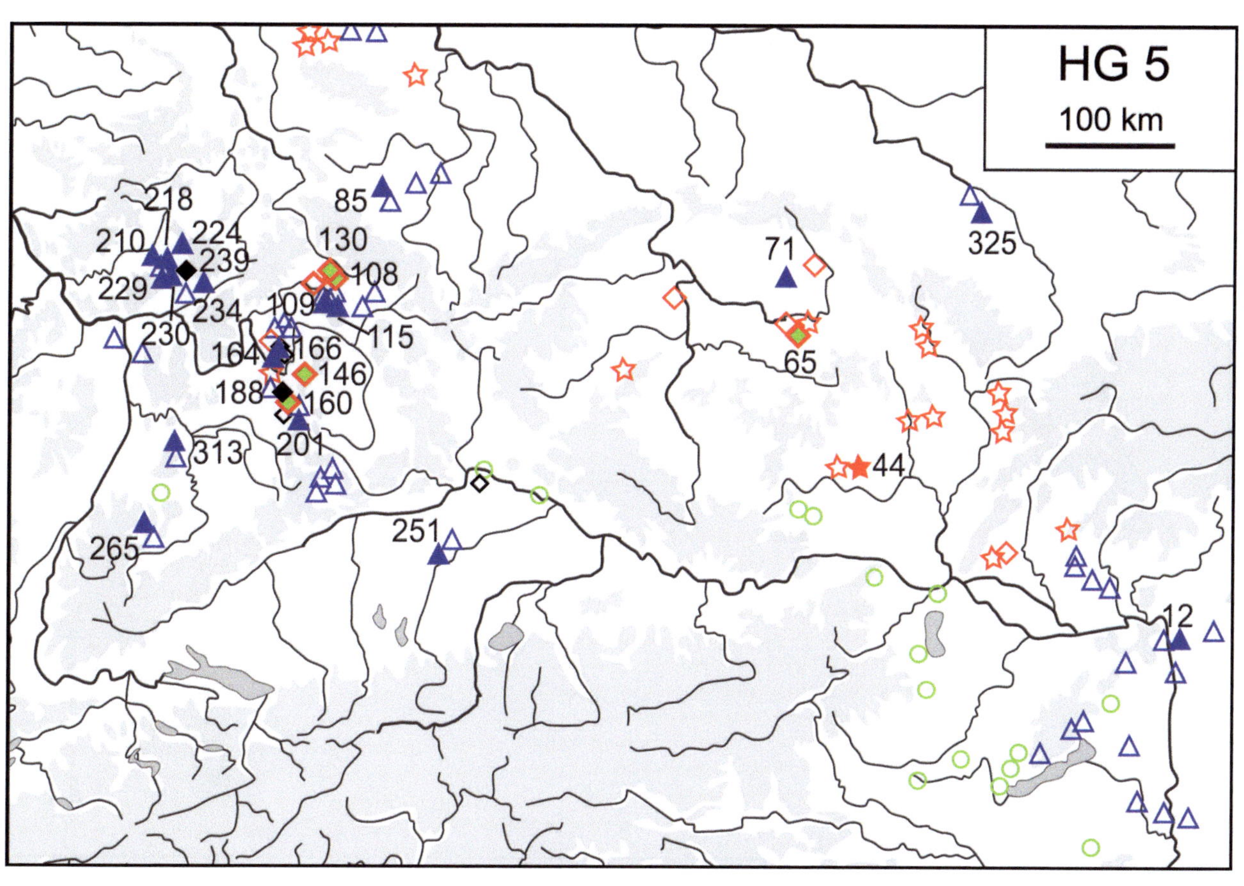
HG 5
100 km
218
210
224
239
229
234
230
85
130
108
109
115
166
164
146
188
160
201
313
265
251
71
325
65
44
12

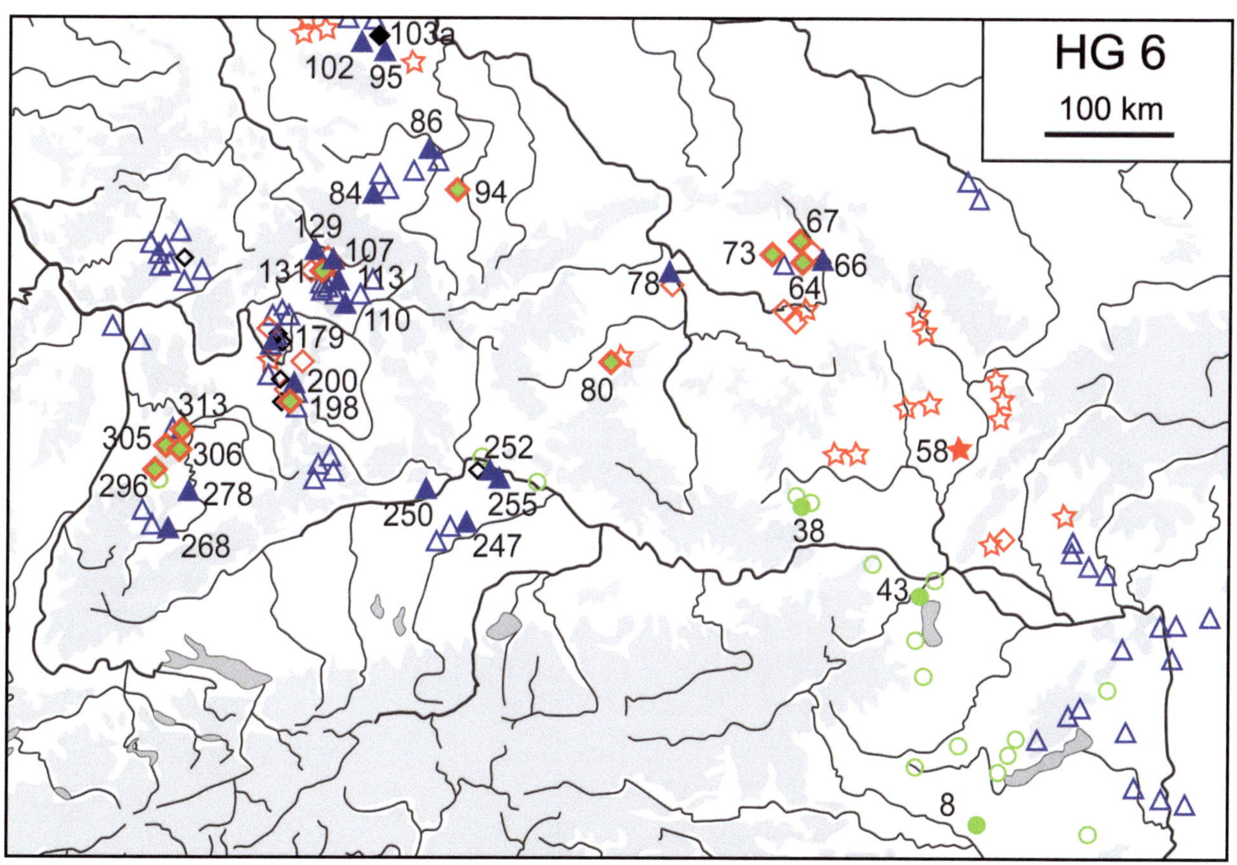
HG 6
100 km
103a
102
95
86
84
94
129
107
131
113
110
179
200
198
313
305
306
296
278
268
252
250
255
247
67
73
66
64
78
80
58
38
43
8

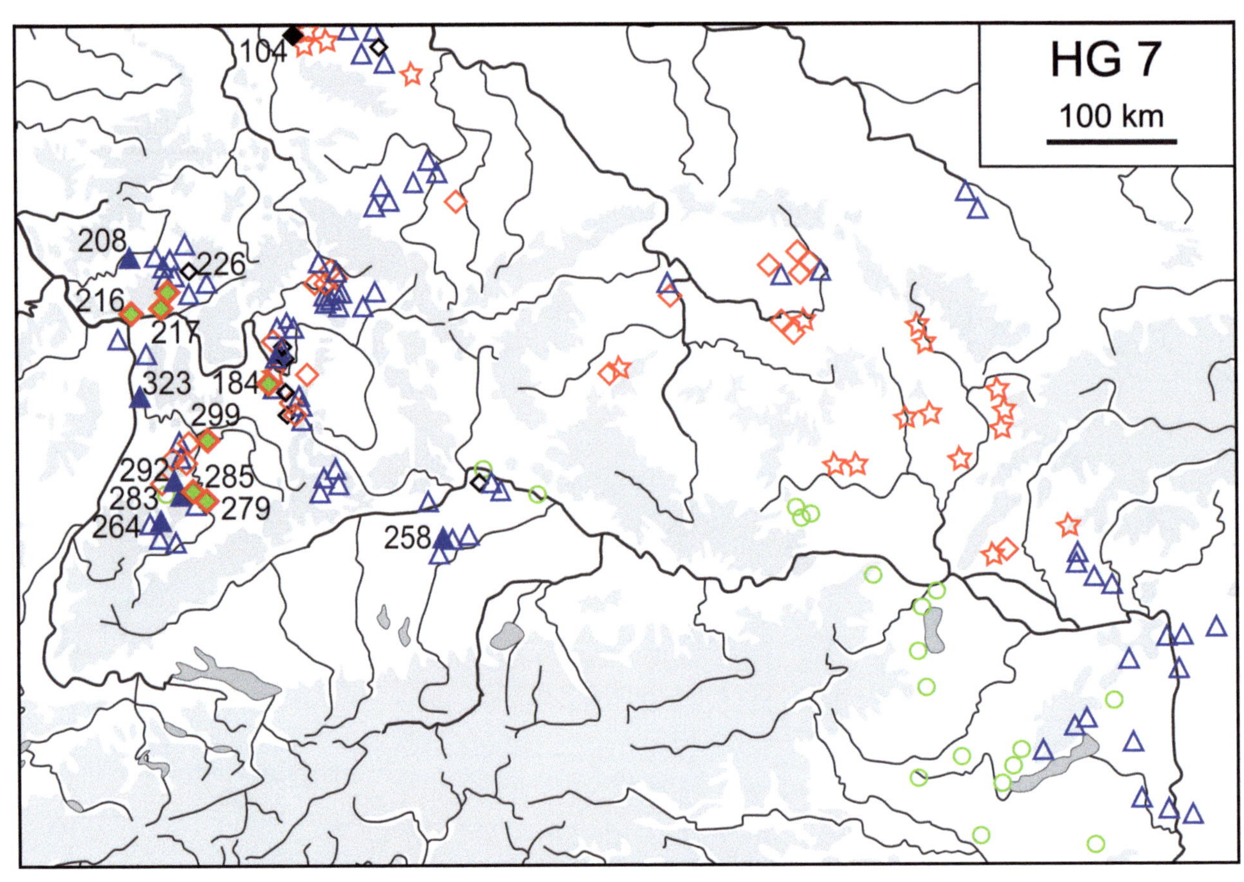
HG 7
100 km
104
208
226
216
217
323
184
299
292
285
283
279
264
258

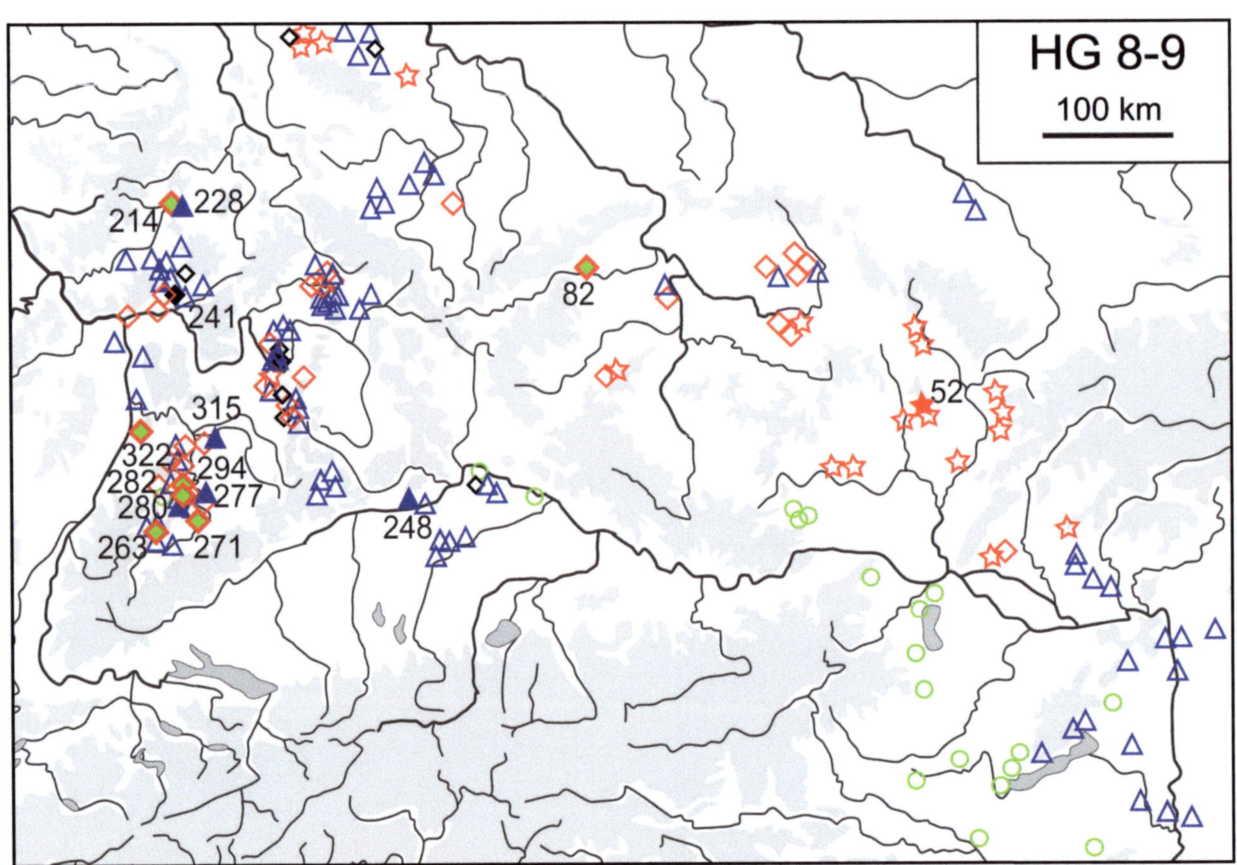
HG 8-9
100 km
228
214
241
82
52
315
322
294
282
277
280
263
271
248

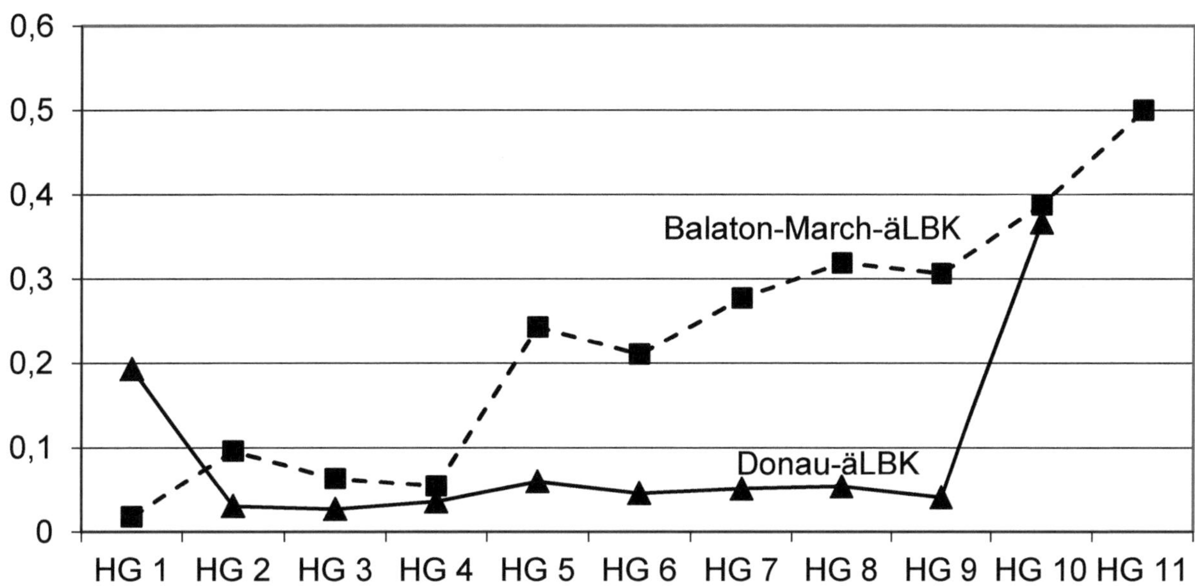

Abb. B13 Anteil verzierter Schalen pro HG in Donau- bzw. Balaton-March-äLBK.

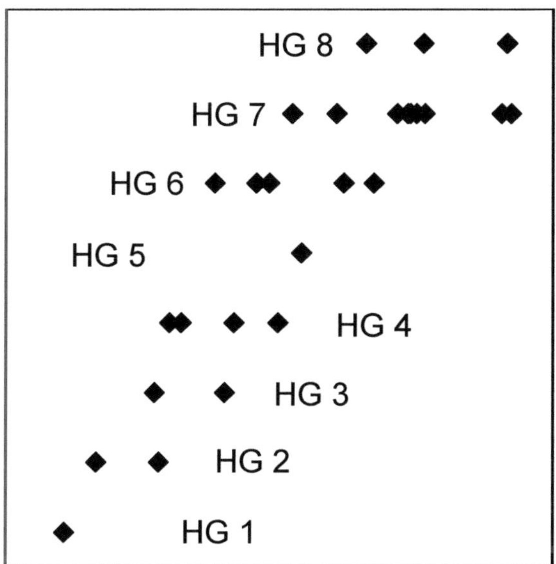

Abb. B14 Beziehung zwischen „mittlerer Datierung" von Siedlungsinventaren (horizontale Achse) und dem durch datierte Grubeninventare ermittelten Siedlungsbeginn. Schwanfeld, Vaihingen und Bietigheim-Bissingen ohne die sehr schwach besetzte älteste HG

Nr.	Fundort-Nr.	Fundort	Befund/Bem.	Abb., Bemerkungen
Typ Stuttgart - Bad Cannstatt				
55?	30	Bernolakovo		
56	45	Boskovstejn		
57	45	Boskovstejn		
58	77	Neumetely III		
59	81	Zdice VII		
60?	97	Eilsleben	7/87	
61	97	Eilsleben	31/87	
62	97	Eilsleben	59/87	
63	97	Eilsleben	Fläche AA22	
64	111	Lendershausen 1	LF	Taf. 1, 11
65	128	Stadtlauringen	LF	Bayer. Vorgeschbl. Beih. 17, 2005, 266, Abb. 145, 4
66	130	Wettringen	LF	Taf. 1,7
67	149	Willanzheim	LF	Taf. 4, 7
68	164	Estenfeld	56	
69	164	Estenfeld	111	
70	187	Creglingen-Frauental	LF	
71	204	Habelsee	LF	Dannheimer & Herrmann 1968, Taf. 7, 37
72	214	Wittelsberg	Fl. 2, Bef. 62	
73	234	Ostheim	1	
74	278	Stuttgart-Mühlhausen	2622-1	
75	279	Stuttgart-Neugereut		
76?	286	Gerlingen	G	Neth 2001, Taf. 88, 2
77	299	Bad Friedrichshall-Kochendorf		
18	282	Bietigheim-Bissingen	entfällt, passt an Nr. 17	

Tab. C1 Anthropomorphe Darstellungen auf Flaschen (Ergänzung zu Strien 2014, Tab. 1, bzw. Pechtl 2009b, Abb. 9). Nr. mit ?: unsicher bestimmt.

Nr.	Fundort-Nr.	Fundort	Befund/Bem.	Abb., Bemerkungen
Typ Taimering				
	45	Boskovstejn		
	62	Žopy		
	62	Žopy		
?	74	Smiřice	Kumpf	Pavlu & Vokolek 1992, Ind. 1
	79	Prag-Vokovice		
	80	Třenice		Stolz & Stolzová 2009, Abb. 3, 5 (falsch orientiert)
	90	Nerkewitz		Einicke 2013, Taf. 44, 9
	97	Eilsleben		
	97	Eilsleben		
	97	Eilsleben		
	170	Rieden		
	214	Wittelsberg		
	223	Mittelbuchen	11	Kerig 2008, Taf. 2 o. re.
	266	Nördlingen		Krippner 1991, Abb. 25, 16
	268	Rottenburg		Bofinger 2005, Taf. 172, 7
	296	Vaihingen	225990-15	
	296	Vaihingen		
	219	Friedberg		Meier-Arendt 1963, Abb. 2, 1
Typ Bylany				
	63	Bylany	2121	Pavlu et al. 1986, 258 Nr. 578
	63	Bylany	2219	Pavlu et al. 1986, 301 Nr. 403
?	234	Ostheim	18	
?	270	Hailfingen	LF	Bofinger 2005, Taf. 136, 1 (falsch orientiert)

Tab. C1 (Fortsetzung)
Anthropomorphe Darstellungen auf Flaschen (Ergänzung zu Strien 2014, Tab. 1, bzw. Pechtl 2009b, Abb. 9).
Nr. mit ?: unsicher bestimmt.

Tr	Nr.	Siedlung	Haus	Befund	Lagetyp	N QR21	N AG	W	HG
B	63	Bylany	2197	2170	N	14	9	0	6
B	63	Bylany	2199	2121	N	8	6,5	-1	7
B	63	Bylany	2209	2157a	N?	7,5		1,5	7
B	63	Bylany	2223	2217	N	10		0	8
B	63	Bylany	2223	2218	N?	8		-2,5	8
B	63	Bylany	2225	2229	N	12	12	2,5	5
B	63	Bylany	2293	2254	N	6,5		-1,5	4/5
B	63	Bylany	2294	2240	N	6,5		-1,5	4/5
B	286	Gerlingen	I	G	N	5	3,5	0	9
B	217	Niedereschbach	17	397	N?	9	7,5	0	7
B	217	Niedereschbach	18	564	N?	12,5	11,5	0	9
B	217	Niedereschbach	19	388	N	16	14,5	6	8
B	214	Wittelsberg	18	585	N			0	9
D	221	Bruchenbrücken	2	5	N	12	9	0	6
D	221	Bruchenbrücken	3	28	N	12	9		5
D	221	Bruchenbrücken	10	?	N	11,5	10	3	
D	221	Bruchenbrücken	11	?	N	14	11,5	1	
D	221	Bruchenbrücken	13	219	N		8,5	-0,5	
D	221	Bruchenbrücken	14	79	N		8,5	-2	7
D	221	Bruchenbrücken	16	45	N		10	2	6
D	268	Rottenburg	3	332	N	8,5	8		9
D	268	Rottenburg	7	141	N		7	3	6
B	226	Karben	III	13024	O	3	1	-0,5	7
B	226	Karben	V	19011	O	2,5	0	-2,5	9
B	226	Karben	VI	12054	O	3	1	-0,5	7
B	217	Niedereschbach	14	372	O	3	1	-3	10
B	42	Strögen	2	6	O?				4
D	5	Balatonszarszo	A45		O				
D	259	Enkingen	1	57	O	2	0	-2,5	2
?	96	Benzingerode	1		O				
?	96	Benzingerode	2		O				
B	226	Karben	V	16001	W	-8,5	**-10**		9
B	217	Niedereschbach	1	11	W	1	1,5	1	10
B	217	Niedereschbach	2	138	W	3	2,5	2,5	8
B	217	Niedereschbach	12	247	W	-6	-6	1	9
B	296	Vaihingen	238	225970-10	W	0,5	0	3	9
D	5	Balatonszarszo	A45		W				
D	221	Bruchenbrücken	8	2	W	3	2	3,5	4
D	221	Bruchenbrücken	9	575	W	7	5,5	3	
D	221	Bruchenbrücken	15	?	W	4	3	3	6

Tab. C2 Lagetypen von hauszugehörigen Gruben.

Tr	Nr.	Siedlung	Haus	Befund	Lagetyp	N QR20	N AG	W	HG
D	259	Enkingen	1	7	W		3,5	5	2
D	164	Estenfeld	2	52	W	4			8
D	251	Niederhummel	?	?	W		-5,5	2,5	
D	268	Rottenburg	1	137	W	-7	-5	3	7
D	268	Rottenburg	1	77	W	0	2	2	7
D	124	Schwanfeld	11	127	W	10	7	4	5
D	124	Schwanfeld	14		W				8
D	124	Schwanfeld	15	624	W	0	-2,5	3	7
D	124	Schwanfeld	18	666	W	3,5	2	2	5
D	124	Schwanfeld	19	857	W	7	6	1,5	4
D	124	Schwanfeld	20		W				
D	124	Schwanfeld	22		W				
D	278	S-Mühlhausen	I	2724-3	W			2,5	7
D	278	S-Mühlhausen	II	2828-4	W	6,5	5	2,5	9
D	278	S-Mühlhausen	III	2728-2	W	2,5	1	1	7
D	278	S-Mühlhausen	IV	2628-13/18	W	2	2	3	8
D	278	S-Mühlhausen	V	2427-3	W	2	-2,5	1,5	
D	278	S-Mühlhausen	VII	2524-5	W?				6
D	105	Stadel	?	?	W	6,5	5	2,5	
?	96	Benzingerode	1		W				
?	96	Benzingerode	2		W				

Tab. C2 (Fortsetzung) Lagetypen von hauszugehörigen Gruben.

Siedlung	Nr.	Bereich/ Wohnplatz	Typ	Abfolge	Tradition	Datierung	
F-Niedereschbach	217	Nord	E	Gestaffelter Wanderschritt	Balaton/ March	7-10	s
Karben	226	A	E	Gestaffelter Wanderschritt	Balaton/ March	7-9	s
Bylany	63	A-C	G		Balaton/ March	4-8	s
Schwanfeld	124		E	Wechsel?- und Wanderschritt	Donau	4-8	w
F-Niedereschbach	217	Süd	E	Wechselschritt	Balaton/ March	7-9	w
Stuttgart-Mühlhausen	278		E	Wechselschritt	Donau	7-9	w
Vaihingen	296	Clan C	E	Wechsel- und Wanderschritt	Balaton/ March	7-9	w
Hlizov	65		G		Balaton/ March	mittlere	w
Tolna-Mözs	26		G		Donau		w
Eitzum	98		G		Donau	2-6	w
Bruchenbrücken	221		G		Donau	4-8	w
Stadel	105		G		Donau	?-9	w
Mold	38	NW	G		Balaton	6-9	w
Ebsdorfergrund-Wittelsberg	214		G		Balaton / March	8-9	w
Brunn am Gebirge	37	II	G		Balaton	1-?	m
Rottenburg	268		G		Donau	6-9	m
Vaihingen	296	Clan A	G		Balaton/ March	6-9	m

Tab. C3 Belege für Einzel- (E) bzw. Gruppenwohnplatzmodell (G) sowie die Typen der Hausabfolge, geordnet nach Bestimmungssicherheit (s sicher, w wahrscheinlich, m möglich) und Datierung.

Region	a	b	c	d	Summe	Summe b-d	Anteil Abbrecher	e	Gesamtzahl
Franken	87	5			92	(5)	5%	10	102
Rhein-Main	12	10	4	6	32	(20)	63%	7	39
Neckar	47	6		2	55	(8)	15%	6	61
Summe	146	21	4	8	179	(33)	18%	23	202

Tab. C4 Fortdauer ältestbandkeramischer Siedlungen im Südwesten nach Regionen. Daten s. Tab. O4
a sicher oder wahrscheinlich ununterbrochen besiedelt
b bricht spätestens am Ende der äLBK ab
c bricht in frühem Flomborn ab
d wie **b**, später erneut besiedelt
e keine Aussage.

Tradition	a	b	c	d	Summe	Summe b-d	Anteil Abbrecher	e	Gesamtzahl
Balaton/March	36	4	3		43	(7)	16%	1	44
Donau	41	9		7	57	(16)	28%	3	60
unbestimmbar	69	8	1	1	79	(10)	13%	19	98
Summe	146	21	4	8	179	(33)	18%	23	202

Tab. C5 Fortdauer ältestbandkeramischer Siedlungen im Südwesten nach Traditionen. Legende wie Tab. C4.

		Art des Schlagflächenrestes					
Siedlung	**Nr.**	**glatt**	**primär faz.**	**sekundär f.**	**gratförmig**	**Kluftfläche**	**Summe**
Bietigheim-Biss.	282	3	3	1			7
Ditzingen	283	1					1
Gerlingen RB	286	5	2	3		1	11
Gerlingen PÄ	286	9	2	6	2		19
Heutingsheim	285	1		1			2
Markgröningen	291	2	2				4
S-Neugereut	279	2					2
Oedheim	315	4	1	2	1	2	10
Vaihingen A	296	5	1	1			7
Vaihingen B	296	2		1			3
Vaihingen D	296	1				1	2
Summe		35	11	15	3	4	68

Tab. C6 Schlagflächenreste bei Klingen aus Siedlungen des Neckarlandes (ohne Oberes Gäu).
PÄ Flur „Papstäcker“ RB Flur „Roßbaum“ A, B, D Clans in Vaihingen.

Clan	Siedlung	Nr.	Rohmaterial								
			Wittl. HS	grauer HS	Bohnerz-hornstein	Andere JuraHS	Platten-HS	sonst.	Pseudo-baltisch	Rijck-holt	Summe
A	Bietigheim-Bissingen	282	15					6	6		27
	Gerlingen PÄ	286	92			4		2	4		102
	Heutingsheim	285	3				1		2		6
	Meimsheim 4	306							2		2
	S-Neugereut	279	6			1			1		8
	Vaihingen A	296	17						11	1	29
Summe			133			5	1	8	26	1	174
sonst. Clans	Ditzingen	283	1		1						2
	Gerlingen RB	286	59	2	1	1					63
	Großgartach	313	1		1						2
	Markgröningen	291	11	1	2	2			1		17
	Oedheim	315	11	14				1	1		27
	Vaihingen B	296	3	1	1				2		7
	Vaihingen C	296	3		1						4
	Vaihingen D	296	14		3				2		19
	Vaihingen E	296	1								1
Summe			103	18	10	3		1	6		142

Tab. C7 Silex-Rohmaterialanteile in den Fundstellen des Neckarlandes.

	Abschlag	**Klinge**	**Kern/ Trümmer**	**indet**	**Summe**
Wittlinger Hornstein	31	50	4	1	86
Sonst. Jurahornstein	13	14	2		29
Keuper/Muschelkalk-HS	3		4		7
Pseudobaltisch	15	10	2	1	28
Rijckholt		1			1

Tab. C8 Verteilung der Grundformen auf die Rohmaterialien am mittleren und unteren Neckar.

	Balaton-March	Donau
rund	9	0
oval	16	13
Summe	25	13
gedellt	11	0
gekerbt	9	8
anders	3	2
Summe	23	10

Tab. C9 Zabergäu: Umriß von Knubben grobkeramischer Kümpfe und Gestaltung ihres Endes.

	Balaton/March		Donau	
Flaschen	24	11%	36	9%
Schalen	124	59%	198	49%
Kümpfe feinkeramisch	35	17%	69	17%
Kümpfe grobkeramisch	27	13%	90	22%
Fußgefäße	0	0%	9	2%
Summe	210		402	

Tab. C10 Anteile der Gefäßformen im südlichen Grabfeld.

	Wp 1-7	Wp 8-9	Summe
Abschläge	2	12	14
Klingen	6	3	9
Summe	8	15	23

Tab. C11 Anteil der Grundformen von Artefakten aus baltischem Flint in Frankfurt-Niedereschbach.

	Wp 1-7	Wp 8-9	Summe
Hornstein	3	1	4
baltischer Flint	8	15	23
Maasfeuerstein	3	0	3
Quarzit	3	1	4
Summe	17	17	34
indet	0	1	1

Tab. C12 Anteil der Silex-Rohmaterialien in Frankfurt-Niedereschbach.

	Wohnplatz	
	A+B	C
unmodifiziert	15	7
gedellt	33	35
geschlitzt	67	43
umgebogen	18	3
Summe	133	88

Tab. C13 Art des Endes von Knubben grobkeramischer Kümpfe in Bylany.

Taf. 1 1-10 Stadtlauringen-Wettringen 1 (Kat. Nr. 130);
1-5 Schalen (1 S10, 2 M20, 3 S9, 4 Z42), 6 Kumpf (M28), 7 Flasche (Typ Stuttgart-Bad Cannstatt),
8 grobkeramischer Kumpf (M7), 9 Fuß von Tiergefäß oder Idolfragment, 10 Arm von Idol;
11-13 Hofheim i. Ufr.-Lendershausen 1 (Kat. Nr. 111);
11 Kumpf (M20), 12 Flasche (Typ Stuttgart-Bad Cannstatt), 13 grobkeramischer Kumpf (M4);
14 Aidhausen-Kerbfeld (Kat. Nr. 109), Kumpf (M28+S4).
M 1:2.

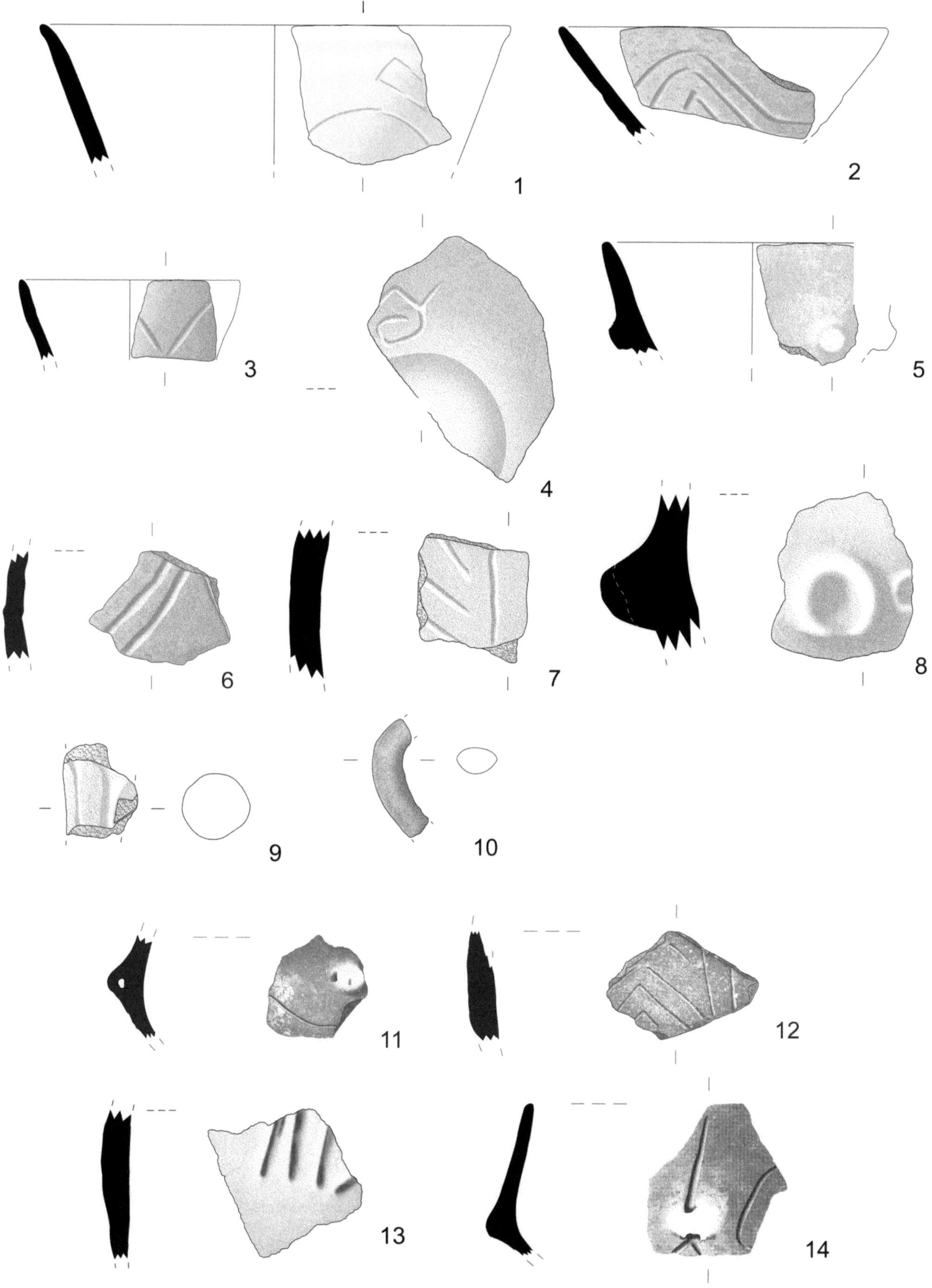
1
2
3
4
5
6
7
8
9
10
11
12
13
14

Taf. 2 1-7 Hofheim i. Ufr.-Lendershausen Mühle (Kat. Nr. 113); 1-2 Schalen (1 M21 württembergische Variante, wohl Flomborn, 2 innenverziert), 3-4 grobkeramische Kümpfe (3 M4, 4 M7 an Knubbentyp 3), 5 Flasche (doppelter Henkel), 6 Kumpf (M29), 7 Fußgefäß; 8-10 Hofheim i. Ufr.-Rügheim Windschutzanlage (Kat. Nr. 115); 8 Schale (M10), 9 grobkeramischer Kumpf 10, Kumpf (M92). M 1:2.

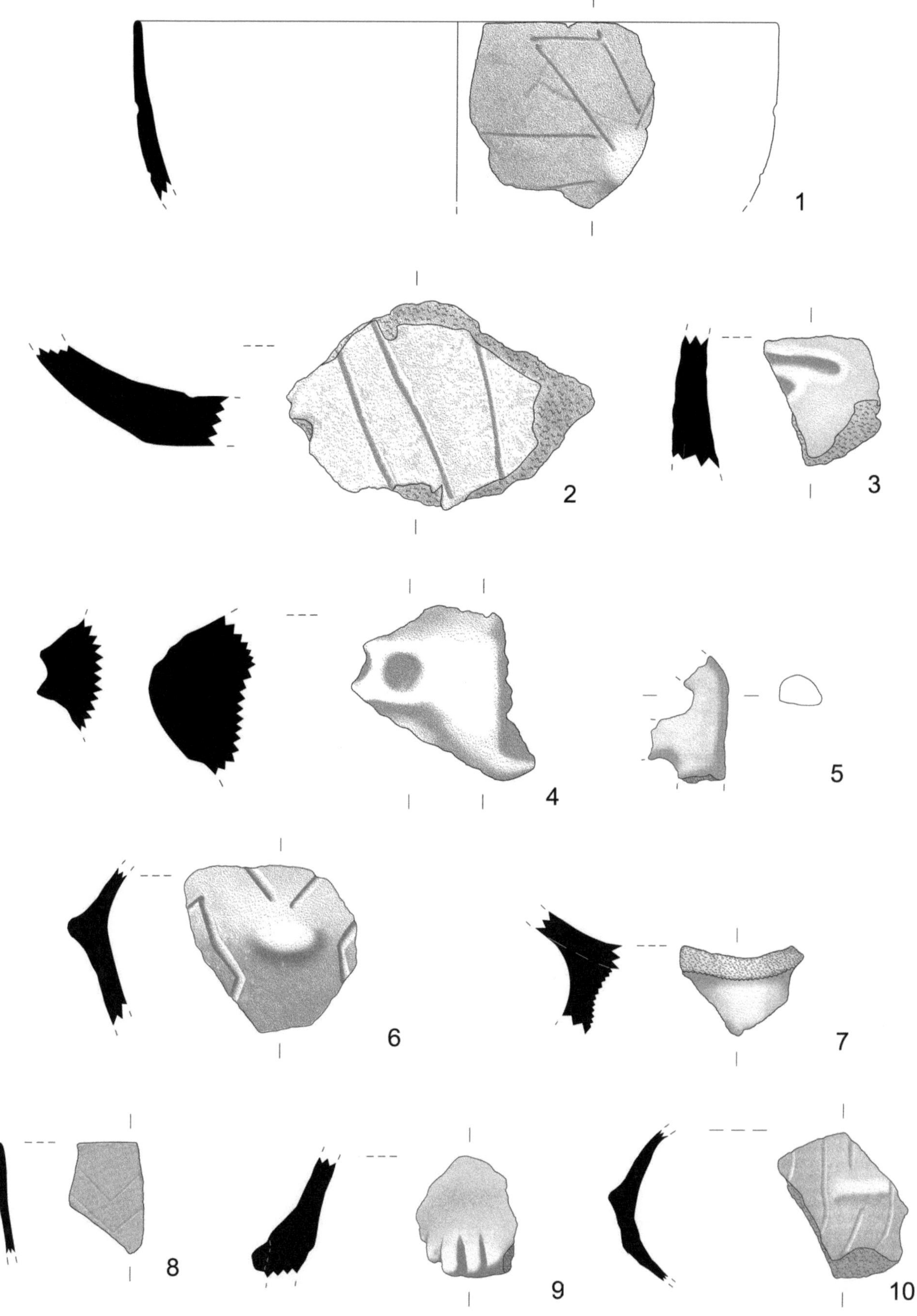
1
2
3
4
5
6
7
8
9
10

Taf. 3 1-2 Hausen b. Würzburg (Kat. Nr. 168) 1 grobkeramischer Kumpf (M93?? oder M6), 2 hohlplastisches Idol, evtl. bereits Flomborn; 3-9 Estenfeld-Mühlhausen (Kat. Nr. 166), 3 La Hoguette B, 4-6 Schalen (4 S1, 5 MR1, 6 Z15), 7 Fuß von Tiergefäß? 8-9 grobkeramische Kümpfe (8 M6, 9 Knubbe mit seitlichen Fingertupfen). M 1:2.

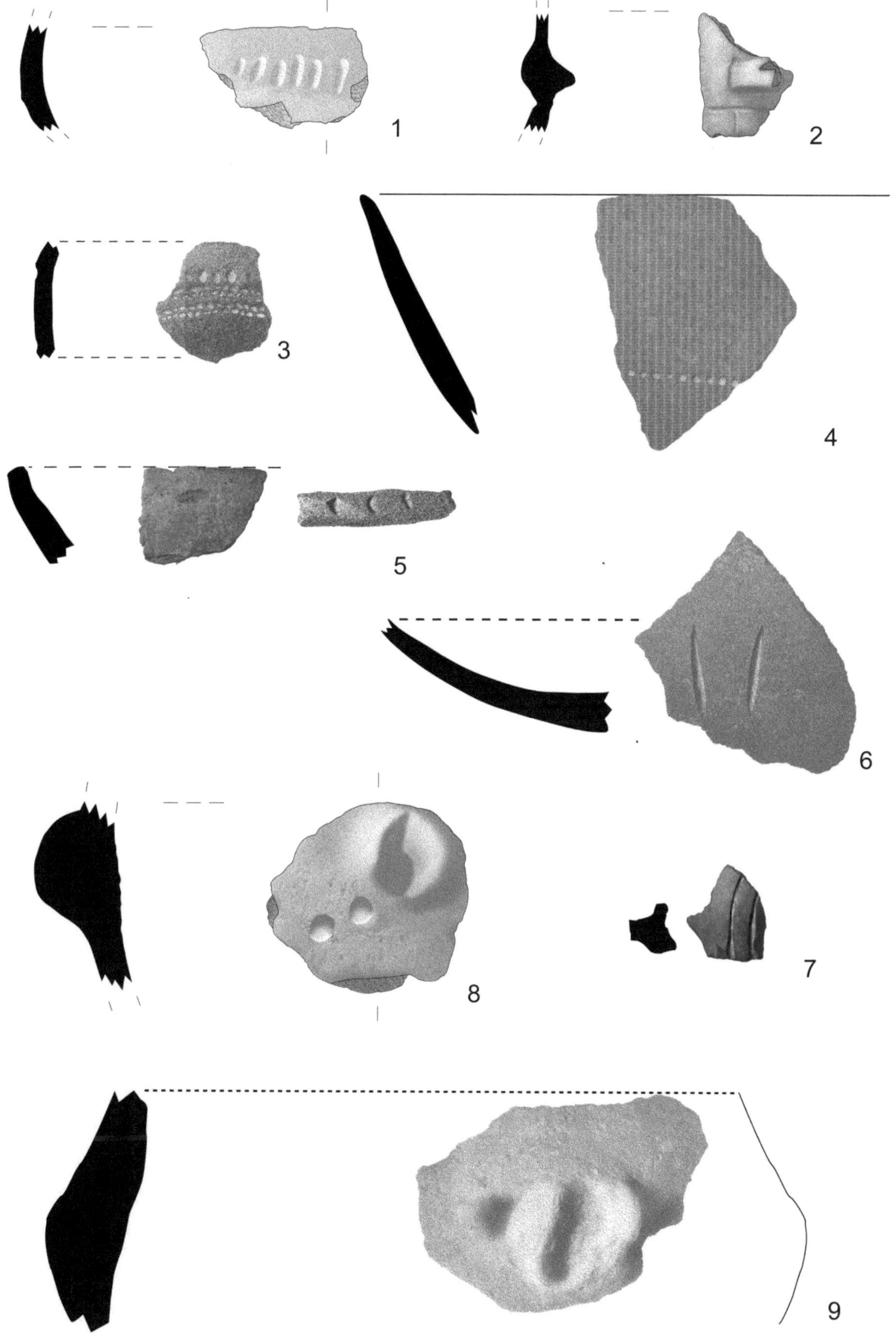

1
2
3
4
5
6
7
8
9

Taf. 4 1-4 Estenfeld-Mühlhausen (Kat. Nr. 166);
1-3 Kümpfe (1 M20+S8, 2 M29+S4, 3 M21 bayerische Variante mit S1 als Horizontale), 4 Fußgefäß;
5 Weikersheim-Nassau (Kat. Nr. 191) Kumpf (Spirale+M4);
6 Creglingen-Waldmannshofen (Kat. Nr. 188), Kumpf (M27);
7 Willanzheim (Kat. Nr. 149), Flasche (Typ Stuttgart-Bad Cannstatt).
M 1:2.

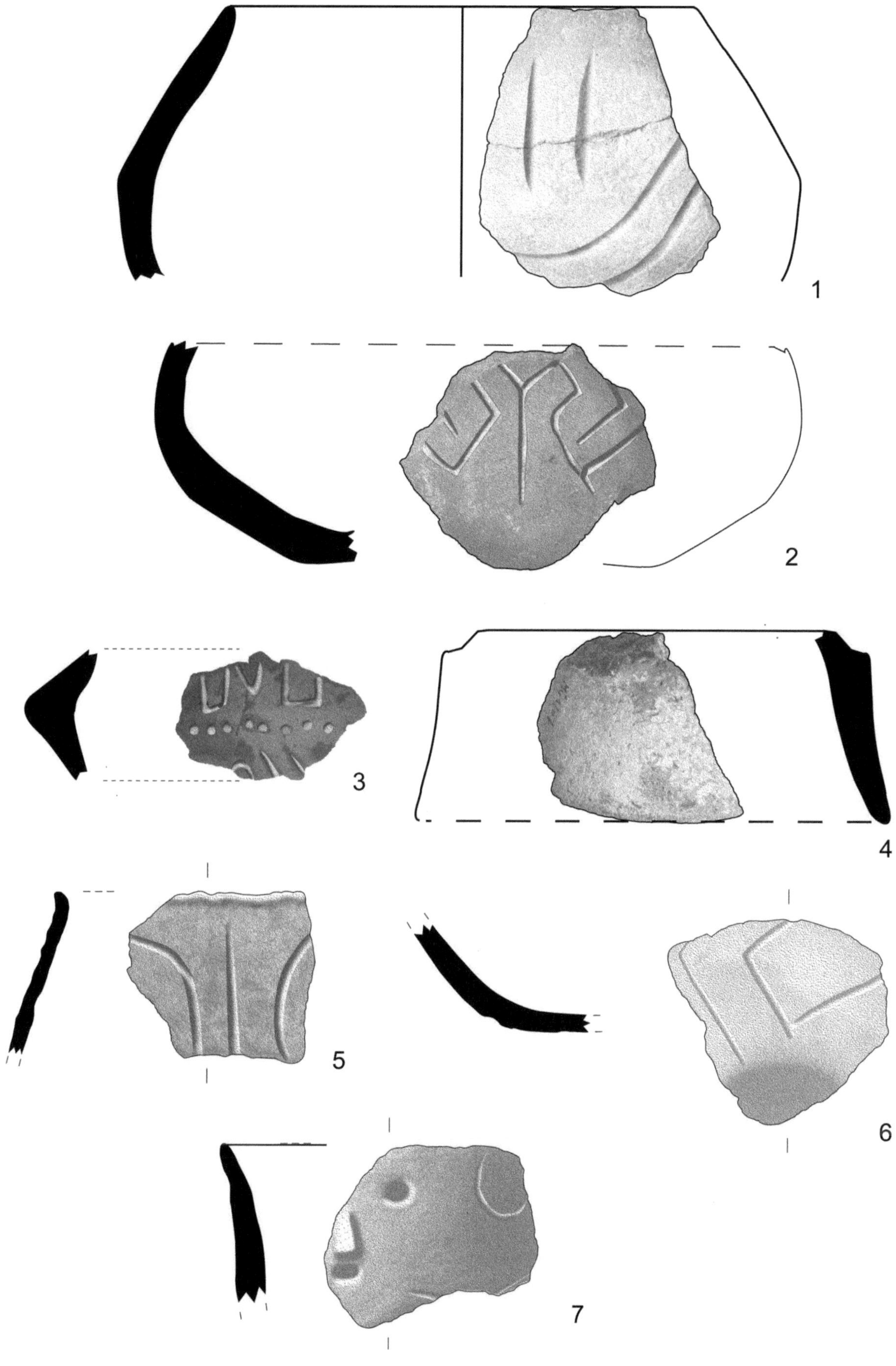
1
2
3
4
5
6
7

Anhang D – Liste der online publizierten Tabellen
Ort: uni-mainz.academia.edu/HansChristophStrien

O1 Datensatz neu erfasster Keramik
O2 Datensatz Silices aus dem Neckarland
O3 Seriationsmatrix
O4 Liste der Siedlungen aus dem Südwesten des Verbreitungsgebietes mit Koordinaten, Angabe der Tradition sowie Angaben zur jüngeren Besiedlung

Anhang E – Erweiterung Typenliste Cladders 2001

Profiltyp bei Kümpfen
70 nur konvexes Mittelteil erhalten

Motive (M)
4 kannelierte Oberfläche; in feuchten Ton oder fraglich ob Barbotine
28G A-Spirale, Spitze gegabelt (Pleinerová & Pavlů 1979, Abb. 32, 15)
31H verhakte S-Spiralen (Schwarzäugl 2011, Taf. 14, B.E.F)
77 parallele Fingerkniff-Reihen mit größerem Abstand zwischen den Reihen
79 vertikale ungeordnete Rillen auf Grobkeramik (ähnl. M9)
82 horizontale Linienbündel
83 auf größter Gefäßweite umlaufende Fingertupfenleiste
84 echte kannelierte Barbotine
85 horizontale und vertikale Linienbündel (M82/M22) wechseln ab
87 unstrukturierter Schlickerauftrag (Barbotine)
88 schräge Linienbündel (Podborský et al. 2002, Abb. 15a, 2)
91 Spirale, sicher nicht gespiegelt (Podborský et al. 2002, Abb. 69c, 4)
92 Sattel- oder S-Spirale (31 oder 95)
93 auf größter Gefäßweite umlaufende Fingertupfenreihe
94 einzelne Dellen/Fingertupfen auf größter Gefäßweite
95 Sattelspirale
96 mehrfache stehende Halbbögen (Bíňa-Bogenmuster)
97 Fingerkniff- oder Fingernagelrauhung der Oberfläche
98 Brillenspirale
99 Hufeisenbänder

Sekundärmotive (S)
8 vertikales Linienbündel (meist drei, selten zwei Linien) als Spiegelachse – ausgegliedert aus S 3. S3 wird nur noch für horizontale Linien verwendet.
9 einfaches V- oder U-Motiv
10 V- oder U-Motiv aus zwei oder drei Linien
11 vertikale Zick-Zack-Linie als Spiegelachse
12 anthropomorphe Darstellung Typ Taimering
13 anthropomorphe Darstellung Typ Stuttgart-Bad Cannstatt
14 anthropomorphe Darstellung Typ Bylany
15 sonstige/unbestimmbare anthropomorphe Darstellung

Randverzierungen (MR)
101 einfache Ritzlinie
102 doppelte Ritzlinie
103 eine Reihe vertikaler Schnitte (Neth 1999, Taf. 90, 2; 96, 2)
146 umlaufende Rille in Halskehle von Flaschen
147 146 doppelt

Zeichen an Schalen

1 eine Delle/Fingertupfen
2 zwei Dellen/Fingertupfen nebeneinander
3 drei Dellen/Fingertupfen nebeneinander
4 eine oder mehr Dellen/Fingertupfen
5 zwei oder mehr Dellen/Fingertupfen nebeneinander
6 drei Dellen bilden ein stehendes Dreieck (Cladders 2001, Taf. 2, 1)
11 eine vertikale kurze Ritzlinie
12 zwei vertikale kurze Ritzlinien (Cladders 2001, Taf. 31, 6; 62, 8)
13 drei vertikale kurze Ritzlinien (Cladders 2001, Taf. 31, 7; 49, 2)
14 eine oder mehr vertikale kurze Ritzlinien
15 zwei oder mehr vertikale kurze Ritzlinien (Taf. 3, 6)
21 stehender Bogen, 1 Linie (Virág 1992, Abb. 16, 1)
22 stehender Bogen, 2 Linien
23 stehender Bogen, 3 Linien (Bofinger 2005, Taf. 127, 1)
24 U, 1 Linie (Bofinger 2005, Taf. 142, 2; Pavúk & Farkaš 2013, Abb. 2, 8)
25 U, 2 Linien
26 U, 3 Linien
27 Bogen, auf der Seite stehend, 1 Linie
28 J
31 Winkel (Bofinger 2005, Taf. 173, 3; Bernhardt 1998, 314b, 4)
32 Winkel auf Grundlinie (Cladders 2001, Taf. 62, 6)
33 Winkel, 2 Linien (Friederich 2011, Taf. 5, 2)
35 Winkel, stehend
41 kleiner Haken/Kreissegment (Cladders 2001, Taf. 2, 5; 48, 9)
42 kleiner Mäander (Taf. 1, 4; Bofinger 2005, Taf. 142, 4; Kalicz 1995, Abb. 13, 8)
43 kleine vert. Zickzack-Linie
44 kleine hor. Zickzacklinie, doppelt (Kerig 2008, Taf. 1 unten)
51 umlaufende Linie (knapp über Boden; Cladders 2001, Taf. 2, 2.3)
53 1 kurze horizontale Linie
54 2 kurze horizontale Linien (Cladders 2001, Taf. 20, 6)
55 3 kurze horizontale Linien
58 1 schräge Linie
61 1 Knubbe
62 2 Knubben nebeneinander
63 3 Knubben nebeneinander
64 1 oder mehr Knubben
65 2 oder mehr Knubben nebeneinander

Formen von Handhaben

14 Rinderkopfprotom
15 Ziegenkopfprotom

Abbildungsnachweis:
Keramikabbildungen: E. Freund
Karten und Graphiken: H.-C. Strien